JN241734

地名の古代史

九州・近畿に両民族の痕跡を追う

〈新装版〉

金達寿
谷川健一

河出書房新社

地名の古代史

九州・近畿に両民族の痕跡を追う〈新装版〉

◉目次

【九州篇

装幀——隈阪暢伴

地名の古代史

九州・近畿に両民族の痕跡を追う〈新装版〉

地名の古代史

九州篇

はじめに

日本各地には朝鮮半島からの渡来人と関係があると思われる地名や神社がおびただしく存在する。それはいつの時代か、日本に渡ってきた人々の痕跡である。それが今も残り得たということは、受容する側に、渡来人に対する拒絶反応が少なく、親愛の感情が強かったということの証拠と見て差支えない。古代にさかのぼるほど、渡来人から受けた文化の恩恵は顕著であって、その恩恵は地名または神社にもっとも確かな姿をとどめている。私たちは弥生人が田んぼにつけた足跡から弥生時代の生活を類推する以上に、地名から日本の中の渡来人の生活を描くことが可能である。

土器や金属器、あるいは陶器や仏像のたぐいはそれが海を渡ってきたことは明らかであるとしても、その運び手も経路も不明である場合が少なくない。しかし地名や神社は渡来人がなければ存在することのなかったものである。しかもそれが持続して現代まで伝わっているために、他の文化には見ることのできない重要性がある。そこには当事者の意識が伝承され、息づいているのである。記紀や風土記、さては和名抄や延喜式に登録されているものであれば、いっそう脈絡をつけやすい。金達寿氏と私は、それらを手がかりにして、まず九州を舞台とした対談の中から、玄海灘をはさむ南北の民族が今よりはるかに一体感をもってくらしていた時代にまで遡ろうと試みた。それはわが国人が渡来人と関係のある地名や神社によせる親近感の源泉を探ることでもあった。その結果、私たちは地名や神社が日本の古代文化を解く貴重な鍵であることを再認識した。

金氏が年来、日本の中の朝鮮文化のあとをたずね、朝鮮と日本との抜き差しならぬ関係を立証しようと精力的につとめてきたことはよく人の知るところである。私は地名の学問的な重要性を痛感し、その保存と研究の促進に一役買ってきた。その私たちが古代の地名をめぐっていくたびか対談を重ね、その中からひとつづきの物語が誕生するのに立ち会ったことはさいわいであった。今後、近畿地方、日本海沿岸、関東地方と各地域にわたって対談の内容を深めていきたいと考えている。さいごにこの対談は、福島紀幸氏の熱心なすすめがなければ実現しなかったことを付記して置きたい。

谷川健一

昭和六十三年七月朔

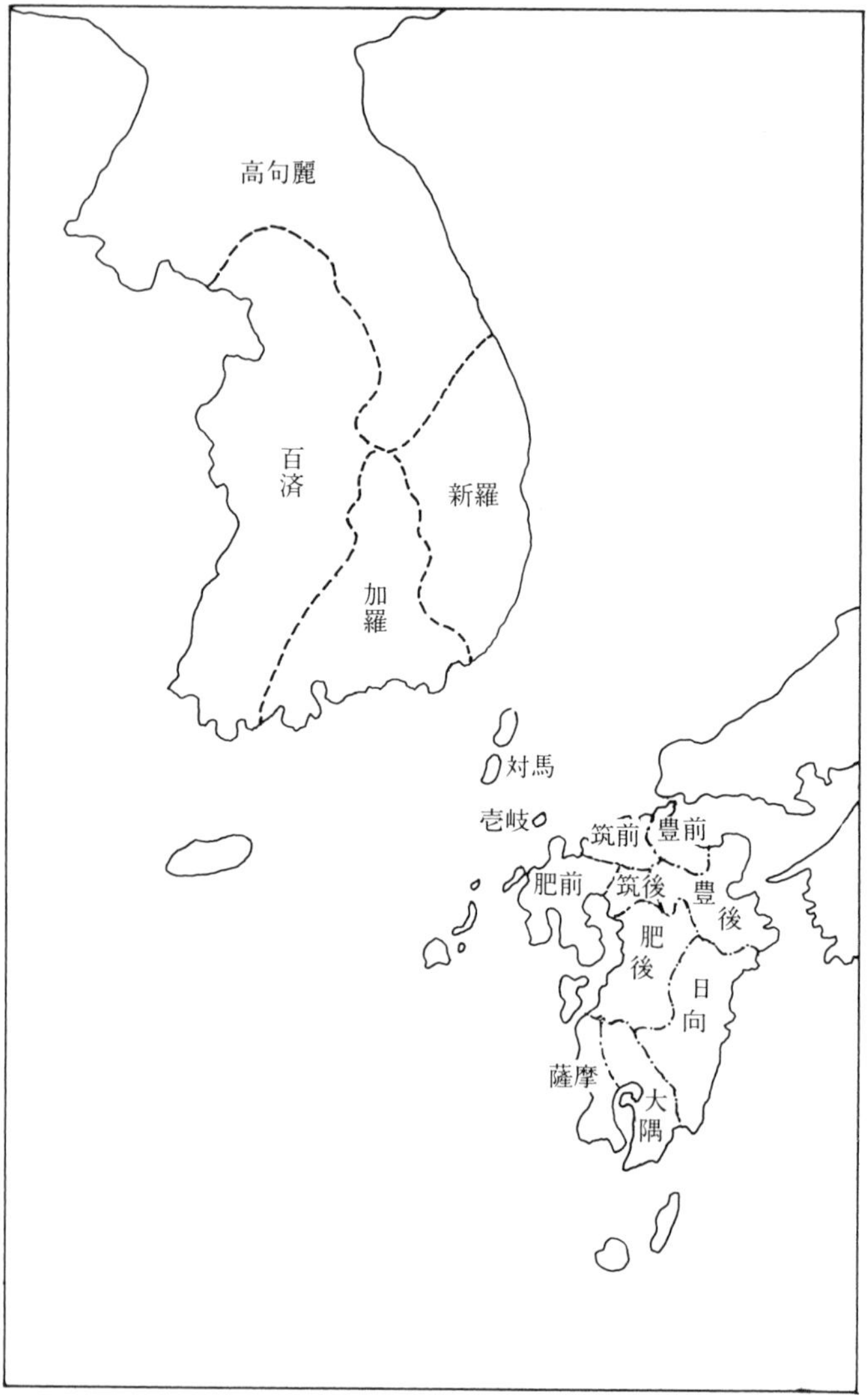

高句麗
百済
新羅
加羅
対馬
壱岐
筑前
豊前
肥前
筑後
豊後
肥後
日向
薩摩
大隅

第一章　九州北部（筑前、筑後、肥前、壱岐、対馬）

朝鮮からの渡来人の足跡と地名

谷川　九州を考えますと、『日本書紀』とか『古事記』では、最初は一つの名前で筑紫島と言った。筑紫島と言っても、いまの筑紫だけじゃなくて、九州全体を指している。そのあとに豊国《とよのくに》、肥国《ひのくに》、筑紫国《つくしのくに》、それから日向国《ひむかのくに》、この四つに分かれるんです。日向はまたあとで大隅《おおすみ》と薩摩《さつま》がそこから分かれるんです。

こういう四つのブロックを考えると、だいたい北と東と西と南というふうに考えられますね。そういう四つのブロックを念頭に置きながら、考えてみたらどうかと思うんです。

筑紫国、これはいまの筑前《ちくぜん》、筑後ですね。それから豊国は豊前《ぶぜん》、豊後《ぶんご》、日向国は日向《ひゅうが》、大隅、薩摩、それから肥国は肥前、肥後ですね。これに壱岐《いき》と対馬《つしま》を加え、さらには種子《たね》、屋久《やく》、奄美《あまみ》や琉《りゅう》球《きゅう》を加えるということにして……

金　では、まず、北部九州からやっていきましょうか。

谷川　そうですね。追々、南とのつながりも当然出てくるでしょうから。大きな枠で見るとすれば、

対馬
壱岐
大島
宗像大社
志登支石墓群
糸島半島
志賀島
可也山
前原
早良
飯盛遺跡
芥屋大門
福岡
高祖
神社
日
向
峠
筑
後
川
唐津
背振山
鳥栖
相知
久留米
高良
神社
佐賀
筑後
八女
佐世保
柳川
大牟田
荒尾
大村
長崎

北は朝鮮半島、西は中国大陸、南は琉球列島、それにつながるフィリピンとか東南アジアとか、東のほうは瀬戸内海とか、そういうところとの関連ですね。そのちょうどあわいにある松浦半島とか、長崎とかの西北九州とか、そこらあたりを考えながら話してみましょう。

九州は、いちばん朝鮮半島に近い。これは決定的な事実だと私は思うのです。とくに、いまのように交通機関が発達せず、地理的な制約が、ほかの条件よりも卓越していた時代には、地理的にいちばん近いところが、いちばん文化の影響を受けやすい。これははっきりしてるんですね。しかるに、邪馬台国を畿内にもっていく論者達は、そういうことを完全に無視しているということがある。九州が朝鮮といちばん近いということは、これは否定できない。だから近いところにまず外来文化が根づくということは、これはきわめて自然なことですね。

日本の気候も、西から東へだいたい変化してきますね。中国大陸あたり、東シナ海から移って、九州が雨なら、あとはだんだん東のほうが雨になってくる。九州が晴なら東の方もそのあとでまた晴れる。そういうふうに文化も西から東へ移っていったと思うんです。ですから、九州に最初根づいたということと、九州から東へ移っていったという、この二つの条件は、私はこれは動かせないと思うんですね。それが人間の生活を考えた場合にいちばん自然というか、だから無理しないほうがいいと思うんですね。

たとえば、「魏志倭人伝」で、邪馬台国に行くのに、水行十日、陸行一月とか、投馬国《とまこく》へ行くのに水行二十日とか言うでしょう。それを学者達は机上で、陸行の場合は、一日に中国の里で五十里なら五十里、その里程はいまの何キロになる、それだけ歩いたと考えるわけです。ところが、その距離たるや、とても歩けるような代物じゃないわけです。なぜかというと、「魏志倭人伝」に、末《まつ》盧国《らこく》、すなわち松浦半島は、帯方郡《たいほうぐん》の使者がきても、前をいく案内者の姿が見えない位に草木がものすごく繁茂してるということを言ってるわけですね。ということであれば、それは海岸づたいか川筋を通る以外にない。内陸はジャングルですね。

茂在寅男《もざいとらお》という水中考古学をやってる人が実験してみたんです。東松浦半島の呼子《よぶこ》あたりと思うんですが、一日かかって二キロしか進めない、たった二キロですよ。だからいままでの学者のコンパスで計るような計算は、いかに机上の空論であるかというのがわかる。

えてして、われわれは机上でものを考えたがるけれども、実際にその場所に自分の身を置いて考えれば、そういう考え方はめちゃくちゃである。ナンセンスである。だから、われわれは生活者としての自然さというものを前提に置いて考えなきゃならない。最初の話に戻るんですが、いちばん近い九州に、向うから人間がたくさんやってくるのは当たり前だ。いちばん近いのはどこかというと対馬である。対馬からは釜山は近い。釜山の灯が見えるとも言いますし、金さんのお話では、対馬の高いところに登れば陸地が見えるらしいですな。金さんはごらんになったそうだから。

それからまた、対馬から壱岐への飛び石が、またいちばん近い。壱岐から呼子です。すると松浦半島に来るのは決まってる。このルートを、やっぱりいちばん自然なルートとして評価したい、確認しておきたいと思うわけですね。そうすると、このあたりに、韓国の、あるいは朝鮮の人達の足跡が残るのは、これまた至極当然である。

金　よくわかります。それは否定しがたい事実なんですね。つまり、古文書なんかにしても、朝鮮半島に対してムカツクニと言ったわけですね。まさに向津国で、昨日この旅館のおねえさんに聞いたんですが、唐津城からも朝鮮が見えるという。はじめて聞いたことですが、とにかく対馬の北端からは五十キロですから、昔は、船に乗って釜山へ行って映画見て帰る。産気づくと釜山へ行くというふうなことがあったわけですね。釜山から見ると、これまた対馬は、よりよく見えるんですな。対馬からも釜山の絶影島や陸地の山やなんか見えますが、いまあの対馬にある自衛隊の望遠鏡で見ると、農家の鶏の足まで見えるんだそうです。

谷川　どこからどこですか。

金　対馬から。北端に自衛隊の基地があるんです。その基地があるところは高麗山《こうらいさん》というんですよ。そこからだと鶏の足まで見える。

谷川　どこの鶏？　絶影島の？

金　いやいや、釜山郊外の。そこで僕は釜山へ行って対馬を見たんですが、これがまた実によく見えるんですね。そうなると当然、あそこへ行ってみようじゃないかということになるわけです。それからまた、橋本圭郎という人の書いた「非時香菓《ときじくのかくのみ》の正体」というのによると、韓国南部のいちばん高い山である智異山《チリサン》の頂上からは、九州の山影まで見えることがあるという。

谷川　航海というのは、島が見えるか見えないかということが決定的なんです。島影が見えるということは、非常に安心感を与える、そこに行こうとするときに。島が見えないときは不安なんです。はたして着けるかどうか。だから、いまの話のように釜山から対馬は見えるんだから、そこを目指して行くということは当然ですね。

金　やっぱり、新天地を求めてどんどん来てるわけですよ。それは今日にのこる遺跡をみてもわかる。

谷川　僕は一九七二年だったか、釜山から下関まで船で帰ったことがあるんですが、ほんとにべた凪で、波一つ立たないですよ。「波高き」玄界灘ながら、そのときはまったく鏡のごとき感じでしたね。

金　そういうときもあるんですね。

谷川　釜山から対馬まで船でくるということは、いまのお話のように五十キロしかないわけだから、「一海を渡りて」と「倭人伝」にいう、その一海を渡るということが大したことないということは言えるわけです。五十キロですから、帆を使えば一日がかりで来れるんじゃないでしょうかね。

金　このあいだ泳いで渡ったのがいましたね。対馬から釜山まで。

谷川　そういうことを考えると、九州に渡来人が朝鮮からたくさん来て、居住地に朝鮮の地名がつくというのは、これは至極当たり前のことですね。

朝鮮語からきた串《くし》、脊振《せふり》

谷川　話はあちこちいくけど、串《くし》という地名が非常に多いんです、長崎県下には。それから鹿児島にも串間とか串木野だとか串というのが多い。これは愛媛県にもある。この串というのは、朝鮮語のコスなんですね。コスというのは朝鮮語では岬とか海岸を言うんです。ピョンヤンの西に長い岬が突き出てる。あれは長山串《コス》というはずです。コスというのが海岸を表す、この地名が長崎県にたくさんある。それから愛媛県にもたくさんある。紀州の串本なんかもそうかもしれない。香川県の高松の西のほうに大串半島がある。大串というのは大きな岬の意味ですね。そういうことで、これは間違いない。そのコスがどうなるかというと、『海東諸国記』を見ますと、対馬では船越という名前に変わってる。いわゆる船を担いで越えるという……

金　そうそう、大船越、小船越というね。

谷川　そういう名前は変わるんですよ。つまり、朝鮮語の串が、今度は船を担いで越すというふうに変化するんですね。

金　なるほど、面白いね。

谷川　それがまたときにはクジラともなる。コスにラがついて、海岸の地名だから、十一面観音が鯨の背に乗って漂着したとか、鯨という地名が海岸にある。このクジラは寄鯨《よりくじら》のことではなくて、コス、クシラのことですね。コスはクシですから、クシラがクジラになる。これは紛れもない。

金　そう言えば、古代の人名のなかにも、鯨というのはずいぶんあるでしょう。

谷川　あります、あります。

金　それも、そういうところからきたかもしれないな。

谷川　これは日本の地名を見るときに、非常に注意しておいてもいいことですね。西日本しかないですね。

金　昨日、われわれは谷川さんが主宰している日本地名研究所の熊本大会を終えて、それから百済《くだら》来《き》の百済木《くだらき》などというところがある八代へ妙見宮のお祭を見に行った。そしてこの唐津へきたわけですよね。まさにここは朝鮮の対岸で、唐津《からつ》は、いまは唐津と書くけれども、『日本地名大辞典』の「九州編」を見ると、韓国の韓に津の韓津だった。これにはやはり歴史的背景があると思うんですよ。どうしてそれが韓津なのかということなんですね。

それからまた、ここからすぐ近くに脊振《せふり》山地、佐賀県と福岡県の境になっている脊振山地があって、佐賀県寄りには脊振村（現・神埼市脊振町）というのもある。これも朝鮮語のソブル・ソウルからきている。これは誰でも認める事実で、そのように、歴史的背景のある地名が、とくに北部九州にはたくさん定着している。

それを谷川さん流の言葉でいうと、要するに大地に刻まれた人間の過去の索引ということですね。古代の朝鮮半島から渡来した連中は、そこに定着して、そしてかれらが名付けた地名がまだ生きてるということです。だから地名というのは恐ろしいですね。非常に長く生きているということがある。その地名の背景、その歴史的背景がたいへん面白いわけです。

ここは例の『魏志』の「倭人伝」で、まず松浦に上陸して、それから伊都国《いとこく》に行き、奴国《なこく》に行く。この奴《な》というのも、朝鮮語のナという言葉と同じ国土という意味ですよね。那の津です。それは奴のナを当ててるけど、もとは那の津、つまり那須余一の那、朝鮮語の国土という意味ですね。

谷川　国土という意味がありますね。地震をナイフルと言いますね。

金　それから、奴国の国王の墓ではないかとみられているいまの春日市にある須玖《すく》遺跡ですが、あれは南部朝鮮式の支石墓、ドルメンです。この須玖、スクというのも、朝鮮語では村邑という意味ですね。

谷川　スキね、『日本書紀』の神功皇后の条に意流村《オルスキ》という百済の村が出てきますね。

金　そういうことで、九州は、とくにそういう言葉がまだ生々しく残っている。たとえば、板付の例の稲作の渡来を示す最古の遺跡、そういうものからして九州にあるということ、そういうことからみても、先程、谷川さんがおっしゃったように、邪馬台国を畿内へもってくるのはむりがありますね。

谷川　いや、もってくる必要はないんですよ。

金　だから従来の歴史が、大和を中心に全国を放射線状に見る見方ね、そういうことがずっとなされてきた結果ですね。

谷川　戦前の皇国史観はいちおう姿を消しましたね。しかし、畿内中心主義というのは、依然として戦後も有効なんですよ。大和がいちばん文化が高いから、その文化の高いところから低いところへ流れていく。それは当然なことですが、しかし、それはだいぶ後の話で、後になれば、大和は文化がいちばん高くなり、九州などは低くなるから、九州に流れてもかまわない。

最初、日本文化が発生したところは、やっぱり九州であって、九州がいちばん文化の高い時代が最初あったわけですね。そしてだんだん東のほうへ移っていった。それを大和の文化が高いところから低いところへ流れる後の時代を、前の時代までつなげようとするから苦しくなるんですよ。それを別に考えればいい。

金　あれはむりだと思うな。そのことは地名から見てもはっきり言えるわけですよね。

――　昭和六十一年十一月に開かれた熊本での「地名シンポジウム」のときに、弥生時代になって稲作が渡来する、その渡来ルートの問題で議論が出ておりました。いろんなルートが想定されるということだろうと思いますが、いまお話のように、朝鮮半島づたいに来るルートというのが、いちばん自然に考えやすい。南回りで海を渡って来るということも、もちろんあると思うんですけれども、朝鮮半島から北九州に伝わって来るというのが、いちばん自然なルートじゃないでしょうか。

谷川　それは金属器を伴って来るわけですから。もちろん金属器は、呉越など南中国に発達してますけども、やはり朝鮮半島の日常的な生活に使用された金属器は、稲作とともに一衣帯水の海を渡ってやって来るというほうが、当たり前のように思えますね。

――その当時の朝鮮半島に住んでた人々、日本の北九州に住んでた人々というのは、北から南にだけ流れているんじゃなくて、南から北にも行くということは、当然あったわけでしょう。

谷川　それは考古学的な遺物から、はっきりわかるわけですよ。たとえば、縄文前期の曾畑式土器というのは、熊本の宇土半島の曾畑貝塚から出てるのが、朝鮮半島の釜山の東三洞の貝塚からも出てるし、また沖縄の西海岸の読谷村《よみたんそん》の渡口東原《とぐちあがりばる》というところからも出てますね。

こういうふうに西へ東へ、あるいは北へ南へという、お互いの交流が行なわれていることは確かだと思うんですね。

だから金属器の場合は紛れもなく朝鮮半島から渡来した。稲作もそうだと思いますが、その前の縄文時代は、九州の土器が他へ行ってもおかしくないわけです。彼我の交流が非常に自由に行なわれていた時代があるわけですからね。

住みやすい日本列島へ渡るのは自然の流れ

金　いわゆる縄文時代、つまり新石器時代というのは約八千年続いてますからね。その八千年のあいだには人が動くでしょうし、いろいろあると思うけれども、しかし同時にわれわれは、日本列島における縄文時代晩期の人口がわずか七万五千八百（小山修三『縄文時代の人口』）で、それが弥生時代になると急に五十九万四千九百になっていることも考えに入れておく必要がある。

それからまた、その前にひとつはっきりさせておきたいのは、つまり、朝鮮人、日本人ということを脱ぎ捨てて考えなきゃいかんということです。朝鮮人、日本人というものはまだなかった、民族というのがぜんぜん形成されてない時代のことですから。つまり、そんな原始・古代のことを、現代の感覚でもって見るから困っちゃうんですよ。古代の、二千年も三千年も前はただの人間、人種があっただけなんで、民族というのはまだまだなかったということ、これははっきりしてます。

谷川　倭人というのはいたでしょうけどね。

金　倭人のことにしても、倭人ってなんなのかというのが問題ですね。たとえば、朝鮮の『三国史記』なんか、加耶《かや》を指して倭といっているということもある。また、多島海というのが一つ問題になると思うんですよ。朝鮮史家の井上秀雄さんなどもそういっていますが、加耶の海寄りから、この多島海にいた人々のことを倭、または倭人といっていたのではないかと思うんです。

だいたい、朝鮮の史書などみても、延烏郎、細烏女が岩に乗って日本へ行ってしまったという伝承のほかは、日本へ渡ったもののことはなにも書いてないんです。いまでもまだそうだけれども、どういう事情であれ、去ったものは去ったで、これはもうはっきり言うと棄民というか、去民ですよ。とくに、古代はそうだったんです。

谷川　古代の棄民か。

金　それに、二千年も前の原始・古代はまだ国土意識や、国家意識もないわけだから、どこでもいいところに行くわけね。たとえば、ぼくが朝鮮半島から日本へ最初に来たときは、下関に降りたんです。降りて列車に乗ったら、沿線に見える野原の草が青々としてるのがいちばん印象的だった。朝鮮半島は赤茶けているばかりじゃなくて、草は生えるそばから刈り取って堆肥にするわけですよ。日本に来たら、道端を見ても草は青々としてるんだな。そして山も青々してるということ、これが第一印象だったですよ。

在日朝鮮人はほとんどみなそうだったと思うんですが、古代人もやっぱりそうだったと思う。日本列島は多湿多雨で、まさに新天地といっていいところだったんだな。人口も少ないし、縄文人といったって全列島で十万足らずだったからね。

谷川　住みやすい。水はいいし、沃土はあるし。

金　ヨーロッパ人がアメリカ大陸を発見したときのような感動だったと思う。先程、玄界灘の波の話が出ましたけれども、潮流ですね。凪いだ日なんていうのは、ほんとに鏡みたいになっちゃう。荒れるときは荒れるけども。そうすると向うへも情報が流れるわね、とてもいいところだと。唐津はいいところであるというようなことで、じゃあおれも行こうというようなことになったにちがいない。

谷川　芋づる式に来るんだよね。

金　また、朝鮮半島というのは、『魏志』の「韓伝」なんかに出ているように、南だけとってみても国が七十いくつあったわけですよ、小さい国と言われるものが。これが後には百済《くだら》になり、新羅《しらぎ》になり、加耶諸国になるんだけれども、それがそうまとめられる過程というのが簡単にいうと戦乱でしょう。その戦乱で七十余国が、たとえば馬韓なら馬韓五十余国が百済ひとつになるためには、そうとうな戦乱があった。

それを避けてまたこっちへ来るわけですよ。坂口安吾の『安吾史譚』などにも書いてあるようにね。そういう連中が来てみると、ほんとうにいいところだったんですね。そういう新天地だと思っているあいだに、こちらもいろいろな部族・氏族社会なんかが形成されるにしたがって戦乱も起こるけれども、しかしやはり比較的平和で、古代人にとっては素晴らしいところだったんじゃないかと思うんですよ。

谷川　朝鮮半島の川というのは非常に傾斜が緩やかなんですね。ほんとにゆっくり流れてる。日本の河川は激流岩を嚙む急流である。上流と下流の落差が、日本のほうが激しいわけです。日本は、その落差を利用して田圃に水を引くことが出来る。ところが朝鮮半島はそれは出来ない。それが朝鮮半島での稲作を遅らせた原因であり、日本の稲作を進ませた原因であるというのが井上秀雄さんの説です。

　もう一つは土質の問題があるけど、向うは花崗岩質みたいなもので稲作にあまり適してないということで、日本にやって来た人達は、ものすごく稲作に精出したと思う。

金　朝鮮半島の土地というのは、かなり老けてるんですよ。そもそも土質がもう壮年期にはいってるようなところがある。戦争中、在日朝鮮人はみな土方かクズ屋だった。クズ屋というのは廃品回収だが、もう廃品はないわけよ、戦争末期の頃は。ぼくは当時、横須賀にいたけれども、日本の農民はどんどん召集されて行ったでしょう。それで土地が余っている。で、朝鮮人がその土地を借りて稲作を始めるわけです。もとはみな農民なんだ。クズ屋だったりしてるのも皆もとは農民ですよ。彼らは田圃を借りて稲を作ったんです。

　そうして、彼らなんて言ったと思う。日本の土地で稲を作ることは、居眠りしながら出来るというんです。それほど土地が肥えてるというわけです。日本だっていろいろで痩せた土地もあるわけだが、しかし当時の朝鮮人から見ると、まだまだ肥えたいい土地だったんですね。肥料要らないというわけだ。朝鮮じゃ雑草を刈って、牛舎かなんかで堆肥を作って一所懸命土地に補給しなきゃならない。日本の場合はまだ黒々となってるから、居眠りしながらでも、というわけなんだね。なるほどなとぼくは思ったものですよ。

谷川　朝鮮半島から日本に来るのは、ただ文化の高低というだけじゃなくて、金さんが言うように、日本の国土のほうが住みやすいということで、やっぱり自然だったわけですね。自然に日本にやってこようという気持ちになる。

金　それは不思議な話、現代も続いているわけね。

谷川　続いてますよ。私も最初に韓国に行ったときに、ソウルあたりになると、なんとなく北の匂いがするけど、南になると非常に日本と近い感じがして、それで南志向というか、南のほうの日本に対する志向というのははっきりありましたね。北上しようというより、南下しようという気持ちが自然にあるんですよ。

金　それに政治的な情勢が険しいこともあるものね。だから、密航者が絶えないということもあるわけよ。とにかく、これは宿命みたいなものだな。それが二千年続いてる。

谷川　そうだね。西洋の「エル・ドラド」というか、そういうところがあったような気がするね。地名の場合も、当然それは日本に韓国、朝鮮の地名があるということのね。

伊都国は加耶が引っ越してきたようなところ

金　たとえばフルです。フルというのは村落、村邑ということで、ソブル・ソウルというのは、あれはどちらも二語でして、ソのフルということです、だから宮中に祀られてる園神《そのかみ》と同じようにソのカミ（神）、だからソのフルで二語なんです、本来は。そのフルという言葉があちこちにあって、壱岐なんかもフル、フレだらけでしょう。触れるという「触」の字を書く。

それから、原のことを九州ではバルと言うでしょう。このバルもブルの転訛したものなんですね。

志登支石墓群より可也山を望む

それはたとえば、唐津のすぐそばに伊都国の前原《まいばる》町がある。昨日ぼくら電車に乗ったら、筑前前原《ちくぜんまいばる》と言ってましたね。あそこが、つまり伊都国だったところですよね。

そこへ行くと可也山《かやさん》というのがある。これは古代南部朝鮮の加耶《かや》、五六二年に、最終的に新羅に吸収された加耶ということですが、その可也山の下に可也原《かやばる》というのがある。この可也原からは加耶の土器が出ている。これは九州ではずいぶんあちこちから出ていますが、加耶から直行の土器です。そのような土器作りの工人はこちらに来てからも作るんだけれども、これは渡来人が来るときに持ってきたわけですね。在日朝鮮人のぼくの家なんかも、一家離散して日本へ渡ったものですが、そのとき持ってくるんですよ、いろいろ食器とか鍋などをね。古代も同じだったようで、それがあちこちから出土しており、それを、かれらがこちらへ来て作った須恵器とは区別して、陶質土器といっている。可也原からは、加耶からのその陶質土器が出ている。

またこれは甘木のほうですが、ここにある池ノ上墳墓群などからもその陶質土器が出ているし、それからまたさらに畿内について言うならば、二〜三年前に飛鳥にある天香具山の古墳が発掘されて、そこからも加耶製の陶質土器が出ているんです。これは加耶の加夜奈留美命神社というのが飛鳥川の上流にあって、それとも関連するわけですけれども、とにかく、そういうのがあっちこっちから出てきている。

いまは糸島郡《いとしまぐん》（怡土《いと》郡と志摩《しま》郡が合併した。現・糸島市内）前原町となっている伊都国というところは、天日槍《あめのひぼこ》の末裔と称する

（『筑前国風土記』〈逸文〉）伊覩県主《いとのあがたぬし》のいたところですが、韓良《から》郷、加夜《かや》郷などのあったここは、海ひとつへだてて向かい合っている加耶の半分ほどがそのまま引っ越して来たようなところだった。

たとえば、伊都国王墓とみられている三雲遺跡から出土した「前漢鏡」なども古代朝鮮製だったことが東京国立文化財研究所の成分分析でわかったし、またここには雷山だけでなく怡土城という古代朝鮮式山城跡などものこっている。この怡土城の境域内には高祖《たかす》神社というのがあるんだけれども、これは糸島のここにもある姫島などというところとともに、天日槍の伝承と関係がある。高祖神社は、天日槍の嫡妻《ちゃくさい》・神妻《かみづま》という比売神《ひめかみ》をまつっているわけです。この比売神は宇佐八幡宮の比売大神と同じものとぼくはみているけれども、地名ということでいえば、ここの志摩町（現・糸島市志摩）には可也小学校というのがあり、それから加布羅《かふら》、加布里《かふり》、芥屋《けや》というところもあって、これは芥屋大門《けやのおおと》という観光地になっている。どれも加耶から出たものです。

それからまた例のドルメン、志登支石墓群《しとしせきぼぐん》というのがあって、近くの志登神社には鏡岩といわれるものがあるけれども、これも支石墓の蓋石だったんです。この支石墓群というのは、朝鮮から稲作とともにきた墓制のひとつですね。

谷川　支石墓は朝鮮半島の南のほうにたくさんある。釜山の先っぽに多大浦という海水浴場でにぎわうところがあって、筑前の多々良《たたら》の浜も多大浦と関係がある地名と言われてますよね、要するにタタラということです。

金　そう。例の大内氏の祖がそこの浜に上陸したという多々良川などというのも、それからきたものですね。それで、大内氏ははじめ多々良氏と称した。

谷川　タタラという言葉はタタルという言葉に由来し、なにかダッタン語につながるというけどね。

ダッタン語ではダッタンがタタルだというけどね。タタルが朝鮮で多大浦になる。あそこでは鉄がとれるんですよ。

金　多羅という国ね。九州には百済来《くだらき》の百済木《くだらき》とともに、多羅来《たらき》の多良木《たらき》というところもある。そしてそれがいまも多良、多々良などといった地名、人名となってのこっている。

だいたい、高句麗とか百済とか新羅とかそれぞれがひとつにまとまって三国時代をつくりだしたわけですが、南端の加耶だけはまとまらなかったんですね。加耶諸国と言って、安羅《あら》であるとか、多羅であるとか、こういう小さな国々がずっと続いていた。これはひとつは、千寛宇《チョンカヌ》という韓国の歴史家に言わせると、加耶の中心だった洛東江流域の金官加耶のものがどんどん日本へ渡ってしまったので、それで、まとまった国家が出来なかったというんだな。

志登神社

ぼくは北部九州のあちこちを歩いてみて今更のように思ったのは、最初に日本に稲作を伝えたのはやっぱり加耶ですね。さきにいった加耶の陶質土器、支石墓などもこれと関係がある。

それから須恵器というのも、これまでは新羅土器または朝鮮式土器などといったわけだけれども、これもこの頃は加耶土器というようになっている。須恵器の最初は加耶で、新羅はその後からのものだそうですね。

谷川　それこそ先程の自然の論理じゃないけど、加耶がいちばん近いからね。これはまさしく新羅や百済に高句麗よりは加耶は近いでしょう。だからやっぱり、こっちからも倭人が向うへ行って住んでたと僕は思うわけ。けっして向うからだけ来たんじゃなくて、こっちからも向うへ行ってた、倭人がね。

金　ぼくにいわせると、それもこちらから向うへ行ったのではなくて、加耶の海寄りから多島海あたりに住んでいたもの、それを向うで倭といっていたと思うんです。

谷川　それもあるし、また実際住んでいたと思うんだ。ただ航海しただけじゃなくてね。だって、そんな簡単に行って帰るというわけにいかんのだから。鉄を採りに行ったって、二〜三年向うへいてまた帰ってくる。航海には季節風を利用する。したがって滞在期間がながくなる。

金　『三国史記』なんかに出ている倭寇というのはほとんどみな、あそこの倭だったと思うんですよ。こちらからは、ああいうふうに簡単にはなかなか行けないですよ。そこの海辺や島々に住んでいたものだった。

谷川　それは明らかに住んでる人もいる。

金　そこの南の島々に倭、または倭人がいたということ。

谷川　日本、朝鮮の国境的な、政治的な画定するラインがない時代に、朝鮮半島南部と九州島の両方に倭種がいて、相互に交流していた。それを考えないとね。

たとえば、こういう話がある。これはだいぶあとの、朝鮮では李朝の時代の話ですが、『海東諸国記』によると、日本の居留民が二千人を超えるくらい大勢朝鮮半島に住んでる。慶尚道の東萊《とうらい》の釜山浦《ふざんほ》、蔚山《ウルサン》の塩浦《えんぽ》、それから熊川《ゆうせん》の薺浦《せいほ》の三浦《さんほ》を中心として何千人と住んでいる。そして日本人町を形成して、そこに神社を建て、お寺を建てている。熊川の薺浦《せいほ》の日本人町には寺社十一、蔚山の塩浦には寺社一が建立されていた。これは単に日本から進出したというふうに考えるよりは、そこは古くからの日本人の居住地だった時代もある。その一例が薺浦と言われる熊川。熊川はクマナリと言うが、久麻那利というのは『日本書紀』に出てくるんですね。すでに、『日本書紀』の雄略天皇の二十一年の条には雄略天皇が百済の文周王に久麻那利の地を与えたとある。

コムは朝鮮語で熊のこと、ナリは川または津であるから、コムナリは熊川または熊津です。当時日本の勢力が公州（熊津）まで及んでいたはずはない。そこで任那の熊川のことだと考えられる。鎮海市の近くにある任那の熊川は室町時代の三浦《さんぽ》の一つと称せられた。そういうことから言えば、久麻那利という『日本書紀』に出てきた土地に、室町時代になってまだ日本人が行ってる、千年も開きがあるのに。それはなにかそこに長いあいだの足がかりの伝統があったに違いない。

ということは、もっと『日本書紀』以前にも倭種がいたかもしれないということが想定されるんですね。さきに述べたように熊津という地名は公州のところにもあります。武寧王のお墓のあるところのそばが熊川。それをクマナリと呼んだ。ナリというのは川のことなんですね。それがアイヌ語の地名ではナイとなる。古代朝鮮語の川のナリというのが、アイヌ語で川はナイです。

金　そのことは知里真志保《ちりましほ》氏も書いてますね。アイヌ語のなかに朝鮮語がずいぶん入っている。

谷川　朝鮮語とアイヌ語は、もっと祖語があったかもしれない。いまの朝鮮語といまのアイヌ語に共通する祖語があった。それが分かれた。

金　朝鮮語のコム（熊）が日本語のカム（神）ともなり、それがアイヌのカムイ（神）ともなっている。これなど、これからもっとよく調べてみる必要がありますね。

加耶と九州北部は同一文化圏だった

金　それはそれとして、古代日本では韓をカラといい、カラクニ（韓国）といったわけですが、これもはじめは加耶、すなわち加羅《から》からきている。たとえば、いわゆる天孫降臨、瓊々芸命《ににぎのみこと》が筑紫の日向《ひむか》の高千穂の峰に天降りしたときの、これは『古事記』の有名なそれですけれども、そこへ降りて、「此地《ここ》は韓国《からくに》に向ひ、笠沙《かささ》の御前《みさき》を真来《まき》通《とほ》りて、朝日の直刺《たださ》す国、夕日の日照る国なり。故《かれ》、此地は甚吉《いとよ》き地《ところ》」というのですが、この韓国《からくに》というのは、これは加耶のことなんですね。いまわれわれのいるこの唐津のカラも、もちろんそれからきているわけです。

さきにぼくは、古代史の平野邦雄氏と山尾幸久氏、それに考古学の西谷正氏といっしょに一週間ほど韓国の加耶の地とこの北部九州とをひとまわりして、『加耶から倭国へ』という座談会を主とした本を一冊だしましたが、加耶と北部九州とは同一文化圏というか何というか、古代はまったく同じようなものだった。地名などにしても、加耶のそれがまずさきにはいってきている。高句麗や百済、新羅は土器などと同じように、そのあとからかぶさってきたものです。

谷川　唐津なんて、唐と書いて唐津でしょう。これは中国とつながってるわけですね。唐の国というのが、言わば中国の代名詞でしょう。沖縄で言えば明とか清ね、あれなんかも唐なんですよ。沖縄では唐国《とうのくに》と言ってる。沖縄が中国と関係が深かった時代を唐の世《とうゆ》という。いまはヤマトの世だけど、その前は唐の世だと。それは唐土、つまり中国を一般的にいう言葉ですね。トウドの鳥なんて日本でも鳥追いの歌で言いますけど、それは中国から飛んできた鳥の意味なんですけど、それで唐を唐津と読ませているんでしょうね。もちろん金さんがさっきから言ってるように、カラというのは唐のまえは韓ですね。「韓国に向ひ……甚吉き地」「東夷伝」のなかに「魏志韓伝」というのがある。「高句麗伝」とか「扶余伝」とか、それから「濊伝」とかありますけど、そのほか「韓伝」というのがある。朝鮮半島の諸国を韓国という言葉で代表しているが、その前は、朝鮮半島南部の、百済、新羅と加耶を指す。馬韓、辰韓、弁韓です、「韓伝」のなかでは。新羅と加耶は一緒なんです。弁韓、辰韓は一緒の関連記事のなかに入れてあります。弁韓のほうは、あとの任那とか加耶になるわけですけれども、辰韓は新羅なんです。だから韓というのは、最初弁韓または辰韓、とくに弁韓のほうを指したと僕は思う。なぜなら加耶、加羅の呼称と通じるものがあるから。

最初、弁韓であったのが、弁韓と辰韓が一緒になって、「東夷伝」の頃は百済も入れて韓と称した。日本では朝鮮諸国の総称となり更にそのあとは韓をカラと呼んで中国の唐を指した。そういうふうにカラという呼称が変わっていくと思うのです。

金　「朝鮮隠し」という言葉があるけれども、朝鮮が消されるというのは大きくは二回あったと思う。第一回は奈良時代から平安朝にかけてですね。しかしこのときのそれは肯定的というか、日本にとって必要なことだった。坂口安吾もいっているように、それぞれが「出自の故国」を忘れてしまわなくては、日本という統一国家は出来ないというわけです。おれは高句麗だ、おれは百済だ、おれは新羅だ、おれは加耶だなどといっていたら、まとまりがつかないというわけですよ。アメリカはいまアイルランド系だ、あるいはイギリス系だ、フランス系だと言ってるけども、これも千年くらい経てば消えちゃうと思うんです。故国を、カギつきだけれども、失う、忘れなきゃ駄目なんですね。そういう意味で、そのときの「朝鮮隠し」は肯定的なそれだったわけですよ。では、そのあと頼るべきものはなんだったかというと、それは唐文化、つまり中国ですね。大唐の文化というものを背景にもってくる。
それで、秦氏なんかも平安時代になると、これは秦の始皇帝のなんであるとかとなって、ルーツをそちらへもって行く。一方また漢氏《あや》なんかにしても、漢の霊帝のなになにとなるわけですね。
谷川　姓氏録にはみんなそうなってるね。
金　そうなっている。しかしある意味では、それは肯定的なものだった。それに対して、否定的だったのは明治に入ってからのそれで、たとえば、埼玉の高麗郡《こまぐん》なんか明治の中期に入間郡《いるま》に合併になる。神奈川県大磯の高麗《こま》神社は高来《たかく》神社となって、高麗は消される。そういうのが明治時代にどんどん消されるのは、奈良・平安時代のそれとはまた別な、いわば否定的なそれだったんですね。

天孫降臨の地はどこか

谷川　先程の韓の話で面白い話がある。天孫降臨の話ですが、『古事記』には、「韓国に向ひ……甚吉き地」というふうになってる。天孫が降臨したところは、ちょうど韓国に向かって、ここは場所としては非常に結構だとある。『日本書紀』は天孫が高千穂のくしふる嶺に降りてきたと。そこは膂肉空国《そじしのむなくに》であるというふうに言うんですね。膂肉空国というときのソジシというのは牛の背の肉のことを言うんですよ。ソは牛なんですよ。膂肉というのは、牛の背中の肉で、そこは非常に肉が少ない、ゴツゴツしてるということから、不毛の地の形容詞として使われる。そこで、「笠沙の御前《みさき》」という、薩摩の野間半島の先に行くわけですね。そういうふうに『日本書紀』には出てくるわけです。天孫の邇々芸命が九州山脈を縦断して、そして薩摩の野間半島まで行って、そこで大山津見の娘と結婚する。その生まれた子供の彦火火出見命《ひこほほでみのみこと》が豊玉姫と結婚する。『日本書紀』では膂肉空国であったと言っている。つまり、天孫の降臨した場所は不毛なところであった。天孫が降りてきたとき、そこで「韓国に向ひ……甚吉き地」という『古事記』の記事と『日本書紀』の記事は対立するんですね。

　ところで、本居宣長はどういうふうに処理したか。宣長は『日本書紀』は非常に中国的な思想とか、朝鮮半島の観念が入ってるからよくないと言って、『古事記』のほうを重視してるわけですよ。だから「韓国に向かひていとよき地なり」ならば、朝鮮半島に向かって、たいへんいい土地だというようなところという解釈を採用しなきゃならないんだが、彼の皇国史観がそれを許さない。そこで『日本書紀』を取るわけです。

金　それもひとつは「朝鮮隠し」で、本居宣長のあれは矛盾してるね。ついでに言うと、朝鮮語では、牛のことをいまでもソと言います。

谷川　そのときにどう解釈したか。『古事記』の場合、原文では、「向韓国……甚吉地」。一方『日本書紀』では「膂宍空国」、こういうふうになっている。本居宣長は「向韓国」は誤りだとした。それには膂の字が脱けていると主張した。また向は宍（肉）の誤りとした。更に韓は空の誤りと考えた。そうすると、「向韓国」は「膂肉空国」となる。日頃は『古事記』をもちあげて、『日本書紀』を低く見ていた宣長がこのときばかりは、『古事記』の文章を『日本書紀』に合わせようとした。大修正を施してでも「向韓国……甚吉地」を書き換えようとしたのです。

金　『古事記伝』なのに……

谷川　皇国史観のために、こんなに苦し紛れの解釈をするわけだ。たいへんな偽造ですよ、これは。

もう宣長の頃には、皇国というのは、なにも韓国から恩恵を受けていないという考え方があるわけですね。

金　ずいぶん無理していますね。たいへんだ。

谷川　金錫亨《きんしやくきよう》、朝鮮民主主義人民共和国の、有名な歴史家は、やっぱり「韓国に向ひ……」をもちろん取るわけですね。「高千穂のくしふる嶺……」という高千穂は二つありますよね。一方は宮崎県にあって、一方は鹿児島県の霧島のほうにあって、お互いに本家争いをしてる。だけど、霧島のほうは僕は駄目だと思うんですね。あそこに韓国岳もあるし、高千穂峰もありますけれども、やっぱり宮崎のほうだと思うが、それにしても遠すぎるんですよ。九州山脈の真中だから。だから、やはり糸島半島の近くじゃないかと思う。少なくとも北九州だと思う。

金　それはぼくも賛成だな。というのはね、早良《さわら》、これもソブル・ソウルということからきたものだそうですが、いま福岡市に合併されて西区になってますが、去年（一九八五年）、そこの飯盛遺跡の発掘調査結果が発表されましたね。いまでもまだ発掘はつづいてるけれども、あれは大発見でしたね。邪馬台国に先立つこと約二百年、いわば邇々芸命時代のものといっていいものがたくさん出土している。六百余の甕棺とともに、どれも加耶製ということがはっきりしている銅剣と鏡、それに勾玉など、いわゆる三種の神器の最古例があそこから出たわけですね。

その麓に飯盛遺跡のある飯盛山をずっと西へ向かって曲がってくると、これもソブル・ソウルということからだった脊振《せふり》山地が東北に突き出たところがある。ぼくは志摩町に住んでいる人で、可也小学校出という知人の松尾紘一郎さんの案内でそこを知ったのですが、そこの峠に登ると急に目の前が開けて糸島半島、伊都国が一望のもとなんです。そしてそこがなんと、日向峠《ひむかとうげ》というところで、「これより伊都国／日向峠」とした標識板があって、こうある。「この峠は北西の平原遺跡によって千八百年前（弥生時代）からの古代名をもつ、日本神話を伝承する土地と考えられています。／この峠から南西に韓国《からくに》（王丸山《おうまるやま》）、北西に櫛触山《くしふる》、その先は高祖山《たかす》といった神話の山々が連なり、日向三代神話の源流となる処です」と。なるほど、日向峠のそこに立ってみると、東の早良はまさに「朝日の直刺す国」で、さきにいった飯盛遺跡です。そしてこちらの西は伊都国で、「夕日の日照る国」なんですね。それを実感として感じました。

日向《ひむか》を日向《ひゅうが》の国と考える必要はない

谷川　日向《ひむか》というのは、いまの日向《ひゅうが》の国と考える必要もないわけで、日に向かうところは日向だ。だから日に向かうところはどこかというと西なんだ。日向というと、なんか東のほうと思うでしょう。そうじゃなくて日に向かうところだから、西から日に向かう。西から東に向かってる。要するに西のほうにあるんですね。日向はある意味じゃ普通名詞なんですね。つまり日向《ひゅうが》の国だけを固定して考える必要はない。

金　韓国に向かってるわけですよ。そこまではもう、海ひとつあるだけだもの。まさしく「此地は韓国に向ひ……甚吉き地」だったわけです。

谷川　例の伊邪那岐が伊邪那美のところから帰って禊をするんですね。黄泉の国から帰るので、ケガレをとるためにミソギをする。それが「筑紫の日向の橘の小門の阿波岐原に到りまして、禊ぎ祓ひたまひき」と『古事記』に出ているんですね。その日向《ひむか》を日向国《ひゅうが》に持ってくる説もあるけど、そうじゃなくて、だいたいあれは志賀島に行くところに立花というところがあって、そこだと言われてるんです。安曇氏の本拠です。博多湾のやや東寄りの志賀島へいくところ、そこは奴国ですね。だから日向というのは、けっして一カ所に固定して考える必要はないわけね。

金　最近はそういう意見になってきたですね。

谷川　たくさんあるんですよ、日向という地名は。

金　宮崎の場合は太平洋に向かってるわけですよ。韓国に向かってないんだな。

谷川　とくに伊都国の場合は、金さんが言ったように、加耶国との関係が非常に密接だと思いますね。

金　密接ですね。出土遺物や地名などからしてもそうですよ。

谷川　伊都国が「倭人伝」でも重視されたということは、そういうことがあるだろうと思うんですね。松浦半島あたりは、松浦党と言われて、倭寇の根拠地ですよ。高麗とか李朝の初期、倭寇はここから出発してるわけですよ。

金　秀吉の場合もそうですね。

谷川　松浦半島は漁民ですね。しかし伊都国は、あそこへ行くと一つのまとまった感じがあるんですよ。小さいけれども、糸島半島というのはね。やっぱり平原があるものね。

金　あの糸島平野はあまり広くないけれども米のよくできる、とても肥沃なところですよ。

谷川　先程バルという話もあったけど、バルというのは、この前、対馬へ行ったときに老人と話していたら、老人がこれからパリしに行こうかと言う。朝鮮語と同じで、パリしに、開墾しに行く、耕しに行く。畑に行くということをパリしに行くという。そのパリから出たに決まってるんですよ。

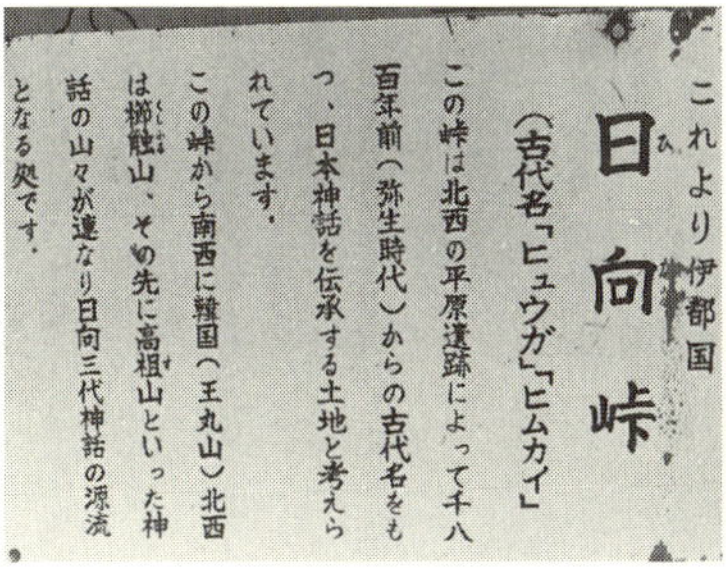

日向峠の標識板

日向峠からみた可也山

『万葉集』のハリミチですね、開墾することをハリ、新しく開墾したところが新治《にいばり》、四国にも今治《いまばり》というところがありますけれども、字は違うけどね。そういうハリというのは開墾すること。それがハルになってるんですね。沖縄なんかではハルと言うと、みな田圃や畑を表すんです。野原の原じゃないんです。原山《はらやま》勝負と言って、どれだけ一年の収穫が多いか、村ごとに原山勝負に参加する。山は山林の勝負ですけれども、収穫が上がったことを、村ごとに懸賞をかけて競いあう。それを原山勝負と言うんですよ。墾道《はらみち》というのは畦道のことを言うんです。ですから、これはやっぱり朝鮮と密接な関係があると思いますよ。

　それから壱岐のフレ、触と書いて。これは大字《おおあざ》の下にある小さい集落のことを言うんですが、私はやっぱりこれは朝鮮語のフレ（村）と関係あると思いますね。

金　このまえ、唐津からの帰途、谷川さんと別れてから前原で下りたんですよ。そして車で平原《ひらばる》遺跡をちょっと見ました。平原遺跡はひどいことになってまして、そこは木工所になっちゃってて、その塀の札に由来がちょっと書いてあるだけなんですね。近くに細石《さざれいし》神社というのがありまして、その細石神社というのはなかなか曰くがあって、その正面が高祖神社を向いているところから、これも天日槍ゆかりの高祖神社と非常に関係があるのではないかと奥野正男氏は書いています（『筑紫の神々の原像』『古代を歩く』(3)が、おそらく細石神社というのは例の平原遺跡とも密接な関係でしょうね。すぐそばです。それを見て日向峠を越えまして、そして一九八五年の三月に発掘結果が発表された例の飯盛遺跡などを、もう一度見て帰ったわけです。

新羅・加耶系渡来人集団の象徴——天日槍《あめのひぼこ》

金　飯盛山麓の早良で発見された飯盛遺跡についてもう少し補足しますと、この早良というのはもとは䖝原《そはら》といったそうですね。それで田村圓澄氏などは䖝原・早良はソブル・ソウルからきたのではなく、韓国慶南の梁山《ヤンサン》の旧名であった歃良《ソウラ》からきたものではないか、といっていますが、それはともかくとして、ここで飯盛遺跡の発掘調査結果が福岡市教育委員会から発表されたときは、各新聞とも一面トップでそれを報じたものですが、そのうちの毎日新聞の見出しは、「日本最古の王墓発掘／福岡・飯盛遺跡／多鈕細文鏡《たちゆうさいもんきよう》、銅剣、勾玉セットで副葬／弥生時代前期末に〝地方国家〟?」となっており、地元の西日本新聞のそれはこうなっています。「『早良国』存在裏付け／朝鮮製多鈕細文鏡が出土／西区の飯盛遺跡／『伊都』『奴』よりも前／銅剣、鉾、戈セットで」

どちらも「日本最古の王墓」「早良国」ということが強調されていますが、しかしこの「王国」ということについては、そうではないのではないか、という意見もあった。その一人は原田大六氏で、新聞によるとこう語っています。「飯盛遺跡を含む一帯が『早良』と呼ばれていたことについても『早良』や『䖝《そ》（祖）原』の語源は、朝鮮語の『ソウル』から来ているとし、……こうしたことから、原田さんは飯盛遺跡の一帯に朝鮮から武装集団が移り住み、かなりの勢力をもっていたのではないかとみる。そして総括的に『奴国と伊都国の中間に位置した渡来人の墓とみるべきで〝王墓〟と呼べない』と結論づける」（一九八五年三月三十日付フクニチ新聞）

あとでみるように、「朝鮮からの武装集団が移り住み」というところなどはさすがと思われるところですが、それからもう一人は西谷正氏で、こう語っていたものです。「今回の出土品を実際にみたが、いずれも優秀な青銅器だ。これだけのものを副葬しているのだから有力者であることは事実だし、その後の王につながる者ではあるが、この墓を王墓というのはどうか。弥生時代前期から中期初めにかけて王がいたとはいえない。国があったこと自体いえないのではないか。朝鮮半島からの渡来者で、この早良の地で農耕を始めた人たちの指導者と理解している」（三月六日付毎日新聞）

飯盛山麓の飯盛遺跡

ところが、それから間もなく、一年足らず後の一九八六年二月に、飯盛遺跡ではまた新たな発見があった。同二月九日付の朝日新聞でみるとそれは、「青銅の武闘集団がいた？／剣に木の鞘　矛に柄／わが国初出土／儀礼用の通説覆す／福岡・飯盛遺跡」という見出しのこういう記事となっています。「日本最古と見られる王墓が見つかった福岡市西区の飯盛遺跡・吉武遺跡の発掘を進めている福岡市教委は八日、『国内では出土例がない、弥生時代前期から中期にかけての木製の鞘《さや》つき銅剣、木製の柄つき銅矛を発掘した。さらに銅《どう》戈《か》と石剣を一緒に副葬した棺も国内で初めて見つかった』と発表した。青銅器類は身分の高い首長クラスの宝物、というのが旧来の説だったが、市教委は『武闘集団のリーダーたちが、実際に武具として使っていた可能性が考えられる』としている」

つまりそういう「武闘集団」がいたということで、さきにいったいわゆる三種の神器の最古例を出土したそれが「王墓」であり、「早良国」というべき「王国」のあったことがはっきりしたわけです。それで、原田大六氏はそのあいだに亡くなってしまわれたのですが、西谷正氏はさきにみたその意見をこう修正しています。「『漢書』地理志にいう百余国の一つとして、室見川流域に旧律令体制下の早良郡規模の『国』が成立し、また、『王墓』が出現したと考えたいのである」(『歴史手帳』一九八六年四月号「中国大陸、朝鮮半島の文化と日本の古代文化」)と。

要するに、これで広い意味での博多湾には「奴国(那国)」「早良国」「伊都国」と三つの原始古代国家ができていたことがわかったわけですが、この三つとも、その「王墓」から出土した遺物によってみると、どちらも古代南部朝鮮の加耶と密接な関係があった。

このことは「奴(那)」、「早良」など、地名のうえからみてもたいへん重要なことで、もとは「新羅の民族名ソ」(金澤庄三郎『日韓古地名の研究』)と関係のある「伊蘇《いそ》=伊覩《いと》=伊都《いと》国」などはとくにそうで、これは新羅・加耶系渡来人集団の象徴となっている天日槍(天之日矛)と密接にかかわっている。天日槍というと越前(福井県)の気比《けひ》神宮にまつられている伊奢沙別命《いざさわけのみこと》のことでもあるわけですが……

谷川　都怒我阿羅斯等《つぬがあらしと》ですね。

金　そう。天日槍を二つに人格化したその都怒我阿羅斯等は気比神宮境内の角鹿《つぬが》神社の祭神となっていますが、天日槍のほうは気比大神、伊奢沙別命として気比神宮の主祭神となっている。そしてあとから応神天皇もここに祭られたわけですが、この気比大神を祭る神社はこちらの「伊都国」だったところにもあって、そのことが古い糸島郡教育会編の『糸島郡誌』にこうあります。

「而《しか》して天日槍はまず新羅往来の要津たる伊覩《いと》を領有し此《ここ》に住して五十跡手《いとで》〈伊覩県主〉の祖となり、更に但馬《たじま》に移りて但馬家の祖となりしなるべし。（久米邦武『日本古代史』に拠る）

案ずるに、久米邦武氏曰《いわ》く、『筑前雷山に存する神籠石《こうごいし》は其《その》〈天日槍〉の築きし古蹟なるべし。其南の肥前山中に墓家の石窟 夥《おびただ》しく存す。これ古き殖民地なるを証するものなり』と。而して長野村県社宇美八幡宮祭神六座の内気比大神あり。越前国官幣大社気比神宮の祭神と同一の神にして、天日槍を祀《まつ》れるなり」

天日槍集団ともいわれる新羅・加耶系渡来人集団の象徴となっているこの天日槍、またはその集団とはどういうものだったかということについてはこれからも議論になると思いますが、「伊都国」というところからして、まず、この集団を抜きにしては考えられない。

高祖《たかそ》からは鉄の流れが伝わってくる

谷川　いまのお話は、私も異論はまったくなくて、とくに糸島半島とか、かつての伊都国に、朝鮮半島の最南端の加耶のほうから直接渡ってきた人というのが多かったということについては異論がないんです。

中国の唐の時代の「東夷伝」が「旧唐書《くとうじょ》」ですが、そのなかに、「倭国は古の倭奴国なり」という文章が出てくるのです。「旧唐書」のいちばんはじめの部分なんですけれど、それを見ますと、倭奴は伊都とも倭の奴国とも読めるんですよ。これは面白い。伊都というのは厳《いつ》、厳というのは天皇につく霊魂、マナ、外来魂、それを厳と言いますね。それと関係あるという説なんかもあるんですけど、私は倭の奴国とも読めるし、伊都国とも読めるというのは、非常に面白いと思うわけで、昔々そんなにたくさん国がなかった頃は、兄弟関係にあったのかもしれませんね。

　いまのお話で、前原に高祖神社があるということをおっしゃいましたね。これは天日槍の奥さんを祀る神社ですね。前は高磯《たこそ》と呼ばれていた。いまはタカソですね。

「三代実録」によると、元慶《がんぎょう》元年（八七七）に筑前の高礒比咩《たかそひめ》に従五位を授けたという記録があるんですけれども、「和名抄」では、この神社の所在地が怡土《いと》郡の託杜《たくこそ》となっているんですね。

　このタクコソ、タカソ、あるいはタコソの地名について、私の友人で奥野正男さんという福岡県に住んでいる考古学者が『日本のなかの朝鮮文化』（二四号）で、こういうことを言ってるんですね。

　正倉院文書に、大宝二年（七〇二）に、筑前国嶋郡、これは糸島の島のほうですね。怡土郡と島郡が一緒になってますから、嶋郡川辺《かわべ》里の戸籍の断簡があるが、そのうちの嶋郡の大領である肥君《ひのきみ》の猪手《いで》の家族に宅蘇吉志《たくそきし》の名前が見える。

　肥君の猪手は、五十迹手《いとで》の名を思わせます。五十迹手の名前と照応してるんじゃないかと思われます。宅蘇吉志の宅蘇というのは、地名ではなくて氏族の名であり、吉志というのは、渡来系につけられたわけですから、これはどうも宅蘇というのが、肥君の猪手の家族に出てくるのは、これは朝鮮からの渡来人じゃないかと思われるんですけれども、この宅蘇という氏族の名を、奥野さんはこう解釈してるんですね。

『古事記』の応神天皇の条に、百済の照古王《しょうこおう》が手人《てひと》、技術者の韓鍛冶《からかぬち》、名は卓素《たくそ》を奉ったという記事があるんですけど、宅蘇はここに出てくる韓鍛冶の名は卓素という人物とおなじというわけですよ。宅蘇吉志の宅蘇は要するに韓鍛冶だったというんです。

さらにその卓素を、タクとソに分けるわけです。ソは朝鮮語の鉄で、タクというのは、脱解《だつかい》のお母さんが住んだ土地の託村《たくそん》じゃないかという説を立てているわけです。

私はこれは面白い説と思うわけです。なぜかと言いますと、脱解は、瓠公《ここう》という倭人が瓢箪を腰にぶら下げて日本からやってくると、瓠公の居住地を奪ってしまうわけですね。瓠公の居住地の下に消炭を入れておいて、実は私の居住地だったということで、慶州の半月城を奪って、脱解は新羅の第四代の国王になるんですけど、それが鍛冶と関係があるんですね。そうすると脱解のお母さんの村の託杜の託というのも、やっぱり鍛冶と関係ある場所だったと考えられる。

ソは鉄でしょう。また託村から手人である韓鍛冶がやってきた。宅蘇吉志が嶋郡の大領になる。それは糸島半島ですね。その宅蘇、卓素というのが怡土郡の託杜《たくこそ》とつながってくる。そこに天日槍の奥さんを祀ってあるということになると、どうも鉄の流れが、この地名あるいは人名から伝わってくるわけですね。

ですからいまのお話は、たいへん面白いと思うわけです。ここで忘れないうちに紹介しておきたいと思いますが、まえに橘の小門の、阿波岐《あわき》というところで伊邪那岐が禊をしたといいましたが、これが五島列島にもあるんですよ。

五島にオドというところが点々とあるわけですね。それからタチバナという地名が、福江島にはたくさんあるんですね。福江市（現・五島市内）の西にある岐宿《きしく》町（現・五島市岐宿町）にタチバナの地名が三カ所ある。福江島だけで十カ所、それから北の中通島《なかどおりじま》に二カ所、宇久島《うくじま》に一カ所あるわけですね、タチバナという地名のそばに日向頭《ひょーがし》と読ませる地名があるわけですね。タチバナというのがあって、その近傍に日向というのがある。そしてまたオドという地名が点々とある。こういう地名はバラバラにして見ると、福江島なんかにもかなりあるわけなんですね。

ここで言いたいことは、どこだという所在地を、あんまり限定しないほうがいいということと、そういう地名は古代には非常に多かったということです。それでタチバナというのはヒマワリじゃないけど、太陽に向かう、そういう木であるという観念があったようですね。

金 日向といえば神奈川県にも日向《ひなた》薬師があるでしょう。それについては、いまお話に出ました奥野さんは『古代を歩く』(3)の「筑紫の神々の原像」のなかで、稲作集団が定着したところに日向がある、そういう集団によってできる可能性があるというようなことを書いていますね。

谷川 それはある意味で当たってますね。というのは、日が当たるところが日向でしょう。だから農業集団が見つけてね。

金 だから、宮崎県の日向だけではないということですね。

谷川 日面とか日影とか、みんなそうです。

糸島地方は鉄の国だった

金 先程、奴国の話が出ましたが、博多湾岸の那の津を奴国と言ってるわけですが、これは志賀島で発見されたという漢委奴国王、例の金印ですね。これを江戸時代の藤井貞幹や上田秋成、伴信友などは漢の「委奴《いと》国王」とよんでいたものですが、それを明治時代に三宅米吉が「漢の委《わ》の奴《な》国王」と読んで、それが定説になっているわけですけれども、「委奴《いと》国王」すなわち伊都国王というのは、ぼくはなかなか捨てがたいと思っています。

それはどちらにせよ、伊都国というのは、そうとう中身の詰まった国だったようですね。「鬼道を能くした」シャーマンだった例の卑弥呼のいた邪馬台国は松本清張さんもいっているように宗教的聖地であって、実際的な政治・経済などの中心は、少なくとも外に向かっての中心は伊都国にあった。だいいち、「常に郡使の駐《とど》まる」ところで、「郡使」はそこからほかへは行っていないですね。

こういうことから見ても伊都国というのは、何代目かはわからないけれども、「伊都国王」といわれる伊覩県主とも関連して非常に大きな意味を持ってるんですが、いまの糸島地方のそこは、「伊《い》蘇《そ》」の蘇、新羅の「徐《ソ》（蘇《ソ》）伐《ブル》」の徐、すなわち朝鮮語のソ（鉄）の国ともいえるところだった。

奥野正男さんはずっと以前から、天日槍集団によるそこの産鉄遺跡を踏査して、「今宿、高祖付近の朝鮮文化遺跡について」などの論文を書いていますが、ここで、さきにいわれた「卓素」の素とも関連して、いまそのソ（スエ）ということについてちょっといっておきますと、たとえばこういうことがありました。いつか、上田正昭、水野祐、森浩一氏らとの「出雲と朝鮮をめぐって」という座談会の席上――というより、そのときのことを森さんが「須恵器の研究メモ」というのに書いていますので、それをここに引くことにしましょう。

「腰がすわり、ついに全員が泊りこむとなったころ、話題が須恵器に移った。さらに須恵器の製作技術との関連で鉄生産のことがとりあげられ、これで須恵器の説明は終りだと内心感じていた矢先である。ちょうど金さんが話していた。

『**金**　これはよくいっていることですけれども、三国時代にそれぞれ国姓というものがあって、高句麗は高であり、百済は余で、新羅は金ですけれども、日本語でキン、朝鮮語でキムです。これを訓・音でいいますとスェ・クム（キム）となります。……新羅はその国姓からして、鉄との関係がひじょうに深いということですね。スェは鉄という意味で、クムというのは金、ですからスェ・クム、鉄の金で、これは新羅の原号のソにもつうじる』

実際にはスエと片仮名であらわすより複雑な音であったが、とにかくスエと聞こえた。私は長年須恵器（スエキ・スエノウツワ）の窯の研究をとおして、土器の編年やその工人集団のこと、さらには須恵器の出現という文化現象の歴史的背景などに関心をもっていたが、スエという意味や語源については明快な説明に接したことがなかった。だから金さんの話を私なりに吸収して〝これだ〟と躍りあがりそうになった。しかし内面の感動をおさえて確認することにした。

『**森**　その発音とスエは似ていませんか。須恵器という言葉はどこからきたのかわからない。もう一度発音してください。

金　鉄・金、すなわちスエ・クム、スエです。スとエとを同時に発音するようにしてスエ。

森　鉄のように硬い焼きものという意味ではないでしょうか。

金　須恵器のスエ、なるほど、なるほど。いわゆる弥生土器や土師器にくらべると、これはもう金属といってもいいですからね』

まだ続くけれども、あとは各人で〈座談会〉をご覧ください。もちろん私の感激は、金さんの発音が少なくとも八世紀以前のものを伝えてないと瓦解するわけだが、鉄は基本になる言葉であるからまずその心配はなかろう」

なおついでに言いますと、須恵は九州・福岡県の須江町はじめ、陶《すえ》、陶野《すえの》、主恵《すえ》、修恵《すえ》、末《すえ》、末《すえ》野《の》などの地名ともなって全国に二千カ所ほどあり、本多静男氏の『古瀬戸』によると「せともの＝瀬戸もの」で有名な瀬戸もそのもとは須恵からきたものだそうですが、それよりここで問題となるのは、スエすなわちソ（鉄）ということです。

つまり、「伊都は伊蘇の訛れるものなり」と『日本書紀』にもあるように、伊都（蘇）を中心とした糸島地方は新羅の原号であったソの国＝鉄の国であったということなんです。伊は接頭語または発語で、ソの国だった。ここにはたくさんの製鉄跡とともに、ぼくが知っているだけでも白木神社＝新羅神社が四社もあり、また、天日槍を祭る宇美八幡宮の近くには白木川も流れている。

そしてまた一方では、加耶（加羅）ということにほかならなかった韓《から》良郷があったところで、いまも可也山や芥屋《けや》、加布羅、加布里などという地名となってのこっている。つまり、天日槍を象徴とする新羅・加耶系渡来人、天日槍集団の展開していたところだったわけです。いまぼくは新羅・加耶系といいましたが、本来は加耶系といっていいのだけれども、加耶諸国が最終的に新羅に吸収されてほろびるのは五六二年ですね。それで、その約二百年後にできた『古事記』『日本書紀』『風土記』などはこれをみな新羅としているということがあるからです。そのもとは辰韓、弁韓だったわけですね。

脊振村の伊《い》福《ふく》は製鉄と関係がある

谷川　「魏志倭人伝」の「韓伝」にも、辰韓と弁韓が一緒に入ってるので、辰韓の記事なのか弁韓の記事なのかよくわからないところがある。

たとえば、そこは非常に鉄をたくさん出すので、濊《わい》とか倭とか、こぞって鉄を求めにやってくるという記事があるが、新羅のようにも取れるし、また加耶のようにも取れる。普通は弁韓が通説になってるようですけども、辰韓であってもよいのです。ともかく、倭も争って鉄を取りにくるというわけですから、いまの朝鮮海峡というか、玄界灘を越え、日本は鉄を非常に欲しがった。したがって、向うから鉄の技術者が来ればたいへん優遇して、神様みたいにして、遇したんじゃないか。それが高祖神社あたりに現れている。

先程、金さんが脊振村のことをお話しになったんだけど、あそこに伊福《いふく》という地名がある。イフクというのは青銅の製造者で中心的な氏族集団ですが、イは伊都国のイと同じように発語である。そうするとフクが問題なんですね。フクというのは、真金吹くというように、鉄を吹く、銅を吹く、いわゆる精錬することをいうわけです。ですから、そこに伊福村があったというのは、鉄の精錬者がいたに違いないわけですね。

平凡社の『佐賀県の地名』には脊振村に、鉄鉱石かな、鉄が出ると書いてあるんです。どうも伊福村と関係があるらしいということが書いてあるんですね。ですから脊振山地の中に伊福という地名があって、古代の製鉄なんかと関係したんじゃないかと思うんですね。

金　いま言った伊都国は現在の前原町《まえばる》ですね。どうしてバルなのかということです。東京などではハラでしょう。バルというのは、奥野正男さんが地名のことを書いてるのをみると、朝鮮語のプルですね。ソブル、ソウルという言葉はよく出ますけど、セブリ（脊振）にしても、二語だとぼくは思ってるんです。ソ・ブルです。ソ、つまり鉄、それが主語だとすると、その村邑であるということなんですね。バルというのは、肥前の中原《なかばる》など、筑前だけじゃなくて、あちこちあるでしょう。それから『古事記』のいう久士布流《くしふる》というのは、これは谷川さんもおっしゃったように、釜山の近くにある亀旨峰《クジボン》のクジということからきている。

谷川　金海ね。

金　そうです。大分県の久住山《くじゅうさん》などというのもそのクジからきているし、祖母《そぼ》山というのはソブル・ソウルからだそうですね。

谷川　前にも言いましたが、対馬では開墾することをパリすると言う。これは沖縄まで通じてるんですよ。それから東は『常陸国風土記』なんかでも、ニイバリなんていう言葉が出てまいりますから、それは奥野さんのように、フレだけでは解釈できない。やはり開墾という仕事にむすびつく。それは非常に多いですね、九州もね。

金　九州のバルというのは、これは独特みたいですね。

谷川　九州では原はバルと言いますね。

金　壱岐では触《ふれ》というのがいたるところにあるでしょう。これもソ・ブルのブルからきている。田川郡に添田《そえだ》町というのがありますが、これももとは曾褒里《そほり》で、ソブルからきたものだそうですね。九州の泊勝美さんから送られた添田町観光連盟発行の『英彦山《ひこさん》』という案内書にそうある。

谷川　首里もソウルという説があるのですね。

金　そう、そう。首里がソウルということは、あとで沖縄のところで話しますが、あれもよくわかる気がするんです。

谷川　金さんと一緒に行きました呼子は鏡山の松浦佐用姫《まつらさよひめ》の伝説と関係あるんです。大伴狭手彦《おおとものさでひこ》が任那救援のために軍船に乗って行くでしょう。すると松浦佐用姫が唐津の鏡山からヒレを振るわけですね。ヒレ振山、ヒレというのは、船を呼び戻す呪力を持ってるんですね。たとえば須佐之男が百足の部屋に大国主命を投げ込むわけです。すると大国主命は須勢理毘売《すせりひめ》からもらったヒレを振ると蛇も百足もおとなしくなるという。ヒレには海を静めるとか波を静める呪力がある。それでヒレを振って、こっちへ戻そうとするんだけど、狭手彦の船はずっと行っちゃうわけです。それで東松浦半島を呼子のほうに向かって走るわけです。そして呼子から叫ぶわけです。それが呼子になって……

金　それで呼子ですか。

谷川　ええ、それがはたして最初から呼子の地名なのか、あとでつけた地名なのか、これはわかりません。だけど、なんとなくそう言われると、朝鮮に向かっている意識が感じられる。

金さんのばあいは朝鮮から日本へ来た意識でしょう。いま話されたけど、糸島半島も加耶からこっちの方へ向かっている。まなざしが違うんだ。われわれは朝鮮のほうを向いて話してる。だから呼子なんかもそういう意味がある。

呼子で叫んでも駄目なので、呼子のすぐそばに、五分くらいで行くところに加部島《かべしま》というところがあるんですが、そこの山の上に登るんです。そしてとうとう声も届かないので、七日七夜泣いて、そして石になっちゃうんですね。それを望夫石《ぼうふせき》というんです。それで松浦佐用姫は石、安珍清姫は蛇になるが、そういう伝承があるわけです。その石は名神大社《みょうじんたいしゃ》加部島神社の境内に祀ってあるんです。

金　この前われわれは鏡山へ登りましたね。あのへんが肥前の中心地だったそうですね、古代の。

谷川　と思いますよ。

金　宇木汲田《うきくんでん》遺跡は、先程言いました飯盛遺跡と同じようなものを出土してますからね。稲作とともにきた青銅の銅剣にしても非常に古いもの。これはもう加耶から渡来したそのものです。

谷川　古代の末羅国《まつらこく》というのは、いまの東松浦半島じゃないかと思うんですね。なぜかというと、壱岐からの最短距離は東松浦半島の呼子ですよ。釜山、金海あたりからの狗邪韓国《くやかんこく》から来るでしょう。すると対馬でしょう。対馬から壱岐でしょう。壱岐から真っ直ぐに来て、いちばん近いのはどこかというと東松浦半島の呼子ですよ。呼子のすぐ北に加部島がある。

金　前に言ったことをちょっと補足しますと、唐津は韓の韓津《からつ》だということを、『日本地名大辞典』の「九州編」でぼくははじめて知りましたが、この前、NHKのテレビを見てましたら、唐津が出てきまして、これは中国の唐《とう》に向かって開かれた港だという意味で唐津なんだというんですよ。これは困っちゃうんですね。つまり、唐という字があちこちでつくでしょう。加羅は、前にもお話ししましたように加耶ですね。加耶は同時に加羅でもあるわけですが、韓津の韓はその加羅からきてるわけですね。韓国の韓を古代日本ではカラと言ってる。

このカラはその後、日本の地名ともなって、中国の唐の字を当てられたり、またあるところでは甘辛の辛となったりしてる。これは文献でもはっきりしてますけど、東大寺境内にある地主神としての辛国《からくに》神社や、藤井寺市にもある辛国神社などこれはもとはみな韓国《からくに》神社だったものです。『万葉集』なんかみましても、漢字の漢をカラとも読ませたり、もっとひどいのになると、枯木の枯をカラと読ませたりしている。そういう具合にいろいろと変えてきてますから、その点は注意しなきゃならんと思うわけです。

縄文時代はもちろんのこと、文字のない弥生時代にやって来た連中が、後に古墳時代以降に来たものたちによって文字を持つようになってから、漢字の地名がつけられたんじゃないかと思うんですが、鶴、都留とも書くツルという地名などは、漢氏《あやし》・漢人《あやひと》などというのと同じように、本来はその漢字とは関係ないいんですね。鶴というと、飛ぶ鳥の鶴がたくさんいたところと思われがちですが、これは東京の弦巻《つるまき》の弦と同じように朝鮮語のツル、原野ということからきている。丹羽基二氏の『地名』などにもそうあるのですが、熊本県の球磨川べりにはそのツルが多いんですってね。

谷川　普通ツルは、われわれの常識で言えば、川の曲がったところがツルです。これにはしばしばツルという地名がついてまして、ツルという当字はいろいろありますよ。山梨県の都留とか、水流という名前をつけてる。水流は千葉県にあります。それからいまおっしゃったような鳥の鶴を当てたり、鶴というのは、だいたい湾曲したところにいる。曲《わだ》とか海《わた》。

鍋のツルね、あれも湾曲してるでしょう。ひょっとしたら、それと関係あるのかもしれませんね。それは川にあるんですよ。ですから金さんの説も拝聴するけど、地名学のほうの常識から言うと、常識を振り回すわけじゃないけど、だいたいそうなんですよ。ですから、いま球磨川のそばに多いと言われたのは、そういうことなんですよ。要するに川のそばですよ。

金　飛ぶ鳥の鶴ね、これは朝鮮語でツルミというんです。

谷川　だから鶴見和子さんは、自分の姓は朝鮮語の鶴だと言っている。

金　鶴岡とか、あるいは鶴田とかいろいろあって、これなどもそうではなかったかと思うんですが、山梨県の都留は朝鮮渡来人の居住地であったことからきたものだと丹羽基二氏も書いているし、弦巻については中島利一郎氏の『日本地名学研究』などにもそうある。

武寧王は加唐島《かからじま》で生まれたから島君（セムニム）

谷川　必ずしもそうではないですね。あれは鍋のツル、あるいは弓の弦ですね。呼子のそばに加唐《かから》島というのがある。これは非常に面白い話で、『日本書紀』の雄略天皇のときに、百済の王の蓋鹵《こうろ》王《おう》というのが、ソウルの漢山城というところにお城を構えて、高句麗から攻められて、ついに殺されるわけですが、その漢山城にいた蓋鹵王が日本に自分の弟を派遣して、日本と仲よくしようと、交流を求めてくるわけですが、そのときに弟が、私の好きな女を下さいという。それが王の寵愛してる女なんですね。その寵愛してる女が妊娠してるわけです。それで産み月で、産気づく直前なんですよ。もしも子供が途中で生まれたら、母と子を一緒に自分の国に送り返せと王が言う。よろしゅうございますというわけで、その弟が連れていくわけですが、旅の途中で子供を産んじゃうんですよ。それがどこかというと筑紫の各羅《かから》島ということに、『日本書紀』ではなっているのですが、それがいまの加唐島なんです。これは呼子と壱岐のちょうど中間なんです。呼子があり、加部島があって、その北に加唐島があるんです。

金　ぼくは加唐《かから》なんてのも加耶・加羅からきたものではないかと思う。

谷川　そこで子供を産むんです。壱岐と呼子の間にはまだほかにもいくつかの島があって、そういう島があるから船がきやすいわけですね。というのは、小さい船ですから、風よけ波よけの、そういう島がないと来れないわけですよ。だから、そこらあたりを必ずたどって来るわけです。というわけで、加唐島で子供を産んだというのは、当時の船の回路から言えば、非常に自然なんですね。

金　あれは斯麻《しま》王《おう》ともいう。墓誌にそうある。

その生まれたのが誰かというと、かの有名な武寧王ですよ。

谷川　加唐島で生まれたから島君《せまきし》。『日本書紀』にそう書いてある。それが朝鮮語で、島がセム、それから君がニムなんですよ。それをセムニムと百済の人が呼んでるということを『日本書紀』に書いてある。これが『日本書紀』のなかで武烈天皇の条にも出てくる。ところが『三国史記』にも出てくるんですよ。その武寧王の名が斯摩《しま》と呼ばれたとある。

こういう一連のものがあって、はたしてそういうことがあるかと眉唾のように思うでしょう。ところが、一九七一年、いまから十四～五年前に、公州の宋山里のある古墳を掘ったら、その羨道から墓誌石が出てきて、そこに百済斯麻王と出てきたんですよ。それで、これが武寧王だということがわかったわけです。武寧王は島王と言ったということが『三国史記』に出てきますし、それから『日本書紀』にも島君と出てきます。ここが武寧王陵だということがはっきりしたんです。

島王と呼んだことも、そこではっきりわかったわけですね。単に『日本書紀』や『三国史記』の伝承だけじゃない。なぜ島王と呼んだか。それは当時の人が言ったように、やはりどこか島で生まれたからだろうということが考えられるわけですね、セムニムと言ったということでね。そうすると、じゃあはたして、そういうことがあり得たかということになるわけですよね。九州本土に近いところで生まれた子供だと言えるか。

しかし考えようによっては、その前にこういうことが書いてあるんですね。『日本書紀』を見ますと、その武寧王のお父さんの蓋鹵王が、高句麗から攻められて漢山城で殺されるわけです。そうすると百済が都を捨てて南下するわけです。そしていまの公州、むかしの熊津というところですが、そこで武寧王は政治をやって、済州島なんかも武寧王のときに攻略するんです。

最初は武寧王はまだ十五ぐらいなんですね。結局、彼が王になるのは四十歳ぐらいで、その前は誰かというと文周王ですね。

　雄略帝が文周王にコムナリという地を与えたことはまえに言いました。かりに、鎮海のところにあるコムナリを与えたとすれば、要するにいまの加唐島の近くなんですよ。

金　それはちょっとわかるような気もします。というのは、鎮海がコムナリだったかどうか、それはともかくとして、その地を与えるとは、どういうことかということです。それはいわゆる「任那日本府」などというその「任那」とはどういうことかということでもあって、これは朝鮮語のニムナ（任那）、すなわち「君主の国」ということなんです。

　そのことは『日本書紀』をみてもわかります。五六二年に任那となっていた加耶が新羅に吸収されてほろびますが、すると、欽明天皇が新羅をさんざん非難する「詔」をだす。その詔をみると、どうも隣国が、あるいはみなさんよくいう日本の支配していた国がほろびたということではないんですね。たとえば、その詔のさいごはこうなっています。

「……君父《きみかぞ》の仇《あ》讎《だ》を報ゆること能《あた》わずば、死《み》るとも《はまか》臣　子《やつこらまこども》の道の成らざることを恨《うら》むこと有《あ》らむ」（岩波書店版「日本古典文学大系」『日本書紀』㊦）

　これはどうみても、ふつうのそれではない。加耶をほろぼした新羅に対し、君父の仇を討たなくては臣子の道が立たん、というわけなんです。これはどういうことかというと加耶、すなわち任那はその君父の国、君主の国であったということですね。任那がそういう「君主の国」であるということは鮎貝房之進《あゆがいふさのしん》、白鳥庫吉《しらとりくらきち》氏もすでに考証していることです。そうすると、その「与える」ということがどういうことか、あるいはもしかすると、そういう言葉が出ることもありうる。

谷川　私もそれは賛成です。金さんの故国というのが、加耶から日本に来たから、日本人が故国と思ってるのか、あるいは倭人が加耶のところまで進出していたから、狗邪韓国あたりね。
金　ぼくは前者だと思う。
谷川　僕は後者もあると思う。
金　最近、筑摩書房から出た上垣外《かみがいと》憲一《けんいち》氏の『天孫降臨の道』をみても、「日本人の先祖の主要な部分をなすほどの多数を占めたのは、洛東江流域の加耶の人びとだった」とあります。弥生時代までのはじめのうちは、加耶と日本との関係はよほど親密だった。
谷川　蟾津江《せんしんこう》のあたりは、日本が百済に割譲してるんですね。
金　蟾津江は、全羅南道と慶尚南道の境ですね。
谷川　境です。百済が任那の土地を欲しいというもんだから、日本はそれを与えた、武寧王のときに。だから任那は怒っちゃって新羅についちゃうんですよ。だから日本も下手くそなことをやったんですね、政略的に。
金　武寧王が死んだのが五二五年です。武寧王陵から出た墓誌ではっきりした。それで『三国史記』の記述の正しさが証明されたと同時に、一方、『日本書紀』のそれも一年しかちがわない。
　武寧王陵からそんな墓誌が出たということは、日本でも天皇陵といわれる古墳を掘れば、そういう墓誌が出る可能性があると思いますね。一つはそういうことがあるので、発掘させないのかもしれませんが、しかし、和泉の仁徳陵古墳は明治五年の風水害で前方部が崩れて、武寧王陵出土のものと同じ獣帯鏡などが出土した。
　いまアメリカのボストン博物館にあるのがそれですが、ほかには金銅装の短甲や眉庇付冑《まゆびさしつきちゆう》、環頭大刀、馬鐸なども出ていて、先年、日本へ里帰りしたのを東京国立博物館でみましたが、これはどれも加耶、百済などの古墳から出土しているそれとほとんど同じものだった。

谷川　とにかくたいへんな発見ですよ、武寧王陵から墓誌銘が出たのは。ともかく金さんが言うように一年しか違わんですからね、『日本書紀』は。六十一歳くらいで死んでるんだけど、あっちでは六十二ですから、翌年ですよ。六世紀の初頭ですね。そういうことから言えば、加唐島で生まれたという伝承も、これは僕は小説になると思う。

金　なるほど。引き寄せられる話ですね。

朝鮮と関係のあるところに産屋がある

谷川　僕はそこを追求したいんですよ。そうすると、いろんな問題が考えられるんですね。庶民の間の交流は自由で、庶民達がそういう話を伝えたに違いないと思うんです。百済の王の話、玄界灘でもって……

　実を言うと、この前、加唐島へ行ってきたんですよ。これは神功皇后が新羅に出兵するときに、そこで帯祝いをした。いまでも帯祝いってあるでしょう、そういう伝説があるんです。それでオビヤの浦という地名がそこに残ってます。普通、オビヤと言いますと、産屋の方言で、産小屋をオビヤと言うんです。かつてはそこに産小屋があったんじゃないかと思うんです。そしてまた島には、百済人の集落があったという伝承があるんです。はたしてどこまでほんとかどうか。

　産屋なんかありそうもないところなんだが、筑前の宗像郡（現・宗像市内）に大島というところがありますね、宗像神社の中津宮のあるところ。そこにやっぱり産屋の伝承があって、三尺くらいの木を置きまして、そこに包丁を置くんです。悪い霊がこないように、産婦のところに包丁を置くでしょう、産屋と同じものを模型で作るんですよ。ですから、おそらく玄界灘にも、そういう産屋があったんじゃないかと思うんです。

これは『日本書紀』の伝承ですが、越前の気比神宮に神功皇后を祀ってあるでしょう。あのすぐそばに常宮《じょうぐう》というところがあって、常宮神社ね、あの朝鮮の鐘のあるところね、そこに産屋があるんですよ。そりゃもう僕はよく調べたんです。

金　それは谷川さんの発見だった。それでぼくも行ってみている。

谷川　それを言うと長くなりますが、朝鮮と関係のあるところに産屋がある。

金　白城《しらぎ》神社のある……

谷川　常宮の先、立石半島の突端、白木という集落にも産屋が残っている。豊後の姫島にもある。

金　国東半島突端の、比売語曾神社のあるあの姫島ですね。あの姫島も、天日槍の赤留比売《あかるひめ》からきたものですね。

谷川　そうかもしれません。そうだと思いますよ。武寧王のことをこれから少しやってみたい。まだ、ほかのいろんな考え方もできると思うんですが、私が面白いというのは、武寧王を島君《セムニム》と呼んだということです。島を朝鮮語でセムというから、日本の島はそこからきたという説がある。

金　その島ということについては、ぼくも言おうと思ったんです。

谷川　ところが、私の説は、日本語では島というのは注連《しめ》縄のシメでね、占有することです。土俵を占める、兜町をシマというし、ヤクザの縄張りをシマという、この占有するということですね。そしてそこに入れないとか、これはおれのものとか、そこからきたんだと思ってるわけです。

金　それと同じ、似たようなことかもしれませんが、三島神社などのある三島というのには郷里という意味がある。これは本居宣長も書いてます、『古事記伝』に。

谷川　それは沖縄なんかではしょっちゅう、いまでも使ってますよ、私のシマでは……と。自分の郷里のことです。

金　アイランド（島）ということではなしに……

谷川　だけど、そのシマという意味は、いちばん最初は、まだ所有権はないけど、占有権がまだあった時代に、ここは私のものという目印を立ててるんですね。僕はそこから始まったと思うんです。

金　そうかもしれないですね。必ずしもアイランドということじゃない。

谷川　そうすると朝鮮語のセムね、これは単にアイランドなのか、そこを聞きたいんですよ。アイランドなのか、朝鮮語で故郷的な意味とか、あるいは占有する意味があるのか。

金　ぼくは占有する意味があったと思うんです。

谷川　じゃあ非常に近くなる。

金　同じですよ。必ずしもアイランドじゃない。

谷川　私もそう思う。日本語では後だと。だけど朝鮮語で、アイランドの島がそういうふうにセムとなりますから……

金　だから対馬のことをツーセム、二つの島。というのは、壱岐と合わせているんじゃないかと思うんですが。

谷川　「倭人伝」では壱岐は別です。上県《かみあがた》、下県《しもあがた》、あっちでしょう。

金　あれはしかし、もとはくっついていたでしょう。

谷川　いやいや、はじめから分かれてる。

金　それならいいんです。

谷川　そっちのほうでしょうね。対という字に島。

金　ツーセムから対馬でしょう。対馬だけどもツシマと読むでしょう。

谷川　いまは馬だけど、「倭人伝」も馬だけど、島も使いますもんね。

金　セムというのは、そういうことだと思いますね。

谷川　だから、まさしくセムニムというのは、日本語の島と朝鮮語の島のオーバーラップしたところがある。

金　こういうことがあるんです。たとえば、四国を歩いてましたら、香川県に新羅神社が四社あって、そのうちの一社は、善通寺市の木徳町というところにあって、この木徳町にある新羅神社は、毎年九月何日かに「須佐之男のお船渡り」という祭をやるわけです。お祭をやるのに、模造船みたいのを作って、最初に大国主命が須佐之男命に向かって、「須佐之男命様にはこのたび、韓国《からくに》の三島へお帰りになるそうで」というところから始まるんです。

谷川　三というのは、あとの当て字で、御でしょう、もともとはね。

金　そう、オン島、御島ですね。はじめはそうだったと思います。ところで、セムニムのニム（任）というのは、このばあいは「島様」ということですが、ニム（任）というのは「主《あるじ》」「君主」という意味ももっています。

谷川　もともとはニムになってるんじゃないですか。

金　発音はイムともなりますが、もとはニム（任）。

谷川　ニムがイムになった。任那の任ですね。王という意味でしょう。王の土地というか、任那は。

玄界灘には、そういうのがいろいろあるんですが、天日槍に従って豊前、豊後にまいりますか。

ついでですから申し上げますが、八丈なんかでは、国というのは本土をいうんです。国衆のことを、クンヌと八丈の方言でいうんですが、クンヌというのは本土から来た人で、船乗りなどはクンヌです。江戸時代までは鳥も通わぬ八丈島ですから、クンヌはすごくもてたんです。浜辺に草履かなんか置いて、それを履くと、草履の持主が自分の家に連れて行っては、もうてんやわんやで、ご馳走したり、いろいろ身の回りの世話をしたというんです。

クンヌというのは国に対する憧れなんですね。国という言葉は、したがって海のほうから見た言葉だと僕は思うんですね、昔はね。国東《くにさき》という語は、これは『日本書紀』に出てきますけれども、景行天皇のときに、娑麼《さば》の港で海上から岬が見えるから、あそこへ行って調べてこいと言って、多《おおの》臣《かみ》の祖《そ》武諸木《たけもろき》を遣わしたというのがありますけど、豊予海峡の海上から見たのが国東。海に向かって突き出てる、これがクニサキ。昔は海上交通ですから……

伊勢にも国崎と書いてクサキと読ませるところがあるんです。国というのは、そういうふうに島よりも少し広大なところで、しかもそれを海上から見たときの、陸がそうですね。これは柳田さんが書いておりますけれども、男鹿《おが》なんかももともとオカだったんです。船乗りが、あれが陸地だというんで陸《おか》だと呼んだのが最初だと。

そうすると遠賀《おんが》川《がわ》なんかもそうなんです。『日本書紀』によると、あそこに岡田宮というのがあって、神武天皇が岡の湊から東征したと書いてある。これもやはり海上交通と関係がある。金さんのさっきのお話じゃないけど、非常に海と関係が強かった。だから遠賀というのはあとでつけたんで、もともと岡の川ですよね。

第二章　九州東部（豊前、豊後）

豊国《とよのくに》は秦氏族の集住地だった

金　もとは豊国《とよくに》だった豊前《ぶぜん》、豊後《ぶんご》のほうということになりますと、糸島地方も加耶の可也山や韓良《から》郷《ごう》、芥屋《けや》などそんな地名の多いところでしたけれども、こちらもまたそこにおとらず多いところです。先月、熊本で谷川さんが主宰してる日本地名研究所の熊本大会があってたいへん面白かったんですが、そのときぼくは「特別講演」ということで、「古代朝鮮からきた地名」について喋ったわけですが、そのときに書いたレジュメをここで読んでみます。

——古代朝鮮からの渡来人がのこした地名は、日本全国いたるところにあるが、ここでは九州のうちの豊前（福岡県・大分県の一部）と肥後（熊本県）のそれだけちょっと見ておくことにしたい。

豊前の北九州市には、「高麗江《こまえ》」「百済《くだら》」「新羅崎《しらさき》」と、古代朝鮮三国（高句麗・百済・新羅）の国名をそのまま負ったところもあったが、田川郡香春町《かわらまち》となるとさらにまた、これも古代南部朝鮮の小国家だった加耶（加羅ともいう。五六二年に新羅となる）が加わり、それが「唐土《からと》」「唐木《からき》」などとなっている。

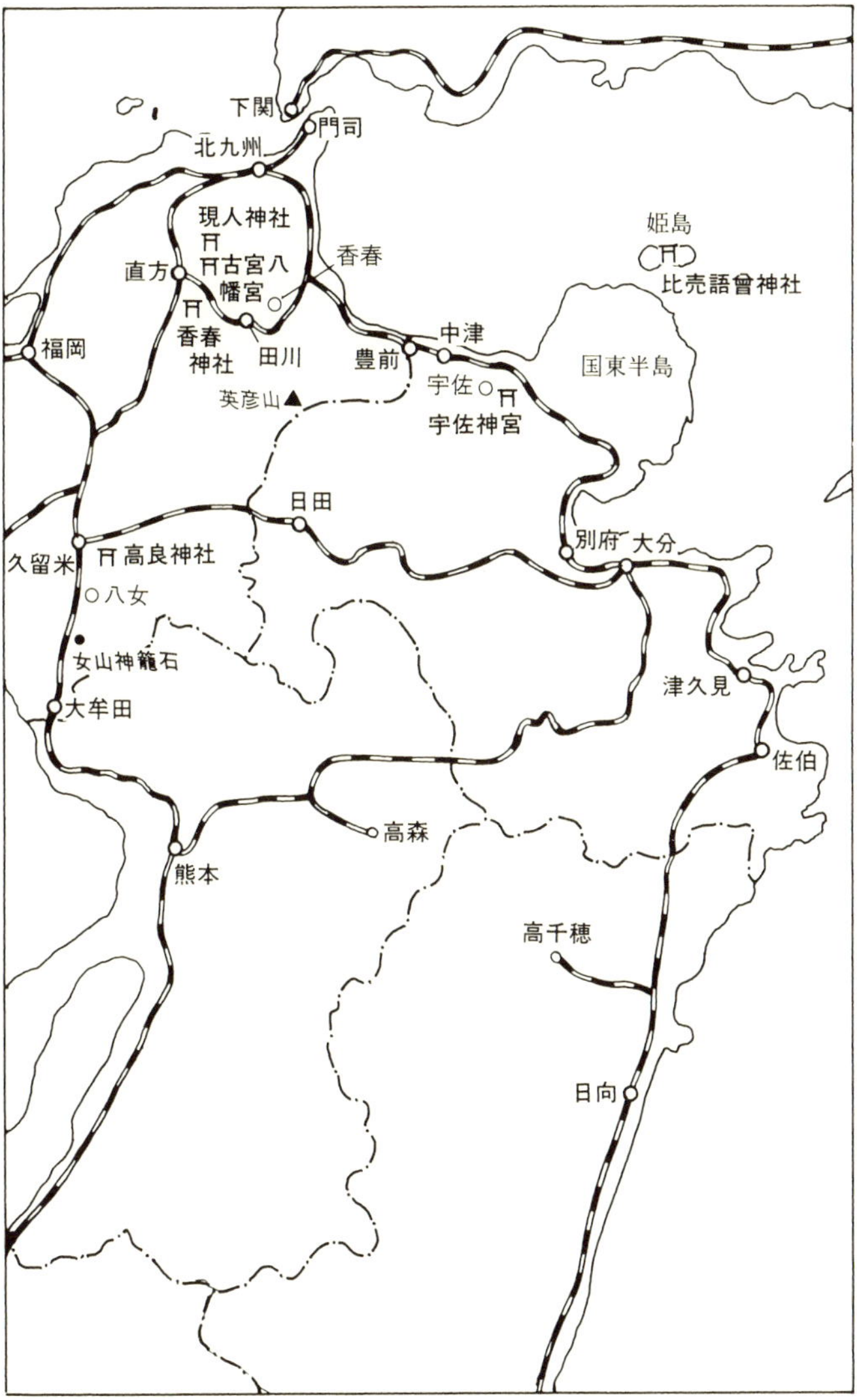

下関
門司
北九州
現人神社
古宮八幡宮
香春
姫島
比売語曾神社
直方
香春神社
田川
中津
豊前
福岡
国東半島
宇佐
宇佐神宮
英彦山
日田
別府
大分
久留米
高良神社
八女
女山神籠石
津久見
大牟田
佐伯
高森
熊本
高千穂
日向

香春町の『広報かわら』の「ふるさと再発見シリーズ」（十一）として書かれた江本淡也氏の「渡来人の町香春――『クレ』と『カラ』の地名」によると、高句麗のそれからきた「呉」「小呉」「唐」のそれが春香町内外で二七カ所もあるという。呉は少数で、加耶（加羅）のつくところが圧倒的に多いが、そのはずである。

なぜかというと、平野邦雄・飯田久雄氏の『福岡県の歴史』にもあるように、豊前は新羅・加耶系渡来人である秦氏族の集住地だったところで、それが人口の九三パーセント以上（大宝二年の「戸籍台帳」）を占めていた。そして秦氏族は香春町の香春神社や、有名な宇佐八幡宮などを祭ったものであったが、だいたい豊前ということからして、これは「豊国」となっていたものだった。そのことについては、梅原治夫氏の「豊国と宇佐神宮」に、豊国とは韓国《からくに》（加羅国）であるとした狩谷棭斎のことなどがあげられて、こうある。

「狩谷棭斎や金澤庄三郎が考証しているように、古くは朝鮮を『豊国』と称したとあることや、また、『日本霊異記』第四に、『今国家災を起こすは隣国の客神の像を己が国内に置くに依る。この客神を出すべし。すみやかに豊国に棄て流さむ』とあることから、そのおおよそは推察できるであろう。注解に、文中の豊国とは『豊かに富んでる国、すなわち朝鮮の国』と、角川文庫『日本霊異記』の校注者・板橋倫行も述べている」

肥後は「肥国」、または「火国」といったもので、吉田東伍氏の『大日本地名辞書』を見ると、益城郡の「白木平」のことがこう述べられている。「白木妙見と号するもの今に至りて尚多し、……白木は新羅に同じ、新羅国より其修法を伝えし義にや、八代の白木妙見には百済国と云う、亦ほぼ其義理を同じくす」と。また、芦北郡の「白木」については、「此村は百済来《くだらき》の例を以て論ずれば、新羅来《しらぎき》なるべし」とも述べている。

それからまた、同『大日本地名辞書』によると、熊本はもと隈本だったが、『隈』の字を嫌って熊本となったとあり、一方、球磨郡の「球磨、古《いにしえ》の熊県《くまのあがた》なり」とある。そうだとすると、「熊」も肥後とは古いつながりがあったにちがいない。

この熊のことについては、玉置善春氏の「熊野・牟婁《むろ》という地名」にも「カミといいし語、転じてクマといいけり、……熊字読てクマという事は、もとこれ百済の方言に出し也、即ち今も朝鮮の俗、熊を呼びてクムというは猶其古語の遺りたる也」「古語にクマといいしはカミという語の転ぜしなり」という新井白石の『東雅』や『古史通或問』などが引かれて書かれているが、朝鮮語コムの熊とは、もと朝鮮の檀君神話に出てくる熊のそれからきたものだった。

このコム（熊）が転じてカム（神）となり、カムナム（神の木）ということから「神奈備《かむなび》」ということもきたと思うが、また、古代日本では、高句麗をさしてコマ（高麗）といったのも、それからきたものであり、さらにまた、肥国の肥をコマといい、肥人をコマビト（『万葉集』旧訓）といったのもそれからきたものであった。

こうしてみると、クマモト（隈本・熊本）というのも、なかなか深い意味があってのことだったのである。もちろん、古代朝鮮の高句麗との関係においてであるが、そのことは熊本に多い高句麗系といわれる装飾古墳などによってみてもわかる。――

こういうことを書いていますが、ここで問題にする豊前というと、北九州から大分県の宇佐までですね。さっき谷川さんのおっしゃった国東半島は、あれは豊後ですか豊前ですか。

谷川　あれは豊後でしょう。

金　そうですか。その豊後と豊前はもと豊国《とよのくに》となっていたところで、この豊国は韓国《からくに》でもあったわけですが、ここは秦氏族の集住地だったですね。かれらは豊前の香春岳《かわらだけ》——例の「一山《ひとやま》、二山《ふたやま》、三山《みやま》越え」という『炭坑節』にうたわれるあの香春岳で銅を発見し、それで宇佐八幡宮の鏡、神体をつくっていた。ここにはいまも「採銅所《さいどうしょ》」という地名がのこっていますが、かれらはそこの香春・三ノ岳東麓に、天日槍を二つに人格化したうちのひとつである都怒我阿羅斯等《つぬがあらしと》を祭神とした現人《あらひと》神社をまつり、さらにまた二ノ岳に豊比咩《とよひめ》（売）命《みこと》が祭神の古宮《ふるみや》八幡宮、三ノ岳南麓に辛国息長大姫《からくにおきながおおひめ》大目命《おおまのみこと》——息長帯比売《おきながたらしひめ》という神功皇后によく似た名の比売神を祭神とする香春神社をまつった。

　秦氏族からの出である赤染氏がまつったものであることがはっきりしている香春神社の祭神については、『豊前国風土記』（逸文）に「昔、新羅の国の神が自ら海を渡って来てこの河原に住んだ。すなわち名づけて鹿春の神という」とありますが、しかしいまみたこの三社の神は、さきの筑前でみた高祖神社の高礒《たかそ》比売《ひめ》と同じものだったとぼくはみています。つまり、天日槍を象徴とする新羅・加耶系渡来人集団＝天日槍集団のシャーマン（巫女）であった比売神、すなわち赤留比売です。

　そしてこの比売神は宇佐八幡宮の比売大神ともなりますが、だいたい、さきのレジュメでもふれましたように、豊前というところは秦氏族が全人口の九三パーセント以上を占めていた。これは山城（京都）で有名ないわゆる「中央秦氏」とはちがう「原・秦氏」ともいうべきもので、この秦氏族が天日槍集団からの出であるということについてはもう少し論証が必要かと思うんですが、そのことについては平野邦雄氏の『大化前代社会組織の研究』にも「『播磨風土記』によれば」として、こう書かれています。

「天日矛〈天之日矛・天日槍〉の説話を有する地域は、秦氏の居住区とほぼ完全に重複し、播磨西部諸郡を占める。……さらに『風土記』によると、この郡に豊国村があり、筑紫豊国の神を祭るとあって、それが豊前秦氏の祭祀した香春の『新羅神』であることにまちがいなく、また同郡に新羅《しら》訓《くに》村もあり、『新羅人』の居住したところと伝えていることからも、この郡が巨智《こち》・秦・新羅人らの生活集団の形成されていた場所であることはまちがいない」

この秦氏族は豊前から播磨（兵庫県）へひろがったもので、それからいわゆる「中央秦氏」となるものですね。なにしろ、秦氏族というのは古代日本最大の氏族で、播磨や四国ばかりでなく全国いたるところに分布していた。東国の武蔵（東京都・埼玉県）にも幡羅《はら》郡があって上秦・下秦郷があり、常陸（茨城県）にもいくつかの幡多《はた》郷があって、虎塚壁画古墳などをのこしていますが、香春岳の採銅・製銅に成功した豊前の秦氏族はその人口が増え、強大となるのにつれて、香春神社などばかりでなく、宇佐八幡宮まで祭った。そのことについては、大野鍵太郎氏の「鍛冶の神と秦氏集団」にもこう書かれています。

「豊前国八幡神とは、いわゆる宇佐八幡である。八幡神とはヤハタのカミで、ヤは多いという意味をもつ集合体を表現する言葉である。ハタは秦族の族称を示すものであって、秦族が共通して信仰する神、すなわち秦族のすべてが信仰する神である」

ご承知のように、宇佐八幡宮の分社は全国に四万余、さらにまた、京都の秦氏族が祭った稲荷神社の分社も四万余ですが、一方また、いうところの邪馬台国は宇佐であったとする安藤輝国氏の『邪馬台国は秦族に征服された』をみると、「女王国を征服したのは秦氏族

香春町の現人神社

の誉田別命《ほんだわけのみこと》、のちの応神天皇である」とあります。応神天皇が産銅・産鉄氏族であった豊前の秦氏から出たとは小島信一氏の『天皇系図』にもそうありますが、こういう視点からも豊前の秦氏族はこれからもっと研究される必要があるのではないかと思います。話が少しひろがりすぎましたが……

香春《かわら》という地名の由来

谷川　先程、天日槍を祀る高祖神社の話を、糸島半島のところでしましたけれど、それから足跡をたどり、田川郡の香春に足を止めたということになります。

先程、金さんがおっしゃったように新羅の神がそこに宿ったということが、『豊前国風土記』(逸文)に出てくるんですが、その香春のそばに赤という集落があるんですよ。吉田東伍の地名辞書では、赤に鎮座する赤村八幡の縁起に、昔この嶺の頂上が揺れて動いて、赤い光を放つ神霊が現れた。よって明流《あかる》の神岳《かみ》といい、その里を赤村と呼んだ、とある。そうするとどうもこれは赤留比売と関係がある。この明流の神岳の神というのは、おそらく赤留比売のことじゃないかと思うんです。

それから香春のことなんですけど、香春岳には、『豊前国風土記』(逸文)に、昔、新羅国の神がやって来て香春に住んだとある。先程のお話ですね。香春岳の第二の嶺に銅を産すると述べてある。『続日本後紀』には、香春の、三つの嶺に三柱の神がいた。一の嶺には辛国息長大姫大目命《からくにおきながおおひめおおまのみこと》、第二の嶺には忍骨命《おしぼねのみこと》(天 忍穂耳命《あまのおしほみみのみこと》)、第三の嶺には豊比売命を祀るというふうになっておりますが、でも辛国は当然、韓国のことですから、おそらく新羅国のことかと思うんです。

息長というのは、息が長いというところから鞴の風がよく通るという説があるんです。また海に

香春町の古宮八幡宮

香春町の香春神社

潜るとき息が長いという説もありますけれど、まあどっちかと言えば鞴の風と思うんです。

大姫というのは、これは神と人間とを取り持つ巫女的な存在を大姫という。

大目というのは、『総合日本民俗語彙』を引きますと、大きいだけじゃないんですね。一目なんです。大眼《だいまなこ》というのは一眼なんですよ。そうすると韓国からやってきて、鞴の息の長い、そして神と人間とを取り持つ神であって、しかも目一つの神だから、どうもこれは鞴を使って銅を精錬する一つ目の神に仕える巫女ということになります。それは新羅からやってきた。

これは金さんのお話では加耶ということになりますが、私は、新羅の神がやってきたと『豊前国風土記』（逸文）に出てくるから、そういうふうに解釈しているわけなんですね。

それから豊比売というのは、豊国の地つきの地母神である。それから天忍骨命は、記紀では天忍穂耳命となってるんですね。オシというのは大きいという意味で、ホネのホは稲の穂なんです。きわだってすぐれていることもいう。だから天忍穂耳命は天大耳命ということになる。

要するに、そこに銅鏡を鋳造する目一つの神に仕える女神がやってきた、ということが考えられると思うんですね。名前からすでに出てくるわけですよ。

じゃあ香春という地名が、いったいどういうことかと考えてみたわけですね。『豊前国風土記』（逸文）では、清い河原というのが訛って鹿春となって、新羅の神がその河原に住んだから香春という地名がついた、とある。

これは清い河原に由来するように見られるんですけれども、カワラまたゴウラというのは、石がゴロゴロしている川床や石地を指す。これは地名としてそうなんですね。カワラとかゴーラというのはそういう意味がある。崖地なんかもゴーラですから、箱根の強羅がそうですね。

そこで私の説をここで出すわけですが、カワラの方言であるゴラというのは、私の郷里の熊本で頭のことを言うんですよ。

そうするとカワラというのは、これは沖縄の話になるんですが、八重山の首長にホンガワラオヤケアカハチという英雄がいた。ホンガワラというのは、ほんとうのカワラ、ほんとうの棟梁という意味です。頭、それはカワラです。それからゴーラです。それからゴラです。熊本じゃゴラというんですね。宮古島ではガーラとかいうふうに言うんですが、香春という地名はどうも頭《かしら》がそこに住んだということも考えられなくもないですね。

それが筑後の高良《こうら》神社のある高良山《こうらさん》、あれももともとはカワラという意味であったということで、新井白石は甲冑の古い名前であると言っています。しかし、コーラまたはカワラを頭《かしら》と解することができる。甲冑も身に鎧うことでしょう。屋根を覆うのも瓦というわけで、どうも筑後の高良山も、豊前の香春も、古代に有力な渡来人が移り住んで、そして頭が住むところが香春じゃなかったかという谷川説を、ここで出しておきます。

金　その説は面白いと思う。

谷川　いまの話をもう少し続けさせて下さい。『日本書紀』によると、雄略天皇の十八年に、伊勢の朝日郎《あさげのいらつこ》というのが伊賀の青墓《あおはか》というところで官軍に手向かいをするんです。伊賀の青墓というのは、いまの伊賀上野あたりですが、そのときに物部目連《もののべのめのむらじ》が天皇の命を受け、筑紫の聞物部大斧手《きくのもののべおおおのて》を指揮してたたかったことが書いてあるんですね。

大斧手の盾と鎧を、伊勢の朝日郎《あさげのいらつこ》が鋭い矢で射たんだけれども、大斧手は盾を持って、物部目連をちょっと隠してやった。そこで物部目連が朝日郎を捕らえて殺したということなんですけれども、聞物部というのは企救《きく》郡なんですね。これがいわゆる採銅所のあるいまの香春なんです。

聞物部大斧手、斧ですよね。ですから、おそらくここに物部氏に配属する者がいて、銅を精錬していたということは考えられるわけですね。聞《きく》というのは、あとで企救《きく》になるんですよ、企救郡というのはいまもあります（現在は北九州市小倉北区などに）。それが香春の所在地なんですよ。ですから、あそこあたりで、物部氏がそういう採銅所あたりにいて、銅を鋳造した。そのことを香春の神が銅を採ったと表現している。

金　それははじめて聞くことですが、いずれにせよ、香春というところは、豊前でも非常に重要なところだと思いますね。

谷川　重要ですね。

金　宇佐神宮の発祥の地でもあるし、それに現人《あらひと》神社というのがあそこにあって、いっしょに行ってみた田村圓澄さんもおどろいてましたが、祭神は都怒我阿羅斯等ですけれども、これは天日槍と同じものですね。

谷川　同じですね。

金　伝承はほとんど同じで、それを二つの人格に分けただけで、どちらも新羅・加耶系渡来人集団の象徴だとぼくは思ってるんです。天日槍なんていうのは、要するに太陽神を祭る祭具ということで、人名なんかじゃないんです。『古事記』や『日本書紀』などは新羅の王子とか、大加羅の王子などとしていますが、これはなにかの意図をもってした付会ですね。

天日槍集団のシャーマンだった赤留比売は製銅と関係がある

金　いまの谷川さんの話で注目したいのは、赤留比売です。秦氏がいつから秦氏と称するようになったのか。これはかれらが渡って来た海を朝鮮語でバタということから、波多《バタ》＝秦となったのではないかといわれていますが、それはともかく、これは天日槍を象徴とする新羅・加耶系渡来人集団＝天日槍集団というものから出ているものと思うんです。

いま谷川さんの言った赤留比売ということからみてもそうです。比売許曾の神ともいう赤留比売とは天日槍集団のシャーマンで守護神だったのですから、それでいいわけです。

はじめは太陽神、祖先神などを祭っていたシャーマンがのちには神として祭られるということ、これは天照大神の例などにもみられることです。ご承知のように、天照は太陽神を祭る大日孁貴《おおひるめむち》というシャーマンだった。それが天照大神という祭られる神になったわけですよね。秦氏族の祭っていた比売神、赤留比売もそれと同じで、これは宇佐八幡宮の比売大神にもなるわけですが、さらにいえば、大和岩雄氏が谷川さんの『日本の神々――神社と聖地』㈢に書いているものによると、天日槍集団のシャーマンだった赤留比売は、天照大神や神功皇后の「原像」であったとしています。

この説は、ぼくはたいへん重要なことではないかと思っています。あえていうとすれば、天皇家もみな新羅・加耶から来てますからね。そういうことからも、豊前の天日槍集団＝秦氏族はひじょうに重要なものではないかと思います。

谷川　いまの日槍《ひぼこ》という言葉ですが、私はこう考えるんですよ。日槍の槍《ほこ》というのは、これはちょっと否定できないわけです。そうすると日は形容だろうと思うんですね。槍の先に太陽のようなシンボルがあるとか、あるいは槍を形容するものとして日という言葉があるかのどっちですかね。私はどちらかと言えば後者を取るんです。

要するに槍が燦然とかがやく、とくに銅の槍というのは非常にきれいなんですね。いまの橿原考古学研究所付属の博物館に銅鐸の複製がありますね。それはピカピカしてるんですよ。鉄なんかよりはるかに美しい。金色なんです。その金色の燦然とした眩い輝きを太陽になぞらえて、青銅器の槍は太陽の槍であったとする。そういうところから日槍《ひぼこ》というのが出たんじゃないかと思うんですね。

金　すごく反射するでしょう、おそらく。いまわれわれは青銅のそれというと、黒くなった出土品の槍などを思い浮かべますが、最初は真っ赤ですね。

谷川　赤留比売というのはいったいなにかというと、僕はやはり製銅に関係したと思うんですよね。大和さんの天照大神説は、ちょっといただけないと思うのは、天照大神は農業の神なので、だいぶあとから宮中で重用されるようになってきたんですね。農業神としての太陽神だと思うわけです。

赤留比売は製銅とつながってると思うのは、アカというのは、これは三品彰英の説なんですが、朝鮮語のプル、これは火ですよ。それからプルは赤、それからパルクは明るい、それからプルク、これは赤い。だからこれだと思うんですね。

金　その点は賛成だな。

谷川　これが明《めい》とか赤《せき》とかという言葉、あるいは火《ひ》という言葉が、どういうふうに変わってきたかというと、朝鮮語のプル、パルクの発音をあらわすのに、借字として発《はつ》、それから伐《ばつ》、弗《ふつ》などを借用する。そうするとフツと、プルとプルクが同じことなんです。フツとかフルとかね。

金　経津主神《ふつぬしのかみ》はどうなりますか。谷川さんはそのフツを「赤きもの、すなわち神霊の降ることを意味する朝鮮語である」と「日の神の系譜」で書いてますね。

谷川　そこなんです。要するに経津主神、布都御魂《ふつのみたま》のフツというのは、刃物が鋭利なときの、言葉を強めるときに使う、ぶった切る、ふっ切れると、そういうことと最初考えてたんですが、それはあとなんですね、むしろ。

もともとフツというのは、三品彰英の説によりますと、プルク、パルクという赤い、明るいという意味からきてるわけです。じゃあなぜ、明るい、赤いものは、布都御魂のフツと関係あるかということでしょう。それはこういうことなんですよ。三品彰英は「フツノミタマ考」というのを書いています。そこに金庾信《キムユシン》が出てくる。これは金さんとたいへん関係がある。要するに金さんのご先祖ですね。

金　加耶の首露王ですか。

谷川　加耶のほうですか。

金　そうです。

谷川　じゃあ金庾信じゃないですね。

金　いや、金庾信は同じですよ。あれは加耶の出身で、同じ金海金氏です。ぼくらにとっては先祖ということで、ほんとうはこういうふうに、呼び捨てにはできない存在なんです。

谷川　加耶の出身だから、それでいいわけですか。首露というから……だから金庾信でいいんでしょう。新羅に仕えたけど……

金　ええ、そうです。金庾信は加耶のその首露王から出たもので、同じです。

谷川　あなたのご先祖の話です。『三国史記』のなかに金庾信伝がありまして、建福二十九年、六六四年に金庾信が一人で宝の剣を携えて、深い山に入って行くわけです。そして香を焚いて、天に向かって、願わくば光を垂れて、天からの霊をこの宝剣につけて下さいと祈るんです。そうすると三日目の夜に二つの星が輝いて垂れてきた。すると剣が揺らいだというんですよ。そのとき剣に霊威が入ったというんですね。霊威はメラネシアの言葉でマナと言って外来魂です。霊威がそこから入っていくわけです。鏡にもまたフツがつく。「真経津鏡《まふつ》」がある。

そういうことでいくら宝剣でも霊威をつけなくちゃ霊剣にならないんですね。その場合の霊威はなにかというとフツなんですね。フツというのがパルクで明または赤を意味する。

なぜそういう関係があるかというと、『三国史記』の高句麗の神話に、宝剣と関連する記事があるんですね。それは高句麗の開祖の朱蒙王が、百済に亡命するんです。類利というのが朱蒙の子供でして、その子供が、石の松の下を掘ると宝剣の断片が出てくるんですね。これは中国の『捜神記《しょう》』に由来する神話で、『捜神記』に見られるのは、「太刀ならば呉《くれ》のマサビ」と言われる呉の干《かん》将というのが、剣を作る名人中の名人で、莫邪《ばくや》というのはその奥さんです。干将は楚国王から剣を二振り作ってくれと頼まれた。ところが、あんまりよく出来ているんですね。それで雄剣と雌剣を献上するのが惜しく、一方だけを楚国王に献上するわけです。

そして二振り作ってくれと頼まれたのに、一振りしか献上しないから、おれは楚王に殺されるだろう。そのときに一方を隠しておくから、いつかそれを探し出せというんですよね。そして石の上に松の生えているところを探せというんですよ。そして干将は殺されるんですが、子供の赤《せき》が掘ってみると、松が生えてるところがないんです。しばらくして見ると、自分の住んでる堂の柱は松でできてて、下に礎石があって、そこを掘ると隠した宝剣が出てくるんですね。

そういう『捜神記』の話を、『三国史記』では高句麗国にもってきて、朱蒙王の話になってるんです。やっぱり朱蒙王の子供の類利というのが掘ってみると、それが出てくるんですね。『捜神記』の話では、干将の子供が赤《せき》というんです。それが『三国史記』のほうになって、高句麗神話になると、類利というのになるんですが、類利は、これまた三品彰英の説なんですけれども、要するに赤いということですね。

これは重要な驚きなんですよ。なぜかというと、石上神宮、物部氏が奉祀をする石上神宮ね。イソノカミの枕詞がフルなんですよ。

金　布留の御魂の社ですね。

谷川　イソノカミフルなんです。イソノカミというのは「昔の」とわれわれは考えるでしょう。そしてフルは「古い」と思う。「イソノカミフルの神杉」というように。しかし、フルというのは人の名前であって、朱蒙の別称が夫婁《ふる》である。イソノカミというのは石上松下という高句麗神話の石《せき》上《じょう》なんですよ。それをイソノカミと読むんです。これは衝撃的でしたよ。

石上布留というのは『万葉』なんかにも出てきまして、石上が古くて、その神の古い、神さびたところだと思っておったんだけど、イソノカミというのは石上と書いて、石上松下《せきじょうしょうか》、松の木の生えた下の石の上に宝剣があったという神話からきているんです。それが、石上という地名になったんです。それから布留という地名もそこからきたわけです。赤をあらわす、プル、パル、という言葉にはじまる。

そうすると、この石上神宮に伝わる神話は高句麗神話からきている。それが地名になってるんです。これは驚くべきことですよ。石上神宮の付近が、高句麗神話をそのまま地名にして、取り入れている。

『捜神記』に出てくる干将と莫邪の間に生まれた赤という子供、これが赤留比売の赤と関係がある。また、経津御魂《ふつのみたま》のフツというのがプルク、パルで赤を意味するでしょう。しかも、それが銅剣とか宝剣と関係あるでしょう。石上神宮は物部連が一千本の剣を奉納し、物部氏が御神体の経津御魂を奉祭する神社ですから。

そうすると赤留比売のアカルというのも、単に明るいとか、天照大神みたいじゃなくて、銅剣、銅矛を作るときの赤あるいは明るいというのに関係があるんじゃないか。

物には魂を入れないと駄目なんです。人間もそうなんです。天皇も天皇霊が入らない限りは絶対駄目です。天皇霊が入るのは大嘗祭、だから大嘗祭がないと天皇に霊が入らない。それと同じなんですよ、フツというのも。すると赤留比売は銅剣や銅矛にフツ（霊威）を入れる役じゃないか。

そしてまた、干将と莫邪になぞってみると、天日槍は干将であり、赤留比売はその奥さんの莫邪である。干将が銅剣を作るときに、妻の莫邪が爪とか髪の毛とか唾を坩堝にいれるんですよ。そうすると妻の呪術で、よく銅がわいたというんです。これはマジカルな呪法なんですよ。

そうすると、この赤留比売というのはすごく大きな意味を持つ。

金　大和さんのそれよりもっと大きいんだ、ということですね。

谷川　天照大神は南のほうに関連をもつ農業神である。その前にタカミムスビ神があるんですよ。これは朝鮮から来てるんです。それが瓊瓊杵尊《ににぎのみこと》の神勅を伝えるんですね。タカミムスビが最初です。天照大神はあとからですね。

金　そう、そう。

谷川　タカミムスビは上から下りてきた垂直神、これが最初だと思うんですね。

金　なるほど、それは面白い。いまの話を聞いて思い出したんだけど、これは谷川さんの意見を聞きたいんですが、新羅が、『三国史記』によると、新羅本紀ですけれども、六つの村がありましたね。それを六村《ろくそん》というんだけれども、これより先、古朝鮮（高句麗の前身）の移民が、それぞれに分かれて、六つの村をなしていたと。新羅の最初に昔氏《せきし》というのがいるんですよ。これは朝鮮語でもセキというんです。日本語でもセキですけど、それとは関係ないかな。

谷川　それはないと思う。あれは鵲です。

金　このセキは？

谷川　これは脱解につながっていくわけですよ。

金　鵲は佐賀県で見ましたね。唐津で見た。

谷川　あれは鵲を自分達の先祖と考えてる。

金　ああ、そうか。昔偏だから。なるほど。

谷川　烏と似てるわけ。

金　しかし、だいたい朝鮮というのは、みんな北から南下したもんですから、もともとはみな……

谷川　金さんにちょっと伺いたいんだけど、高句麗はどういう経路で南下してますか。また、どういう契機で……

金　いろいろあるでしょうが、百済ははっきりしてますね。

谷川　百済の支配層は扶余族でしょう。

金　これは高句麗の分身のようなものですが、新羅もそうですよ。加耶もそう。

谷川　新羅、加耶もそうか……

金　そうですよ。まんべんなく高句麗が入ってますよ。たとえば、加耶古墳から出てくるものなんかほとんどみな高句麗だもの。加耶で自生したものではないはずですよ。高句麗はいわゆる騎馬民族といわれるもので、中国東北部の匈奴とか――、つまり関外ですね。

谷川　だけど、その新羅と加耶に対する高句麗の影響というのは、なにか文献でたどれますか。

金　たどれますよ。いまの話は『三国史記』の冒頭ですよ。「始祖の姓は……」とはじまるでしょう。古朝鮮の移民だというんです。

谷川　やっぱりこれは高句麗のことですか。

金　古朝鮮ですが、高句麗はその後身ですから、そこから来たといってもいいでしょう。加耶もそうです。南からというよりやはり……

谷川　それはもう加耶なりは、自分で力がないですよ。日本だってそうだけどね、やっぱりこれは北はユーラシア大陸ね、あるいは、もちろん中国ですよ。

金　そう、中国ね。そこのモンゴルとか、ツングースとか。

谷川　スキタイあたりの影響もあるけど、やっぱり中国でしょうね。

金　ほとんど全部北からの南下ですよ。ぼくは加耶の最近できた国立晋州博物館へ行ってみましたが、そこに展示された古墳などからの出土品は多少変容してますけど、あれはほとんど高句麗ですね。

日本でも高句麗のことを高麗《こま》といったでしょう。コム（熊）ということで、これは古朝鮮神話のそれですね。ついでに言いますと、日本語のカム（神）というのもこれからきている。

谷川　そうすると、高句麗の神話は、これは朱蒙王は百済と関係あります。熊津壇というのが公州の市街地からややはなれた錦江のほとりに残っています。要するにクマ女と結婚したという民間伝承が百済を通ってきたんだね、むしろ。

金　そうでしょうね。物部氏がそうかどうかはわかりませんが、百済はもとは高句麗の南下したものです。

谷川　大邱《テグ》あたりは新羅になりますか。

金　あそこはもとは加耶です。加耶というのは広かったんですね。いまの大邱まで加耶だった。

赤留比売と姫島の比売語曽《ひめこそ》神社

谷川　そういうことで、やっぱり赤留比売というのは莫邪に相当する、要するに日槍が鍛冶屋であれば、呪術的に祭祀的な形で赤留比売は鍛冶の精錬に協力するという形ですね。

金　赤留比売というのは新羅・加耶ですが、これは大きな問題です。銅のことを、いまでも日本語でアカと言いますね。洗面器もアカでできたものがあって、洗面器にまで生きてた。

谷川　赤銅はアカですね。

金　セキはほんとに赤いという字の赤だもの。

谷川　金さんが言うように、姫島の名もおそらくそこからきたんじゃないか、赤留比売から。

金　そうです。それははっきりしている。

谷川　そしてあそこに産屋がある。

金　国東半島の先の姫島にも、比売語曾神社がある。人口は約三千の小さな島ですけど、行かれました？

谷川　行きました。黒曜石の原石のあるところも見ました。

金　ぼくはまだ行ってない。近く行く予定です。（このあと行ってみている）

姫島の比売語曾神社

谷川　僕は香春にも行きましたよ。あそこの香春岳のところで、銅を採った跡を探しに行ったんです。

金　そこはぼくは何度も行きました。

谷川　マブという横穴の狸掘りした跡があってね。

金　地図を見ると、姫島の中心地は金《かね》で、これも鉄ですよ。そこに比売語曾神社を祭っていたかれらは、さらに東に転じて、これは瀬戸内海から上ってくるわけですね。このことについては瀧川政次郎氏の「比売許曾の神について」にかなり詳しく書かれてる。

谷川　そのあとが『摂津国風土記』（逸文）に「比売島の松原……」とありまして、新羅の国の女神が筑紫の国の伊波比《いわい》の比売島、これはいまの姫島ですね、に住んだけど、そこにいると、どうも自分の亭主が訪ねてくるから、また逃げて、とうとう摂津の比売島にとどまったというわけで、大阪西淀川区姫島に朱塗りの派手やかな神社があるんですね。

金 そう、そう。ずばり姫島神社がありますが、そこへ行くと「姫島神社の由来」とした掲示板があってこう書かれています。「当社の祭神阿迦留姫〈赤留比売〉はアカルヒメ信仰をもつアカルヒメ族とでも呼ぶべき部族が朝鮮からおそらく〈北部九州の〉伊都を経て国東の姫島、さらに難波の姫島へ移動して、大阪湾一帯はこの部族によって開け始めていったとされている」と。

このほかにも難波の大阪には比売許曾神社、赤留比売神社があちこちにありますね。

谷川 平野区の平野地区、そこに赤留比売神社というのがある。それから東成区にも比売許曾神社があって、いろいろあるんですけれど、また卵生説はそこにつながってきますし、たいへん面白いと思うんですが……

金 姫島のことから赤留比売のことが出ましたが、その赤留比売ということになると、文献などでは、天日槍の嫡妻・神妻ということになってるわけですね。これは天日槍集団のシャーマンだったとぼくは思ってますが、いずれにせよ、この集団は日本の原始・古代史上たいへん大きな存在だった。さっきの肥前・佐賀では忘れていたけれども、『佐賀県史』上巻をみると「脊振山地」という項があって、こういうことが書かれています。

「脊振という地名は、その北麓の早良《さわら》郡の名とともに、韓語のソウルと関係があろう。ソウルは大きな集落、したがって都を意味することもある。早良の西の糸島郡は魏志倭人伝の伊都国の地であるが、『筑前国風土記』（逸文）によれば、そこの県主《あがたぬし》は天日槍の子孫と称したという。

天日槍は新羅から帰化したと伝えられる人で、その子孫が各地にひろがった。脊振山中に白木という集落がある。北九州海岸に移住した大陸移民が早く脊振山中にも定着繁栄したことがあったろう」

この天日槍が「帰化人」といえるものかどうかはおいて、いまもある脊振村（現・神埼市脊振町）、東脊振村（現・吉野ヶ里町内）の近くとなっている鳥栖《とす》市の姫方《ひめかた》には姫古曾《ひめこそ》神社があり、またその近くの小郡《おごおり》市の大崎にも媛社《ひめこそ》神社がありますね。谷川さんの『白鳥伝説』には「天日矛の妻をまつる大阪市東成区の比売許曾《ひめこそ》神社と関連があるかどうかは明らかではない」とありますが、ぼくはそうではなくて、こちらの姫古曾、媛社神社もそれと同じもので、脊振山地に展開した天日槍集団が赤留比売を祭ったものとみています。

さらにまた、天日槍集団＝秦氏族ということでみるならば、脊振山地の北、唐津には朝鮮からの弥生文化の伝来を示す例の宇木汲田《うきくんでん》遺跡の近くに波多＝秦ということの半田《はだ》川が流れており、その南に、一部は唐津市に編入された北波多村《きたはたむら》（現・唐津市北波多）がいまもある。そしてこれは奥野正男さんに教えられて知ったことですが、この波多、すなわち秦氏族は、朝鮮への倭寇などで知られている松浦党の祖となっている。ついでにいうと、唐津の鏡神社にある重文の楊柳観音画像はその倭寇によってもたらされたものとされています。唐津市西南の松浦市などの地名も、松浦党の松浦からきたものでしょう。

なお、九州からははなれますが、但馬《たじま》（兵庫県）の出石《いずし》には天日槍を「国土開発の祖神」として祭る出石神社がありますが、ここにはほかにも天日槍を祭る神社が三十社ほどあります。こうみてくると、天日槍集団のひろがりはきりがないようですので、ここでちょっとまとめますと、直木孝次郎さんも、「天日槍をそういう名をもつ一人の人物と考えてはならないだろう。おそらく矛や剣で神をまつる宗教、または矛や剣を神とする宗教を奉ずる集団が、朝鮮とくに新羅から渡来したことがこの伝説のもととなっていると思われる」（『兵庫県史』第一巻）と書いているように、これは人の名といったものではない。それから、林屋辰三郎さんの「天日槍と神武東征伝説」というサブタイトルをもった「但馬の古代文化」をみると、「神武東征伝説というものは、日本に水稲耕作を伝えた農耕集団が西から東へと移っていった過程を、六―七世紀の知識を基礎にして物語っているのである」としてこう書いています。「私は、はっきりいって天日槍伝説というものは神武東征という日本の国の、また、日本文化の最初にどうしても理解しておかなければならない伝説と同形のものと考えている」と。

いよいよスケールの大きなものとなってきましたが、もうひとつ、松前健ほか編の『神話伝説辞典』によって、天日槍集団の分布をみるとこうなっています。「新羅の王子とされる天之日矛（天日槍）を始祖とし、但馬・播磨・淡路（いずれも兵庫県）、近江（滋賀県）、若狭（福井県）、摂津（大阪府）、筑前（福岡県）、豊前（大分県）、肥前（長崎県）等にわたり、広大な分布をもっていた大陸系種族。記紀や風土記には、天之日矛ないしその妻の女神（赤留比売）の巡歴伝説ないし鎮座伝説として語られる。この族人に田道間守《たじまもり》、清彦、神功皇后の母君などがある。したがってそれらの話は、彼らの伝えたものと考えられる。『古事記』の春山之霞壮夫《はるやまのかすみおとこ》の話もそうである。」

ここに息長帯比売《おきながたらしひめ》の神功皇后が出ていますが、これが産銅・産鉄の技術を持った天日槍集団＝秦氏族からの出である赤染氏がさきほど話した香春岳で祭った香春神社祭神の辛国息長大姫《からくにおきながおおひめ》とよく似た名をもっているということも、考えようでは興味深いところですね。

姫島も宇佐も金属精錬に関連がある

谷川　私は秦氏と天日槍の関係を、いままであんまり考えたことはないんです。ですから、これは課題として、これから考えたいと思うわけなんです。

先程からおっしゃってる天日槍が産鉄、産銅に関係のある氏族じゃないかということについては、私も賛成したわけですね。それから天日槍の日槍《ひぼこ》というのが、いまおっしゃいましたように採銅であると。私もそれに異論がないわけで、私はその場合の矛というのは、鉄の矛じゃなくて銅の矛だと思うんですね。それが金色まばゆい形で、太陽の光のような非常に美しい光を放つということから、日槍という名前がついたと。それで天《あめ》というのは、天神の子孫であるということで、天日槍というふうについたとお話ししたと思うんですね。

それから赤留比売もまたシャーマンに付随してきた女であって、しかし、シャーマンというのは、必ずしも単なる神寄せだけじゃなくて、もともと産銅と言いますか、金属精錬に呪術的に関与していた人間であると。ブリヤートの言葉にも、鍛冶屋はシャーマンの巣という言い方があって、鍛冶屋とシャーマンというのは非常に関係が深いわけですね。

そういうことから、たとえば、成吉思汗《チンギスハン》の先祖なんかも鍛冶屋であって、しかもシャーマンだと言われてるわけです、モンゴル族でですね。そういうことで、ツングースとかそういう系統に、鍛冶屋で、しかもシャーマンを兼ねたのが非常に多かったことは、これはいろいろな人が言ってるわけですね。ですから、天日槍もやっぱりその流れを汲むんだというふうに思わざるを得ないわけで、その点についてはまったく同じなんですね。

ただ問題は、秦氏かどうかということなんですけれども、これについては私もまだ課題にしなくちゃいけないんですが、『筑前国風土記』（逸文）に、天日槍は高麗の意呂山《おろやま》に、天より降り来しとありますね。これは新羅の蔚山《ウルサン》のあたりということなんです。蔚山には昔から達川鉄山と言って、これは辰韓、あるいは弁韓のなかでももっとも有名な鉄山がありまして、そこが新羅の首都の慶州に近いということで、非常に重視された。

達川鉄山というのは、砂鉄で製鉄をやった山で、これは韓国の学者の文暻鉉《ムンギヨンヒヨン》という人が、「辰韓の鉄山と新羅の強盛」というのを、雑誌「韓」第五十七号に出してるんですけれども、それによりますと、達川鉄山の近くの山々のふもとには何百という溶鉱炉や鍛冶の跡があると。これは行ってみないから確認はできないわけですけれども、そういうことで天日槍が高麗の意呂山あたりから下りてきたというのは、金属精錬、鉄に関係すると、これはだいたい言えるのではないかというふうに思うんですね。

話はとびますが、近江国のほうにも、『日本書紀』のなかに、「天日槍、菟道河《うじ》より泝《さかのぼ》りて、北《きたのかた》近江国の吾名邑《あなのむら》に入りて暫《しばら》く住む」とあります。これはアナというんですから、金さんのアナ、カラ、カヤと同じでしょう。

それから、「復更《また》近江より若狭国を経て、西《にしのかた》但馬国に到りて則ち住処を定む」、これが出石なんです。

そのあとが、「是を以て、近江国の鏡村の谷《はさま》の陶人《すえびと》は、天日槍の従人《つかいびと》なり」となっているんですが、その鏡村というところには、鏡山というところがありまして、その鏡山の麓に鏡谷というところがあって、そこが天日槍の従人、従者たちが住んでいたとされているんですが、その鏡山の地は、もとの陶村《すえむら》というところで、陶人のいるところだったわけですね。そしてそこに鏡神社がある。すぐそばから大量の銅鐸が出てるんですね、鏡山のふもとで。

というわけで、天日槍と鏡山、ないしは、そこから出た銅鐸等は、なにか関係があるのではないだろうかと思わざるを得ないわけですね。そういうことで、天日槍と銅鐸との関係、あるいは金属精錬との関係は、これはもう否定しようにも否定できないと私は考えるわけで、これは異論がないわけです。

宇佐八幡ですけれども、『託宣集』というのがありまして、それには鍛冶翁というふうになってるんですね、宇佐八幡の神は。ですから鍛冶の翁として、祭神があらわれてくるということは、宇佐八幡も金属精錬に関係深いだろうということが言えると思います。

宇佐八幡の研究をやってる中野幡能さんは、『八幡信仰史の研究』のなかで考えを述べてるんですけれども、八幡信仰はいったいどこに起原があるかと言いますと、宇佐八幡には、弥生時代から山国川《やまくにがわ》あたりに山国というのがあったと。それから豊国があったと。豊国と山国が一緒になったのが八幡神社だと。そして豊国の田川に、いまの話の香春岳というのがあって、そこに神社があるということ、一岳、二岳、三岳ですね。そこで渡来人の集団が採銅に従事していたということは言えるわけですから、豊国の中心は渡来人の集団であった。それから山国は、むしろ土着の人たちの集団があったんではないかと。それが一緒になったのが八幡神であった、宇佐の八幡であったというふうに言うわけですね。

これは非常に面白いんで、中野さんが言ってるんですけれども、宇佐八幡の特殊神事という珍しい神事が二つある。一つは、香春岳の銅を鋳銅して作った鏡を奉祭しながら宇佐八幡まで納める。

これはちょうど放生会《ほうじようえ》のときなんですね。

もう一つは、豊前の中津の東南に三角《みすみ》の池《いけ》というのがあって、そこに真菰が生えるんですね。それで枕を作って、これを御神体として納めるという話なんです。その二つ、真菰と銅鏡が宇佐八幡のいわゆる御神体であるとされています。

ところが、この真菰というのはなにかというと、これは食用にできるんですね。台湾料理とか中国料理で真菰を食べさせるんです。私も去年（一九八五年）の四月の地名シンポジウムのときに、薦枕《こもまくら》、多珂《たか》国と言って、水戸の北のほう、いまの久慈郡にあたる多珂国の枕詞に薦枕とあるが、それは真菰で作った枕じゃないかという話をして、そして真菰というのは食べられると思うがと言ったら、会場の人が、ワイルドライスとか言って、北米のインディアンなんか食べてたそうだという話をしました。南中国でも兵隊のとき食べた、それからいまでも台湾の料理ではよく使われているという話をする人たちがありました。

そうすると、この真菰を御神体としてるということは、食用としての真菰だと思うんですね。それを御神体として祀る。真菰は南につながり、一方、銅鏡は北につながるわけで、これがドッキングしたのが宇佐じゃないかなということになるわけですね。それがどういう経路で宇佐に入ってきたか、これはわかりにくいんですけれども、そういうことがあるわけです。宇佐八幡は金属精錬に関連がある神社だということは、ここではっきりするわけなんですけれども、国東半島は非常に砂鉄の多いところですね。

宇佐八幡の『託宣集』を見ますと、まず辛国の宇豆高島《うずのたかしま》に八幡神が降臨するんですね。それから大和国の伊吹嶺に移ったといいます。これは宇陀《うだ》地方なんですね。伊吹嶺というのは、どうも大和に見つからないんですけれども、『和名抄』にある大和の宇陀郡の伊福郷《いふくごう》のあたりのようですね。ところでこの伊福というのは、前から私が主張してますように、フクというのは銅を吹く、銅を精錬するということです。宇陀郡の伊福郷というのは、現在の大宇陀町（現・宇陀市内）になるんですね。大宇陀町《おおうだちょう》の隣に菟田野町（現・宇陀市）というのがあるんです。そこに大神という部落があるんですね。その大神《おおがみ》というのが、いわゆる宇佐氏の大賀というのと関係しているように中野さんは考えてるわけです。

そしてその大神のすぐそばには大沢という水銀の鉱山もある。ということから、あるいは水銀とか銅とかの精錬技術を大賀氏が、大和から宇佐に持ってやってきたんじゃないかという想像もできないことはないと思うわけですね。ですから、宇佐が金属精錬に関連があるというのは、けっして単に伝承だけじゃなくて、技術的なものも含めて考えてみたらいいんじゃないかと思うわけです。

姫島に行ったときには、最近まで砂鉄の採掘が行なわれていて、あそこで砂鉄を採って製鉄が行なわれていた。これは赤留比売ですからね。そこは黒曜石もある。国東半島もいたるところに砂鉄の遺跡がある。これは非常に注目すべきことです。

そのあと八幡神は紀伊国の名草の浜、紀州の日前《ひのくま》神社のあるところから吉備を通り、周防の三田尻あたりから姫島をへてさらに国東半島を通って宇佐に落ちついている。私は四国の徳島の南のほうをずっと歩いてみたことがあるんですね。そうしますと、海に潜る海人部落が点々とあるんですよ。これは男海士と海女と両方ありますが、男海士が潜るところもあれば、海女が潜るところもある。

それを見てるときに、不思議な共通の地名に気がついたんですね。そこは地名の下が岐で終わるんですよ。牟岐、木岐、志和岐、由岐、牛岐と出てくるんです。これはみな海人の部落につけられた名前なんですね。いまの阿南の前の富岡は牛岐と言いましたし、牟岐というのは牟岐線の終点です。

また土佐のほうに山を越しますと佐喜浜というのがあって、サキというのは岬のサキということではなくて、やっぱりキのつく地名と考えられ、ここも海人部落なんです。

そういうふうに徳島県の東南部の海人部落に必ず岐という地名がついてるということを不思議に思ってたときに、国東半島を見たんです。国東にもまたついてる。キというのがたくさんある。堅来、櫛来、岐部、富来《とみく》、来《く》の浦《うら》、安岐、杵築と、国東にもキという地名が多いわけですね。

ところが、中野さんの指摘によりますと、そこあたりは、紀伊国の紀氏姓が非常に多いという。そうすると海上交通で、紀州と徳島の南あたりと国東との関係も、今度は地名からある程度類推できるんではないかと思うわけです。

香春神社を祭っていたのは秦氏族の赤染氏

金　いまの話を聞いていると、紀州から周防のほうへ行ったということになりますが、ぼくはいま自分の『日本の中の朝鮮文化』第十冊目と十一冊目のために九州を歩いてまして、それで感じたことは、どうも日本文化の発祥地は九州ではなかったか、ということです。

谷川　そうですね。これは間違いない。

金　それから、天日槍集団と秦氏族のことですけれども、これについてはもっと論証が必要ではないかということで、さきに、「『播磨風土記』によれば、天日矛〈天日槍〉の説話を有する地域は、秦氏の居住区とほぼ完全に重複し」そこには「豊国村」があって、「それが豊前秦氏の祭祀した香春の『新羅神』であることにまちがいな」いという平野邦雄氏の『大化前代社会組織の研究』を引いたりしましたが、だいいち、香春にある都怒我阿羅斯等が祭神の現人神社や、豊国の比売であるということの豊比咩命が祭神の古宮八幡宮、それから辛国息長大姫の香春神社の祭神は、奥野正男さんも「鉄の神々」で書いているように、これはどちらも香春岳の産銅で宇佐八幡宮の神体の鏡などをつくっていた、天日槍集団のシャーマンだったものが守護神となった比売神であったことにまちがいはない。

そのことについては、瀧川政次郎氏の「比売許曾の神について」をみても同じことがいえる。瀧川氏は、香春神社の祭神も天日槍のそれであったとしてこう述べています。ちょっと長いけれども、それをここに引いてみます。

「伊都国には天之日矛〈天日槍〉、比売許曾を祀った神社が存在したに相違ありません。前に挙げた怡土郡の高祖神社は、……伊都の国王が奉斎した天之日矛若《も》しくは比売許曾のそれであったかもしれません。……

天之日矛がその嫡妻を追って難波《なにわ》に到らんとしたことは、私の解釈に従えば、日矛を祖神と仰ぐ氏族の首長がその部衆を率いて、難波の背後にある大和に侵入せんとしたことであります。この日本の中原ともいうべき大和の地に侵入を企てた氏族は、いかなる氏族であったでありましょうか。

この問題に明快な解答を与えられたのは、田中卓博士であります。田中博士は、『日本国家の成立』なる論文において、それは〈『日本書紀』〉景行紀に見える伊覩県主《いとのあがたぬし》五十跡手《いとで》の子孫であると明言されています。……

伊覩県主が魏志倭人伝に見える伊都国王で、その富強天下に冠たるものであったことは、前に論述したところであります。この有力なる北九州の豪族が、東方の美地を望んで東征して来ることはあり得べきことであります」

ここにまた、さきにみた林屋辰三郎氏の「天日槍と神武東征伝説」のそれと同じ「東征」ということが出ていることに注意してもらいたいと思いますが、それはあとのことにして、瀧川氏はさらにつづけてこう述べています。

「以上、私が明らかにし得ました比売許曾の社を西から順々に数えてゆきますと、筑前国怡土郡の高祖神社、豊前国田川郡の香春神社、豊後国国前《くにさき》（東）郡の比売許曾神社、摂津国東生《ひがしなり》（成）郡の比売許曾神社、同国住吉郡の赤留比売神社ということになります。私はこれらの比売許曾の社を次々につないで行った線が、近畿の帰化人が博多湾の糸島水道に上陸してから、近畿の各地に移って行った行程を示すものではないかと考えます」

これには日本第二の宗廟ということでか、宇佐八幡宮と、それから安芸（広島県）呉の亀山神社などが抜けていますが、それはおいて、では、ここにいう「豊前国田川郡の香春神社」を祭ったものはだれであったかというと、それは秦氏族以外にない。なにしろ、秦氏族というのは豊前国総人口の九三パーセントを占めていたばかりか、香春神社を祭っていたのは秦氏族の赤染氏であることが文献のうえでもはっきりしている。

谷川　どこから来たんですか。

金　天日槍集団と同じ新羅・加耶。

谷川　新羅・加耶というのはちょっと曖昧ですね。

金　加耶が五六二年にほろびたあと新羅になっちゃうでしょう。それで、それから二百年近くあとになってできた『古事記』『日本書紀』『風土記』などはみなその加耶諸国を新羅としてしまっている。だからぼくは、天日槍集団や秦氏族のことを新羅・加耶系渡来人集団といっています。このことについては、「秦氏の研究」の平野邦雄氏や山尾幸久氏も、さきにちょっとふれた『加耶から倭国へ』の座談会でそのほうが正しいと言っています。新羅・加耶系ということですね。これは『筑前国風土記』(逸文)に、「われは意呂山《おろやま》に天降った天日槍の末裔である」といったというあの伊覩県主のことばからもいえることです。意呂山というのは蔚山で、もとは加耶です。

谷川　蔚山と意呂山と似てますものね。

金　似てます。もとは加耶の地であって、それがのちに新羅になるわけですね。だいたい、加耶諸国というのは東西を新羅、百済に挟まれていて、あるときは百済の制圧下にあったり、新羅の制圧下にあったりで、最終的には新羅に吸収されるわけですが、その過程で加耶のかれらはどんどん日本列島に来ちゃう。そのことを示すものが、北部九州にいちばん濃厚なわけです。そうしてかれらは、各地に展開して行ったとぼくは思うんです。

もっとも、北部九州・豊前における秦氏というのは、これは「原・秦氏族」とでもいうべきもので、その意味ではこれもさきに引いた大野鍵太郎氏の「鍛冶の神と秦氏集団」や、安藤輝国氏の『邪馬台国は秦族に征服された』でそれを「秦族」としているのが正しいですね。それが「秦氏」となるのはのちのことでしょうから。

そこで、宇佐八幡宮のことですが、これについては渡辺澄夫氏の『大分県の歴史』なども中野幡能氏の『八幡信仰史の研究』にしたがって説明していますけれども、一方では「学問的にいってその発生・性格についてこれほど紛々たる異説のある神社はないのである」としてこうも書いています。

「これを外来の神とする説もある。古代の〈朝鮮〉半島との交通関係から八幡神を新羅《しらぎ》神とするもの、豊前地方に勝氏《かつうじ》や秦《はた》氏が多いことから、これら帰化人の奉ずる氏神であろう。そして〝八幡神〟の名は〝弥秦《いやはた》〟で、帰化人である秦氏と関係があろう、というのである」

原初的にいうならば、「上古の時、神といいしは人也」（新井白石『東雅』）で、「外来の神」でない神はなかったとぼくは思っていますが、それはおいて、「〝八幡神〟の名は〝弥秦《いやはた》〟」というよりも、これはやはりヤハタ、多くの秦の神ということで、秦氏族の祭ったものだと思います。『宇佐託宣集』などでのシャーマンは、これも韓島《からしま》の辛島氏となっていますけれども、祭神はやはり、秦氏族が香春などで祭っていた比売神であることからもそのことはわかります。応神天皇、神功皇后はあとから併祭されたものなんです。

谷川　僕はまだ秦氏を勉強してないのに、こういうことを言うのははばかられるが、一つの最大の集団が独占できるというのは、かなりあとじゃないかと思うんですよね、いろんな小集団が来てるわけですから。そうすると大集団、田中軍団のように、いろんな無所属の連中が入っていくプロセスが、もう一皮剝かないと、古代と朝鮮との関係はわかりにくいんじゃないかと思うんですよ。

だから秦氏になったときの過程で、全部、秦氏というのは易いけど、流れ込む前の、そこがちょっと……いままで聞いて、なにもかも秦氏にしてしまうのがちょっと腑に落ちないんですよ。

金　原初的な渡来人について言うならば……

谷川　小集団だと思うんです。

金　もとは同族・血族集団であった小集団のそれが、つぎつぎと何度も渡来すれば大集団になるでしょう。それにまた、それまでの縄文人とはちがって、農耕技術をもったかれらはこちらでもどんどん子孫を増やした。その集団がはじめは加耶から来たものであること、これは間違いないと思います。

谷川　それには私も同意します。

物部氏も天日槍集団から出たものか

金　天日槍というのは、太陽神をまつる祭具ですから、天日槍集団というのはそういう宗教をもった集団で、それのシャーマンが赤留比売だった。そしてそのシャーマンの赤留比売が、のちにはかれらの守護神となっている。

谷川　だけども、天日槍はそれ一つでしかないでしょう。加耶からいろんな人が来てるわけですから。

金　もちろん、そうでしょうね。そのなかでも天日槍集団というのは最も大きなもので、なかではまた産鉄・産銅技術をもった秦氏族の集団がいちばん大きなものだったと思うんです。

谷川　だけども天日槍集団が、すなわち秦氏だという証明は出来ないでしょう。

金　ぼくも北部九州を歩いてみて知ったことで、いまはじめて言いだしたことですが、天日槍集団とはいまいったそういう宗教、そういう祭祀を行なっていたものでしょう。

谷川　ええ、もちろんそうです。

金　そうすると、現実的なその集団とは原・秦氏族、すなわちのちの秦氏だったとぼくは思うんです。

谷川　それがどこで証明できるか……

金　それはこれまでみてきたこと、言ったことでだいたい明らかだと思うんですが、たとえば、天日槍集団の赤留比売が祭神の香春神社を祭ったのは秦氏族の赤染氏であったということ……

谷川　だけども、秦氏の名前を名乗るのは、だいぶあとになってからで、もともとは必ずしも秦氏でないものが……

金　そうですね。もとはバタ（海）を渡って来た天日槍集団の族人で、それがのちに波多または秦氏になった。

谷川　それはそうでしょう。たとえば物部氏だって物部八十氏と言いまして、あとで全部、物部になるけれども、もともとは物部が中心で、あとは物部系というのも出来るんですね。だから『姓氏録』によると物部がいちばん多いんです、なんでも物部にいくんですから。それは僕も物部をするときやりやすかったですよ。なんでも物部になる……

金　そういえば、谷川さんの『白鳥伝説』をみると、物部氏も天日槍集団から出たものではなかったかとありましたね。

谷川　物部氏と製銅・製鉄、採銅・採鉄がどうもつながっていくんですね。

金　天日槍集団に、ということですね。

谷川　それはそうです。天日槍も……

金　ああ、そうか。よし、わかった。

谷川　僕は必ずしも秦氏にいかないわけです。物部のほうでだいたいつながってきましたからね。

金　それならいいんです。物部氏もということで、それはぼくも賛成です。そうなると天日槍集団というのは、これはいよいよ大きなものになりますね。たいへんなものだ。

谷川　天津麻羅というのは『古事記』の天の岩戸の条に出てくる鍛冶屋の名前です。天津麻羅は物部と関係がある。物部氏の先祖のニギハヤヒが天磐船に乗ってやってきたとき、船に乗り組んだのが、天津麻羅です。ですから、その場合に、物部と秦氏の関係はどうかということが、一つまた問題になるわけですが……

金　それも根は同じだったかもしれませんが、ついでに言いますと、いわゆる「磐井《いわい》の乱」の磐井ね。「乱」という言葉は正しくないんだけども、この磐井はどうですか。

谷川　磐井は私はやっぱり物部の同族だと思うんですね。

金　なるほど。物部が天日槍集団の流れであるということはぼくも賛成だな。ぼくは秦氏のことばかり考えていたようですが、物部氏や磐井のこともこれからよく考えてみることにします。

高良《こうら》山《さん》はカワラがコウラになったもの

金　これは直感みたいなものですけど、ぼくはやはり邪馬台国は九州にあったと思うんですが、谷川さんはそれを筑後の高良山だったとしていますね。高良神社のてっぺんに立って筑紫平野を眺めると、筑後川がバーッと眼下に流れてるわけ。それは広大な平野で、まさにここは栄えたところだったと思われます。

谷川　私も、そう直感したのですけれどもね。

金　邪馬台国がもし筑後、久留米の高良山《こうらさん》だとすると、そこに高良《こうら》神社があって、このコウラというのはふつう、高句麗を古代日本では高麗《こま》といったことから、それがコウライ（高麗）ともよまれて高良《こうら》となったとされている。するとこれは、高句麗と関係があるということになります。

朝日新聞社から出た『地名をさぐる』の「久留米」の項をみると、『久留米市史』第五巻の「地名の起原」の筆者は諸説をあげているが、としてこうあります。「多いのは縫製に携わる渡来人との関係説だ、という。たとえば呉媛《くれひめ》―呉女《くれめ》―クルメ、繰女《くるめ》―クルメなど。また久留倍木《くるべぎ》―車木《くるめき》―クルメは、糸車からの発想で、紡績につながる、などである」

ここにいう「呉媛《くれひめ》」のクレとは高句麗のことですが、それからまた、筑後のこの辺は高句麗がそれの源流という装飾古墳の多いところですね。その装飾古墳と関連して、和歌森太郎監修『日本史跡事典』をみると、「高良山神籠石を考えるとき、山麓にある二十三メートル四方くらいの二段構築方墳の祇園山古墳や、筑後装飾古墳をともに配慮せねばならない」とあります。

この「神籠《こうご》石《いし》」とは近年、佐賀県武雄市のおつぼ山神籠石を発掘したことで、それであったこと

高良神社の参道口

高良山城の列石

がはっきりした古代朝鮮式山城跡のことですが、そういうことからみても高良神社のある高良山というのは、どうも高句麗と関係があるのではないかと思うんです。

谷川　ただ、そのときに高句麗は楽浪郡ぐらいまでは力を持ってますけれども、帯方のほうは三一三年に百済が併呑するわけですから、必ずしも高句麗の力が邪馬台国のほうにストレートには来てないと思うんですよ。そしてまた中国が朝鮮半島に植民地を持ってますから、いわゆるコウラという名前が、コウはどうでもいいが、高句麗と結びつけられるのは、どうも私には合点がいかない。

　前にも言いましたが、採銅所のあるカワラとコウラは同じである。それはコウラもカワラも頭《かしら》である。要するに頭目を表している。

　そういうことで、私は邪馬台国はあそこに中心があると思うんですが、高良神社を高句麗とストレートに結びつけるというのは……

金　高良神社とストレートに結びつけるんじゃなくて、高良山は古代朝鮮式山城跡でもあるわけですから……

谷川　いや、コウラの名前を、いまそのように承ったもので、ちょっとそのあたりは疑問を持ちますね。一つは祇園山古墳というのは、あれは非常に古い古墳ですよ。ところが、装飾古墳は六世紀か七世紀、だいぶあとになる。ですから、それが直接的に祇園山古墳というのは、最古の前方後円墳の一つに数えられるわけです。四世紀の前半ぐらいですね。それと装飾古墳とは数世紀隔てておりますから、つなげるのはなかなか問題があると思うんですね。
金　それは、そうなりますね。
谷川　ええ、だいぶ遅れますから。
金　そうすると高良山というのは、はじめから高良山と言ったかどうかということもある。
谷川　カワラだと思いますよ、僕は。
金　カワラ、それがコウラになった？
谷川　はい。そしてカワラというのは、屋根瓦のカワラでもあるし……それはみんなカワラですね。それは何度も言いますように、熊本では頭のことをゴラと言うんですが、ゴラはコウラからきてるわけです。コウラはカワラからきてる。そして宮古とか沖縄では、カワラという名前は頭目をあらわす言葉として室町時代まで残ってるんです。それは朝鮮系を否定するんじゃないんですよ。
金　しかし、さきにみた採銅所の香春もそうだというのはどうかと思いますが、ぼくはカワラでもいいんです。
谷川　カワラでもいいわけですね。
金　高良、カワラ、どちらも似たようなもんでね。
谷川　高良神社の神主の筆頭の大祝《おおほうり》は物部氏なんですよ、小祝《しょうほうり》というのが安曇なんですね。高良神社もまた物部と関係あるわけですね。あそこで物部が磐井に向かって決戦を挑む。高良山を中心として、磐井と大和朝廷の兵力をひきいた物部との大衝突が行なわれるわけですね。
ですから、やっぱり高良山を制する者は筑紫平野を制し、また、ひいては九州を制圧することが出来るということになる。死命を制するところで必ず決戦を行なうんですね、関ケ原がその例です。そういうわけで、私は筑紫平野に邪馬台国があると考えるんですね。

磐井の根拠地だった女山《ぞやま》、八女《やめ》付近が物部氏の中心地

金 なるほどね。それで高良山は古代朝鮮式山城跡で、その近くの瀬高町（現・みやま市瀬高町）ですか、ここにも女山神籠石《ぞやまこうごいし》といわれる古代朝鮮式山城跡がありますね。そしてここも、邪馬台国に比定されてるところでしょう。

谷川 女山にも神籠石があるんですね、山城みたいにね。

金 ずっと列石がつながっている。

谷川 あの付近はやっぱり磐井の根拠地だったと思うのは、あれからずっと八女《やめ》のほうに入りますと、八女は磐井の根拠地ですね。

金 そう、そう。

谷川 この前行って非常に感じ入ったことは、磐井の墳墓、岩戸山古墳というのがありますけれども、そこはいろんな石造物があるんですね。それだけじゃなくて、磐井の孫の墓まで残っている、古墳が。

金 そうですね。すごいですね、あそこは。

谷川 ということは、磐井が反逆罪に問われて殺されたということで、磐井の一族は根絶やしになったと思うでしょう。そうじゃないんですね。昔のやり方というのは、子孫がそこで豪族であることをいちおう認めてるわけですね。認めざるを得ない。いまのフィリピン情勢じゃないけれども、

そう簡単に、政権を誰が取ったからといって、それに歯向かう旧勢力を根絶することはできないわけ。だから磐井の孫の墓というのもありましたよ、大きな古墳で。孫というのは百年ぐらいあとでしょう、死んでから少なくとも五十年。そういう墓まで、大きな墓をつくることを許してるんですね。

そういうことで、倭の五王うんぬんはまだにわかに賛成できないけれども、すべて中央集権的に、畿内で……ということは考えられないですね、古代は。だから九州にも必ず大きな豪族は残ってるんですよ。

金　そうですね。いわゆる「倭の五王」のうちの「武」というのはふつう雄略ということになっていますね。

谷川　そうです。

金　それもすべてを畿内・大和を中心にみる史観からではないかと思うんです。郷土史家の平野雅曠氏は、それを否定しているわけですよ。

谷川　ああ、なるほど。

金　それを打ち消して、倭の五王の「武」というのは磐井であったと言ってるんです。これにはちょっと頷ける点があるんじゃないかと思うんです。

谷川　『白鳥伝説』を書いたとき面白かったのは、結局あの付近が、物部氏の中心なんです。物部の阿遅《あじ》古連《このむらじ》は筑紫の水間君《みぬまのきみ》の祖なりと出てくるんですね。吉田東伍なんかは、阿遅古《あじこ》連の子孫が高良山の神主になってるんじゃないかと言うわけね。それが『国造本紀』に筑紫の水間君の祖なりというふうに出てくるんです。その水間ってどこかというと、いまの瀬高からちょっと行った三潴《みずま》町

（現・久留米市三潴町）というところがございますけれども、久留米より筑後川の下流の周辺が三潴なんですね。地名の由来としていろいろ説がありまして、一つの説は、太田亮が言ってるんですけれども、ミというのは美称であると。するとツマが問題だというんですね。ツマというのは山の端であるというふうに言うわけです。八女というのはもともとは山の意である。その山のツマ、端のほうがツマの国であったと。そういうことから、投馬国《とまこく》に結びつける説もあるんですよ。それでミは美称であるというふうな説もあるんですね。

ところが、それに対して水間《みぬま》（水沼《みぬま》）というのは、水ということで、マは水溜まりということから、湿地帯であると。柳川あたりは非常に水路が発達していて、江南のクリークを思わせるような状況なんですね。低いところなんですね。そういうところから、水間というのは、筑後川の下流の湿地帯をあらわす。そこあたりに物部氏がいたんだということを言うんですね。そのミヌマがミズマになって、そして私の考えではミマになるんですね。水間をミマと読むんです。

それから今度は水間の「水」を美称の「味」という字に置きかえる。そうすると味というのがついて味間《みま》になる。味ということをあらわす味《み》に間で味間《みま》と読ます。その次にアジマと読ませる。田原本町の近くに味間《あじま》という地名があります。アジスキタカヒコという神様がいる。これは鍛冶の神様で、味というのは美称なんですね。それがウマシマになりまして、今度はおいしいという意味の味間《うましま》となるウマシマ、饒速日命《にぎはやひのみこと》は物部氏の祖神ですが、饒速日命が長髄彦《ながすねひこ》の妹と結婚して生んだのが可美真手《うましまで》というんです。ウマシマというのはそこからきた言葉ですね。水沼《みぬま》→水間《みずま》→水間《みま》→味間《みま》→味間《あじま》→味間《うましま》というふうに変化したと思うんですね。邪馬台国の首長は崇神天皇だと私は思うんですけど、御間城《みまき》入彦《いりひこ》なんですね。これはミズマがミマになった。筑後のミマからやってきて大和に入った天皇、御間城入彦、崇神王朝を入《い》り王朝と申しますね。

「魏志倭人伝」に出てくる弥馬升《みます》とか弥馬獲支《みまかき》というのは、邪馬台国の首長ですので、もしも邪馬台国が筑紫平野の中心にあって、筑後川の下流にあったとすれば、これは合うわけなんですよ。だから私は江上さんのように、任那から来たという説は、俗説だと思うんですよ。

物部氏と秦氏とは根は同じかもしれない

金　地名のほうへ戻しますと、秦というのは字がいろいろで、秦野、波多、波多野があり、また幡多、畠、畑などがあって、これが地名、人名ともなって全国いたるところにひろがっていますね。まさに秦氏族の分布というのは広範にわたっていますが、谷川さんは物部氏だけれども、その物部氏のほうはどうですか。

谷川　秦氏のことにあんまり注目してない。

金　わかりました。それはどちらにせよもとの根は天日槍集団ですね。地名からみても、これが実に大きなものだということです。

谷川　要するに私は物部は倭国の大乱のときに、筑紫平野のほうから移動したと思うわけですよ。ですからこれは弥生時代にいたことはもう間違いないわけですね。鳥越憲三郎氏もやってますけれども、九州の物部系の地名と畿内の河内大和の物部の地名は非常に一致するんですね。こういうことから考えると、九州から河内のほうに行ったということになりますと、九州の地名が河内のほうに移動したと考えられるわけですね。

金　秦氏にしてもそうで、久米康生氏の『和紙の文化史』に秦氏族のいた郷名などがずらっと出ていますから、それをだしてもいいと思います。いずれにせよ、今回の議論でいちばん注目したいのは、どちらもやっぱり天日槍というのがもとになってるということですね。

谷川　これはやはりシンボルですね、天日槍というのは。

金　それでぼくはいつも「新羅・加耶系渡来人集団の象徴」と書いてます。シンボルということでね。『和名抄』をみると、さきほどもちょっと言いましたが、肥前国基肆《きい》郡に姫社郷《ひめこそのさと》というのがある。これも天日槍・比売神を祭ったことからきた地名ですね。

谷川　どこ？

金　いまは佐賀県鳥栖市となっているところです。それから同じ肥前国の小城《おぎ》郡（現・小城市）に高来郷があり、また、これも高句麗の高麗《こま》を高麗《こうらい》としたことからきたものではないかと思われる高《たか》来《く》郡というのもありますが、しかしこれはよくわからない。

谷川　あれは島原半島。

金　ぼくらこの前行った八代郡。

谷川　八代郡に行きますか。

金　行きましょう。

谷川　その前に、いまの基肄《きい》の姫社郷《ひめこそのさと》はどういうことかと言いますと、『肥前国風土記』（逸文）によりますと、姫社郷のなかに山道川《やまじがわ》が流れて筑後川と合体してるんですね。昔はこの川の西に荒ぶる神がいて、通行する旅人を殺害しておった。そこで神託を仰ぐと、宗像郡の人の珂是古《かぜこ》に自分の神社を祀らせよという託宣が出た。珂是古は幡を捧げて神に祈り、その幡が風に吹かれて飛んでいき、落ちたところが自分を求める神の所在地であると決めた。するとその幡は御原《みはら》郡の姫社の社に落ちた。それで珂是古はそこに神が住んでいることを知った。その夜の夢に糸繰り道具が出て舞う。どうも秦氏と関係ありそうだ（笑）。珂是古を驚かしたので、その神が女神であることがわかった。糸繰り道具が出てきたからですね。やがて社殿を建て女神を祀った。それ以来、通行人も殺されなくなった。この珂是古が社殿を建てて女神を祀ったのは鳥栖市の姫方《ひめかた》にある比売許曾神社であるというふうにされているんですね。

谷川　そこにも比売許曾神社があるんですね。

金　ところが、幡が風に吹かれて落ちたところは、珂是古が社殿を建てて女神をまつった場所から東のほうに二キロをへだてた福岡県の小郡市の大崎というところです。

谷川　最近出たところですよ。あの有名な……

金　そこはぼくも行ってみました、最近。

谷川　津古生掛《つこしょうかけ》古墳ですか。

金　この大崎には、いまでは通称「たなばたさま」と呼ばれてる媛社《ひめこそ》神社がある。祭神は媛社神と織女神《しょくじょしん》です。この神社の嘉永七年（一八五四年）に奉納された石鳥居の額には、磐船《いわふね》神社と棚機《たなばた》神社の名前が併記されている。磐船神社と言えば、天磐船に乗って饒速日《にぎはやひ》が河内に上陸したという伝承に縁のある河内の磐船神社を思い出します。そこは饒速日命を祀るわけです。この媛社神社は、かつては磐船神社と棚機神社の二つであった。ということから、大崎の媛社神社の宮司の多田隆氏、この人には私も今度会って来ましたけれど、かつてはそこは饒速日命を祀ったに違いないと推測しているのです。

金　物部氏の祖神ですな。

谷川　ええ。その大崎というところは突き出てるんですが、筑後川の支流に宝満川《ほうまんがわ》というのがありまして、ちょうど太宰府のほうに上流があるわけです。大崎は宝満川の河口または有明海の奥深いところに突き出た岬で、この岬に饒速日命を祀ったんだろうと、大崎の地がかつてそうだったと多田さんは言うんです。

そして七夕姫のほうは、饒速日命の母に当たる栲幡千千姫万幡姫命《たくはたちぢひめよろずはたひめのみこと》、これは『旧事本紀』にも出ております。いまのは『日本書紀』の言い方です。あとで星祀りの信仰が中国から渡来して、織女神にすり替わったのではないかというふうに多田さんは言うんですね。織女神はあとだというわけです。最初は饒速日命と、その母、要するに物部氏の祖神を祀ってる、それが比売許曾神社であるというのです。

そうすると姫社の神は饒速日命であるということになります。それを祀る宗像郡の珂是古の珂という字は、もともとは阿だったのを、写すとき珂という字にまちがえたと考えられます。もしも珂是古と阿是古とがそこで一致するとすれば、現に『肥前国風土記』（逸文）には、珂是古を阿是古と記したものもあるんですが、そのほうが古いだろうと思うわけです。阿是古というのは阿遅古、つまり水間の君の祖の物部阿遅古にほかなりません。物部氏の祖先神、饒速日命を祀った磐船神社が、久留米市のすぐそばにある。そうすると、比売許曾神社の姫が栲幡千千姫万幡姫命であったにしても、または天日槍の妻を祀る赤留比売であったにしても、物部氏とどっかでつながってくるかもしれない。

金　同一のものじゃないのかな。

谷川　そうすると、これはすごく面白くなる。

金　そうなると、ほんとに面白い。

谷川　鳥居も残ってます、磐船神社と書いてあるのが。私は熊本のシンポジウムの前の日に行ってきたんです。

金　その鳥居の額はぼくもみました。それはやはり赤留比売と同一のものだと思うな。そうするとやっぱり、物部氏と秦氏とは根は同じなんだ。

谷川　同じかもしれませんよ。そのあたりが今後の追究すべき問題ですね。

金　そうですね。大きな問題だ。

谷川　私が先程から、物部と天日槍とがなんかつながりがあるんじゃないかと言うのも、こういうところである程度裏付けられるんじゃないかと思うわけです。

金　わかりました。それは面白い。

第三章　九州西南部（肥後、日向、薩摩、大隅、琉球）

アソ（阿蘇）のソは鉄であるという説もある

金　肥後の国だった熊本県、ここは谷川さんの故郷でもあるわけですが、そこの八代《やつしろ》郡に百済来《くだらき》ということだった百済木《くだらき》というところがあり、菊池郡には辛家《からけ》というのがありますね。この辛家は福岡県の宗像郡（現・宗像市内）にもあって、それから宮崎県の児湯《こゆ》郡にも韓家《からけ》というところがあります。

竹中岩夫氏の『北九州の古代を探る』によると、あちこちにある唐木《からき》というのも、「韓来」または「韓家の転かもしれない」として、「カラキという地名は、このほか福岡県内には次のようにある。北九州市曾根吉田の加来木／同八幡区前田の唐木／田川郡香春町下香春の唐木／築上郡大平村の唐原下唐原の唐木／宗像郡津屋崎町勝浦奴山の唐木」などをあげていますが、この唐木というところは福岡県と限らず、全国いたるところにありますね。唐木という人名もたくさんある。

その韓家、辛家ということで思いだすのは、例の宇佐八幡宮のシャーマンだった辛島氏です。豊前のそこには辛島というところがあって、そこはいまも辛島姓の人がたくさんいます。そこでまた

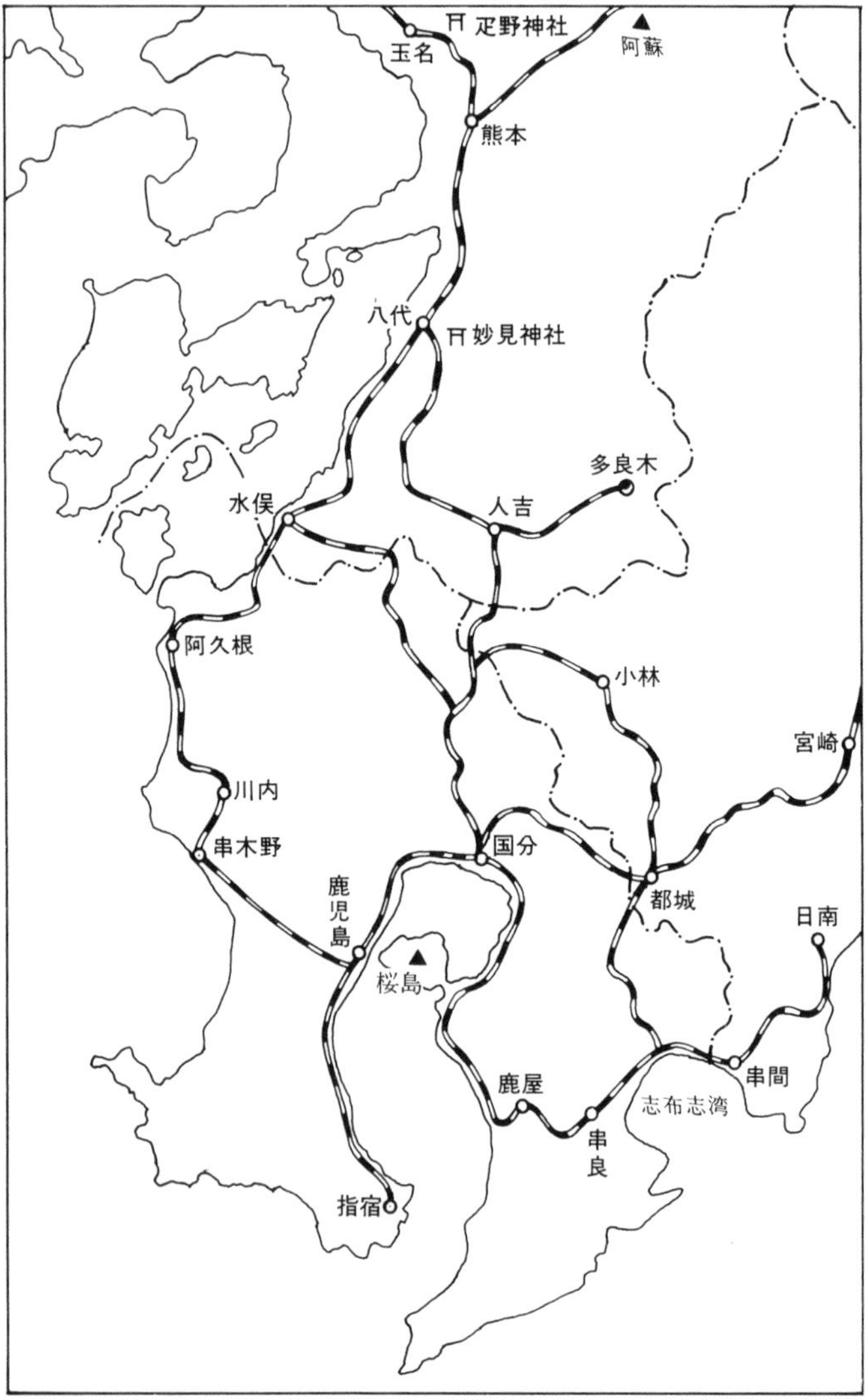

疋野神社
阿蘇
玉名
熊本
八代
妙見神社
多良木
人吉
水俣
阿久根
小林
宮崎
川内
串木野
国分
鹿児島
都城
日南
桜島
鹿屋
串間
志布志湾
串良
指宿

宇佐になりましたが、地名としての宇佐ということでは、ぼくはまた、金澤庄三郎氏が『日韓古地名の研究』で書いている「民族名ソ」ということを思いだすんです。金澤氏は丹後（京都府）の余《よ》佐《さ》、与謝《よさ》ということに関連してこう書いています。

「余社　余社は倭名抄丹後ノ国与謝ノ郡の地で、雄略天皇二十二年紀には丹波ノ国余社《よさ》ノ郡とある。丹波国の五郡を割《さ》いて始めて丹後国を置いたのは和銅六年で、それより以前は丹波国であった。丹後ノ国与謝ノ郡の天梯立《あまノはしだて》は伊射奈芸《いさなぎ》の命《みこと》が天に通わんために作り立てたまいしものの仆《たお》れたので、その東ノ海を与謝《よさ》、西ノ海を阿蘇《あそ》というと、風土記に見え、又、天照大神を但波吉佐宮《たにはノよさノ》に四年間斎《いつ》き奉ったこともあり（倭姫世紀）、往古は由ある土地と見えて、ヨサ、アソの名はまた民族名ソと通ずるところがある。

以上、阿蘇・伊蘇・伊勢・宇佐・余社などはいずれも我民族移動史の上に重要なる地位を占めている土地であって、しかも民族名ソ及び其類語を名としていることは、最も注目に価する事実といわねばならぬ」（傍点も金澤氏）

ここにみられる「民族名ソ」とは、新羅を徐耶伐《ソヤブル》・徐羅伐《ソラブル》・徐那伐《ソナブル》、また徐伐《ソブル》といったその原号ソということなんですね。そしてこのソはまたサシスセソのほとんど全部に転訛して、宇佐の佐となり、伊勢の勢となりしている。宇とか伊というのは、接頭語または発語ですね。

谷川　伊勢島が伊蘇島か。

金　そうですね。さきにもちょっとふれたと思いますが、伊都の伊覩は伊蘇の訛ったものだと『日本書紀』にもあります。

谷川　島というのは、志摩に磯部というところがあるんですね。磯部から先が前島《まえしま》なんです。前島というのは、磯部から南に立神《たちがみ》だとか、御座《ござ》だとか、海人の活躍する集落がたくさんあるんです。そこを前島と言うんです。そういうことからして、私は非常に単純に、糸島の島もやっぱり海に囲まれているところという意味だと思います。それから伊勢のほうは、あそこに磯部氏というのがあって、それが伊勢のほうに北上してるんですね。

金　どこから北上？

谷川　南のほうから。それで松阪の近くの櫛田川の川口にある黒部に移住し、のちに宮川や五十鈴川のほとりに定着したと思うんです。

金　その南というのはどこを指してるのですか。

谷川　南というのは、いまの的矢湾《まとやわん》の奥の磯部からです。そこから海人族が伊勢のほうにずっと北上したと僕は思うんですけれども。だから金澤庄三郎のように、イセとイト、あるいはイソというふうに、北九州と結びつけないでも、じゅうぶん解説できるんじゃないかと思うわけですね。

それから与謝については、これは意見の分かれるところなんですが、沖縄の例なんですけども、海岸の地名として謝《さ》、ヨザ、ヨサというのは、海岸の地名に非常に多いんですよ。沖縄の歴史家の東恩納寛惇《ひがしおんなかんじゅん》などは、サとかザとかというのはシャコ貝と関係があると言っています。与謝半島にシャコ貝があったかどうかわかりませんよ。南海産の貝ですからね。だけど、『丹後国風土記』（逸文）に、「後を久志浜と名づく」となってるんです。久志浜という言葉のクシは、沖縄では後ろを言うんです。というわけで、丹後は黒潮が通っていて、南海の物産や民俗がつながってるところですから、あるいはまた、そういう面があったかもわからない。
　阿蘇については、私はまだはっきりした結論を持っていないわけで、たとえば、アサマのアサだとかアソとかいうのは、火山に関係あるという説もあるし、アは接頭語であって、ソが鉄だという説もありましてね。
金　その、ソが鉄だという説はどこにあるんですか。さきにも言ったかと思いますが、新羅の原号のソもその鉄ということからきている。
谷川　それは若尾五雄さんなんか言ってるんです。若尾五雄って、みんな金属に結びつけて解釈する人がいるんですよ。それで阿蘇のソは鉄だと。私は川崎市の麻生区に住んでいるでしょう。そうするとこれは鉄と関係があると盛んに言ってましたよ、麻生のアサはアソと……。確かにアサというのは、たとえば「鉄山秘書《てつざんひしょ》」に述べられた物語のなかに出てくるんですね、金屋子神《かなやごしん》が麻の葉に足を取られたということが出てきまして関係があるわけです。それは結局、天日槍に関係がある。確かに天橋立のところを阿蘇の海と言ってるんですね、丹後の宮津の近くでは。
金　与謝の海、というのもありますが、また天日槍ですか。それは面白い。

アサ（麻）は金属精錬――天日槍と関係があるか

谷川　そのアソというのはアサとなにか共通語であって、鉄に関係するとかいう説もあるんです。あるいはアサマやアソ、あるいは富士に浅間神社があるように火山に関係するという説があるんですが、私はどうとも言えないんですけれど、アサについては、天日槍に関係のある言葉として、『播磨国風土記』のなかにこういう話があるんですね。

宍禾郡《しさわぐん》、これは播磨のほうでも西のほうですが、川音村《かわとのむら》というところの話が出てきまして、「天日槍命、此の村に宿りまして、勅《の》りたまひしく、『川の音、甚高し』とのりたまひき、故、川音の村といふ」と。天日槍が川の音がやかましくて寝つかれず、不眠症になってるわけです。

それからまたさらに、揖保郡《いぼぐん》に麻打山《あさうちやま》というのがある。「昔、但馬の国の人、伊頭志君麻良比《いづしのきみまらひ》、此の山に家居《いへゐ》しき。二人の女、夜、麻を打つに、即《やが》て麻を己が胸に置きて死せき。故《かれ》、麻打山と號《なづ》く。今に、此の邊に居る者は、夜に至れば麻を打たず」と、気味の悪い話です。伊頭志君というのは、天日槍が最終的に住まったところが伊頭志なんです。麻良比というのは、天津麻羅なんかと同じように、製銅、あるいは製鉄をする鍛冶屋をマラとかマウラというんですね。これはおそらく男根と関係あると思います。なぜ男根と関係あるかというと、踏鞴《たたら》による製鉄、これを人間の出産と同じように考えてる、性交から出産と。ですから、踏鞴の火の燃え具合を見る小さい穴がありますが、これをホド穴というんですよ。銅や鉄が溶けて流れ出ると湯というんです。この湯というのは、いまでもお産のときの羊水を湯というんです。踏鞴が子宮であって、子宮から子供が生まれてくるように、溶けた溶銅、溶鉄が流れてくる。これを同じく湯というんです。

天津麻羅とか天津真浦とかというのは、男性として、炉を子宮と見立てて、そこで交合して出産を行なう。そのときに爪とか髪とかを投げ入れるでしょう。それが鍛冶屋の女の役割なんです。だから天日槍の奥さんの赤留比売もそうした役割をもっていた。天日槍が天津麻羅であり、鍛冶屋であるとすれば、その奥さんは呪術を行なった。身体の一部分を入れると、銅や鉄が溶けるというんですよ。

『古事記』の天の石屋戸の条には、「天安河《あめのやすのかは》の河上の天《あめ》の堅石《かたしは》を取り、天の金山《かなやま》の鉄《まがね》を取りて、鍛《かぬ》人《ち》天津麻羅を求《ま》ぎて、伊斯許理度売命《いしこりどめ》に科《おほ》せて鏡を作らしめ」となってるんですね。というわけで、伊斯許理度売が命令されて鏡を作った。これはどういう意味かというと、伊斯許理度売というのは女ですね。刀女とか戸女というのは女をいうんですね。伊斯は石だけではなく堅い金属、許理というのは樵《こり》、要するにけずるとか作るとかの意、それの女、これが伊斯許理度売、それに命令したということは、伊斯許理度売が助産婦的な、天日槍の妻、赤留比売的な役割を果たして、鏡を作るのに呪術をほどこした、ということですね。

但馬国の伊頭志君麻良比がその山にいたときに、二人の女が麻を打ってた。ところが麻を自分の胸に置いて死んでしまった、だから麻打山という。このあたりの者は夜になると麻を打たない。どうもその麻と伊頭志君麻良比というのは、麻良ですから鍛冶屋でしょう。すると関係があるような気がするわけですね。

柳田国男の「一つ目小僧その他」のなかに、「近江国の栗太郡《くりたぐん》の笠縫《かさぬい》村では、一村いまもって麻を植えず。植えても麻ができない。ということは、神様がここに降臨したときに、目を麻で傷つけたからである」という記事が見えます。ところが、この笠縫村の北に接する志那という集落からは銅鐸が出てるんです。これが例の吾名邑《あなむら》じゃないかと思うんですが……

金　吾名邑《あなむら》の吾名というのも加耶諸国のうちの安耶《あや》・安羅《あら》・安那《あな》からきたものですが、天日槍は「吾名邑に入りて……」というあの吾名邑ですね。

谷川　あの吾名邑郷の近くじゃないかと思うんですが、いまの草津市、昔の旧栗太郡の吾名邑、これは旧栗太郡の笠縫村ですから、このそばじゃないかと思うんですね。

金　近くには天日槍を祭る安羅《あら》神社が三つあります。

谷川　安羅神社があって、「天日槍暫住之聖蹟」という標柱が立っている。おそらくこの草津に属する吾名邑に天日槍の安羅神社があるということと、それから草津市の志那町に銅鐸が出土していて、そこが昔の笠縫村で、そこでは麻を打っちゃいけない。そうすると銅鐸が出土しているのと、麻を打っちゃいけないというのがつながっていく。

それからまた「鉄山秘書」のなかには、鍛冶屋の神の金屋子神《かなやごしん》が麻糸の乱れに足を取られて転んで死んだので、タタラ師は麻をタブーとするという伝承が記されているのです。ということから、麻が鉄、あるいは銅の金属精錬と関係があるのではないかと思うんですね。

金　その金属精錬はやっぱり天日槍ですね。産銅、産鉄というのはたいへんなものだったでしょうな、弥生時代のはじめは。とくに産鉄などは、いまの原子力のようなものです。

九州の阿蘇、塩田が信州にもある

谷川　もう一つの阿蘇なんですけれども、これは信州、上田市の近くですが、小県郡《ちいさがたぐん》の塩田《しおた》(現・上田市内)というところに小泉小太郎の話があるんです。これは三輪山伝説とまったく同じなんです。

美しい女が通ってきたので、衣の裾に糸を通しておくと、それは産川《さんかわ》の岩穴に届いておった。今度は女が大蛇である。三輪山伝説は男の神様がきれいな男に化けてますが、これは女なんですね。女が大蛇であって、赤ん坊を岩穴に産むわけです。その子供が小泉というところの老婆に拾われて育ったので、名を小泉小太郎、小泉太郎ともいうんですが、これが十六歳のときに、たいへんな力持ちになります。小太郎の子孫は代々脇腹に蛇の文様がある。

ところが、九州に姥岳《うばがたけ》の伝説があるんですが、これは祖母山《そぼさん》伝説です。姥ですから女ですね。日向国の塩田《しおた》というところに住む大太夫《だいたゆう》に花御本《はなのおもと》という娘がいた。その娘に通う若者が、実は日向と豊後の境にある姥岳の大蛇だったというわけです。これは男のほうが大蛇だったんだが、大蛇が男に化けて通ったというんですね。そして大蛇の子があかがり大太という名前で、その大太からかぞえて五代の孫が緒方三郎惟栄《これよし》というのです。

大分県に緒方町（現・豊後大野市緒方町）といって、大分から豊肥線で熊本のほうに行くところのちょうど間あたり、竹田よりちょっと東のほうですが、ここに本拠地があるわけです。

緒方三郎惟栄《これよし》は源平の合戦のときにたいへんな働きをするんですね。この緒方という姓は金関丈夫の説によりますと、尻に蛇の形があるので、オガタと言ったというんです。宗像は胸に蛇の形があるからムナカタ。竜蛇の入れ墨が身体にあるわけですね。

それと先程申しました日向の塩田は信州の小県郡の塩田というところと地名が同じなんですね。そして小県を今度はオガタとも読ませるから、すると緒方とつながっていくんです。

このように三輪山伝説と九州の小泉小太郎の伝説が一緒なんですが、小県郡の塩田に阿宗郷《あそごう》というのがある。というところから、九州の阿蘇にもまたつながっていくわけですね。信州の塩田村には生島足島《いくしまたるしま》神社がありまして、これは多氏《おおし》を祀ってるんです。多氏というのは阿蘇君、大分君と同族だったんです。そうすると、そこに阿宗郷があり、多氏を祀る生島足島神社が信州の小県郡の塩田村にあるということは、九州の同族である阿蘇氏が、なにかそこに関係を持ってるということが考えられるわけですね。阿蘇氏の系図から諏訪氏の系譜がわかるのです。阿蘇氏の系図のなかに出てくる信濃国造は多氏の一族なんですね。そして諏訪下社の大祝《おおほうり》の金刺《かなざし》氏はやはり多氏の同族である。そして多氏は大分君、阿蘇君、肥君と同族である。

金　諏訪は、周防《すほう》の訛ったものという説もあります。

谷川　それもありますね。そういうわけで、信州と九州に同じアソがあるし、また三輪山伝説が両方にあるし、そして塩田という地名もありますし、両者はなんかつながりがある。これは地名伝説のなかからご披露をした次第です。

金　忘れないうちに、ちょっと谷川さんに聞きたいんだけど、これは熊本における地名シンポジウムにかかわる記者会見で谷川さんが述べたことなんだけれども、こういうことを言ってるんです。「韓国語で対岸のことをクシ、コスというのですが、九州にあるクジラという地名はクシラ、つまり海岸をあらわす地名です。西海岸沿いに曾畑式土器が伝わってますが、言葉も文化もそのように深いつながりをもっていることがわかってきます」と。

海岸を韓国語でクシ、コスというとは、ぼくはこれで教えられたんですが、九州のクジラ、あるいはクシラというのはどこにあるんですか。

谷川　串良《くしら》は志布志湾に沿っています。串卜《くしら》は『大隅国風土記』(逸文)に出てまいりますね。これは隼人の言葉だと言われておりますが、私はクシというのは、串木野とか、串間とか、串良という、朝鮮語のコスからきたんじゃないかと思うんですね。

金　鹿児島の串木野ね。

谷川　ええ。長崎県にはすごく多いです、クシというのは。ずらっとあります。ほんとに朝鮮の言葉というのが、古い時代はこう呼んでたと思いますね。

金　それでわかりました。この前われわれは八代の白木山に登って、妙見神社を見ましたね。八代

八代神社

八代・白木山の霊符神社

のその妙見について、吉田東伍氏の『大日本地名辞書』には「白木妙見と号するもの今に至りて多し、……白木は新羅に同じ、新羅国より其修法を伝えし義にや、八代の白木妙見記には百済国と云う、亦ほぼ其義理を同じくす」とあり、『八代市史』には百済から、とありますが、これには新羅も重なっているようですね。

谷川　これは金さんの書物に出てくると思いますが、百済の国の聖明王の霊を祀ると書いてありますね。

金　そう、そこの石碑に書いてありましたね。聖明王が伝えたというわけでしょう。しかし新羅もかぶさってるな、そこの山は白木山ですからね。

谷川　いずれにしても朝鮮系の神社だということですか。

金　そういうことです。

卵生説話は八代の豊福郷にもある

金　八代で思いだしたけれど、あそこで谷川さんが言った、豊福《とよふく》郷《のさと》の卵生説話のことをちょっと話してくれませんか。

谷川　あれは『日本霊異記』にある話です。光仁天皇の御代に肥後の国八代の郡豊福郷の長者に女が生まれたんだけど、それは肉の塊みたいにして生まれた。まるで卵のようだったので、非常に父母が悲しんで、土に埋めておいたら、七日して子供が生まれた。その子供は小便が出るところがなかったんですね。それで、これは尋常な女にしておくわけにいかないというんで尼さんにする。尼さんとして徳を積んで、めでたく往生するわけですが、豊福郷の長者の娘が隠棲したところが、玉卵洞《ぎょくらんどう》というところですね。卵から出た人間がそこに住んでたところと言って、いまは蜜柑畑で、碑も立ってるらしいんですが、前にお寺があります。このまえ金さんとあそこに行ったときのお寺がそうで、お堂がありましたね。

金　そうでしたね。

谷川　そこで修行して死んだという話があるんですね。豊福のトヨもフクも美称ですね。あそこは火の君のいたところと思われて、火の国の中心地なんですね。それがずっと南のほうに、八代までつづいているんですね。

大林太良さんは、インドには肉の塊（肉団《ししむら》）から生まれた話が多い。しかしインドの説話に出てくる肉団と卵生というのは、結局同じことを意味するんだということを言ってるわけなんですね。

これを調べてみますと、韓国に卵生説話というのが非常に多いわけですね。ところが日本にはごく少ない。私が調べたところによりますと、沖縄の宮古島に三つばかりあるんです。それはやはり土のなかから生まれてくるんですね。

もう一つは、対馬の藩主のお妾さんが卵を七つ生んで死んだと江戸時代の対馬の書物に書いてあるんですね。厳原《いずはら》の寺に、それをお祀りしたところであると、その程度なんです。

もう一つは、いわゆる卵生説話を踏まえたんじゃないかと思うのが天日槍なんです。というのは、天日槍の奥さんがいた難波の姫島に仁徳天皇が行幸する。そうすると建内宿禰命が随行して、そこで仁徳天皇が歌をうたうんですね。ここの姫島で雁が卵を生むとは知らなかったという内容のことを歌う。どうもこれは卵生説話をもとにして、そういう寿歌というか、祝詞の歌ができたんじゃないか。雁が子供を産むということは知らなかったと書いてあるんですね。

天日槍といえば、これは言うまでもないことですが、『古事記』に新羅の阿具奴摩《あぐぬま》のほとりで女人が昼寝してたところが、太陽の光が入ってきて身籠もって、赤い玉を生んだ。その赤い玉を農夫がもらい受けて、ずっと歩いたところが、天日槍がそれを見つけて、もらって帰って床の間に置くと、きれいな女になって天日槍の妻になった。ところが夫婦喧嘩して、天日槍の妻の赤留比売が日本にやってきたということでしょう。

新羅の赫居世《ヒヨクコセ》の伝説もそうですし、あるいは加耶国の首露王の槵触峰《くしふるみね》の伝説にしても、あるいは高句麗の朱蒙の神話もみんな卵生説話です。

金　そうですね。その卵生説話を、井上辰雄さんはどういうわけで日本にはないといったのかな。

谷川　井上辰雄さんはなんと言いましたかな。

金　ないと言って、それを討論で谷川さんが豊福のことをあげたら、井上さんはあまりいい顔をしなかったじゃないですか。

谷川　そうでしたかな。あれは足もとにあるんですよね。

金　あれをあげたとき、ぼくはなるほどなと思った。

応神天皇にまつわる卵生説話

谷川　私は応神天皇にも卵生説話がまつわりついてたんじゃないかと思うんですね。

金　それはどういう……

谷川　応神天皇に卵生説話がまつわりついてたという私の推論を申し上げますと、こういうことなんです。応神天皇は神功皇后が産んだということになっていますね。新羅に出兵するときに、産み月になっているので、帰ってから産もうと思って、腰の裳に石をはさんで、新羅の征討に出かけ、帰ってきて博多湾のところで産んだので宇美という地名がついた、その地名があるでしょう。

応神天皇にはそういうことがあるものですから、いろいろと話がまつわりついているわけですけれども、『万葉集』に応神天皇の話が載っておりまして、応神天皇の話というのは、神功皇后が腰の裳に差し挟んだ二つの石はちょうど卵型で、鶏の卵のような形をして二つあったと。いまの糸島郡（現・糸島市内）の二丈深江《にじょうふかえ》の丘の上にあって、それは子負原《こふのはら》というとあるんですが、そこに楕円形のきれいな石がある、それが鎮懐石であると記されている。

ところが『筑前国風土記』（逸文）とか『筑紫国風土記』なんかにも、同じような話がありまして、神功皇后が腰の裳に挟んだ石があるということを言ってるわけです。やはり楕円形で、鶏卵のような格好をしてるとあるんですね。

コフというのは、どんな字を書くかというと、一つは子供をおんぶする児負《こふ》、もう一つは児餐《こふ》と出てくるわけですね。このコは児になったり子になったりする場合があって、一方は子供をおんぶする、児負と読ませる。一方は子供に御飯をあげるとか食物を与えるという晩餐の児餐。

私はそれを見たときに、どうもこの地名はくさいと思ったんですね。子供をおんぶするとか、子供に御飯をあげるとか、この地名はあとでつけたんじゃないかと。しかし、これにはもともとなにか意味があるに違いないと考えて、はたと膝を打ったのは、児負というのは白鳥を意味するんです。

『新撰字鏡』や『和名抄』では古布《こう》は鵠《くぐい》をいう。鶴がコウコウと鳴く、白鳥なんかもコウコウと。これは白鳥だと、白い鳥だと。なにもオオハクチョウだけじゃありませんよ。白い鳥であればコウなんですね。だからコウは鵠または白鳥を意味するというのがはっきりしてきた。

応神帝はワケ王朝と申しますね。みんな王子というのは別《わけ》がつく。一方、崇神天皇にはじまる王朝はイリ王朝と言いますが、イリ王朝と応神天皇にはじまるワケ王朝は断絶していた。ところが、そこで両王朝をつなげるために、神功皇后をもってきた。神功皇后に近いシャーマンはいたと思うんだけれども、神功皇后というのは架空の人物ですが、それから子供が生まれたということにした。母子信仰、母と子がうつぼ船に乗せられてたどり着いたという、それとドッキングさせたと思うわけです。

だから卵生説話と母子信仰がここでつながってきて、そして母子信仰のほうが強くなる。つまり万世一系というか、皇室の系列を入《いり》王朝から別《わけ》王朝へきて渡さなくちゃならない。そういうかすがいの役のようなものが神功皇后と仲哀天皇だと思うわけです。応神天皇もそれから生まれたことにしてかすがいにしちゃったんです。

それで新羅征討に行くときに産み月になったから、生まれないように石を挟んで行ったという伝承が生まれたと思う。もともとは卵生説話であり、非常に朝鮮と関係がある説話だったと思うんですね。

ところが、そうすると具合が悪い。ワケ王朝が卵生説話というと具合が悪いわけです。とくに継体天皇は、自分は応神の五代のあとだとかいろいろ言いますね。応神からはじまってもいいんですけれど、ともかく先祖を神武天皇までもっていかなくちゃならないということから言いますと、王朝と王朝のあいだをつなげなくちゃならない。そこで僕は卵生説話が、母子信仰のほうにだんだん力が強められて変わってきて、それが単に子供に御飯をあげるとか、子供をおんぶするとか、だいぶあとになってレトリックみたいな形で地名を解釈するようになったんじゃないか。

　二丈深江の子負原にも行ってみましたが、八幡宮があります。応神は宇佐八幡の祭神ですから、八幡神社が子負原にあるのは当然です。春は桜がきれいなところで、白鳥じゃないけれども、鳩がいるわけです。

　そういうことで、私は応神というのは、どうも朝鮮とつながりがあるんじゃないかと前から睨んどるわけです。だけども、もう少し証拠が出てこないと具合が悪いんです。ただ、こういうことは言えるんですね。新羅の赫居世が卵生です。それと応神と比較するんです。『三国遺事』によると、赫居世の次が次次雄《すすんぐ》というんですね。『三国遺事』にも、巫《かんなぎ》、シャーマンと書いてあるんです。

　ところが、応神の次の仁徳が大鷦鷯《オオササギ》、この鷦鷯《ササギ》というのは鳥の名前だったという説もありますけれども、水野祐さんは次次雄、要するにこれはシャーマンだと。新羅のシャーマンの次次雄が鷦鷯という名前に変わったんだというんですね。今度は次次雄の次はなにかというと、儒理王となってるんです。だから赫居世、次次雄、儒理王、こっちが履中なんですね。このリチュウとジュリ、これはちょっと私もいかがわしいんだけども……

金　儒理は朝鮮語で読むとユリになります。

谷川　ユリですか。履中となんか音が似てるんですね。リチュウを逆にするとジュリと。だから逆にしたんじゃないか。そこで四代目はなにかというと脱解なんです。赫居世、次次雄、儒理、脱解。こちらは応神帝、仁徳帝、履中帝、反正帝となりますね。反正天皇というのは、『古事記』や『日本書紀』によりますと、生まれながらにして歯が生えてて、歯が非常にきれいだった。蝮《まむし》は生まれながら食い破って出てくるから、タジというのは蝮のことです。だから多遅《たじ》比瑞歯《ひのみずは》別《わけ》という名前をもらってるんですが、脱解も歯がきれいだった。それで脱解の死んだときの身長は九尺七寸なんです。反正天皇も九尺二寸なんです。

金　全部なぞってるわけですね。

谷川　そうすると、これはいったいなにかということで、まだここで思考は止まってるんですけど、前からこれはどこかにつながりがあると。脱解は鍛冶王なんです。慶州の半月城におこし炭を隠しておった。脱解は卓素とつながって鍛冶ですが、これは明らかです。

そうすると反正天皇も、なにかそういう関係はないかと私は思ったんですが、これもまだまだよくわからないんですが、脱解は多婆那国から来た。それを九州の玉名という説があるんですね。そして玉名に疋野《ひきの》神社《じんじゃ》というのがありまして、ここは大砂鉄地帯です。金さんは倭の五王は九州でないかというけれども、全面的に否定できないんで、もやもやしてるのがそこなんです。

金　ぼくのは勘です。

谷川　私も勘なんですが、たとえば『肥後国誌』によると、肥後国玉名郡、現在の玉名市に式内社の疋野神社があるんですね。そこの由来記によると炭焼小五郎伝説がある。炭焼小五郎というと必ず鍛冶があると考えてよい。その地帯は菊池川の下流にあるんですけれど、そこはたいへんな砂鉄地帯です。熊本県には、肥後国の式内社はたった四座しかないんです。そのうち三座は阿蘇の国造関係の神社です。あとの一社が疋野神社で、そういう古い式内社が疋野神社です。

疋野というのはどういう意味か、おそらくハブキという鞴《ふいご》の古名が疋野というふうになったんじゃないかと思っているわけです。鞴というのは鳥の羽のように、昔は鳥と考えられていた。だから鍛冶と鳥の関係はそこからきてるわけです。鞴は鳥なんです、その動くさまが羽ばたくように見られたんですね。ハブクというのは、鞴のことであると同時に、鳥が羽ばたくことでもあるんです。ハブキとかハブクというのは、日本の古語では鞴と鳥の羽ばたくさまと両方に使うんですね。
　そういうことから鍛冶である物部氏と鳥との関係もあると思うんですけれど、おそらくヒキというのは、ハビキのヒキで、ノはあとからつけたと思うんですね。そこが、江田船山古墳の近くです。そうすると、反正天皇が脱解と比定されるとすれば、脱解が多婆那国から来たというのは再考に値する。

金　そういう伝承があるというんですね。

谷川　そうしますと、どうも応神天皇には渡来者の匂いがするんだな。

金　あんまり天皇家については触れたくないんだけれども、例の神功皇后というのは、天日槍の裔孫と伝承されてるでしょう。そしてそれがさきにみた香春神社の祭神、辛国息長大姫とよく似た名の息長帯比売というのもおもしろいし、また近江（滋賀県）の息長氏族が越前の敦賀を聖地とし、そこにある天日槍の伊奢沙別命《いざさわけのみこと》を祭る気比《けひ》神宮を守護神としていたというのも面白い。
　要するに天日槍という影がつきまとっているんですね。そういうことで、神功皇后の子という応神天皇にしても、先程ちょっと話しましたように、小島信一氏の『天皇系図』は「産鉄集団」としての秦氏族から出ているとしているし、また、安藤輝国氏の『邪馬台国は秦族に征服された』にしても、それを征服したのは「秦族の誉田別命《ほんだわけのみこと》、のちの応神天皇である」と書いています。
　それからまた、『古事記』によると、応神天皇は敦賀で、天日槍である伊奢沙別神と名を交換したとあるでしょう。それで大和岩雄さんは、天日槍と「アカルヒメ（赤留比売）の伝説は、天皇家の始祖伝承と無関係ではない」（「朝鮮の伝説の足跡」）としていますが、そういうこともあって、谷川さんのいまの話は面白かった。新羅とダブって……

谷川　だから私ももう少し詰めたいんですけども、そこあたりで止まっているんですね。

金　天日槍を新羅の王子というふうに『古事記』や『日本書紀』にも書かれているということから して大きな謎があるわけですよね。なぜそうしたのか、ということです。

谷川　応神帝の説話のなかに、神功皇后は生まれたばかりの皇子を博多の浜に七日間埋めて置いた、七日していってみると皇子はすこぶる美しい姿となっていたというのがあります。それは卵と同じじゃないですか。埋めて砂中の御子を弓の先で掘り出したのでそれはユミアケというんですね。弓でほじくり出したから、忌明につながってくる。これは卵生説話のような気がする。

金　その応神で思い出したけれども、羽曳野《はびきの》市教育委員会編『歴史の散歩道』にこういうことが書かれています。「誉田八幡宮は応神陵の後円部のすぐ南側にあり、……この神社は五七一年に欽明天皇が応神陵の後円部の頂上に設けられた祖廟形式（朝鮮の風習の名残り）の小社であった。ところが平安中期の永承六年（一〇五一）二月、後冷泉天皇の命によって南一町の現在地にうつされ、このときから東面の社殿となり」うんぬんと。

これは谷川さんの神社と古墳とは一体のものだったという説ともかさなって面白いですが、だいたい、天皇家の系譜というのは、応神あたりからかなりリアリティをもってくるんじゃないですかね。

物部の東漸、邪馬台国の東漸と朝鮮半島の影響

谷川　江上さんの騎馬民族説も、騎馬にふさわしい馬具というのは応神あたりからですね。その前の崇神王朝の時代に比定できるような前期古墳には出てこないんです。

金　そうだそうですが、応神が九州でおこったものであるということはうなずけますね。

谷川　だから江上説は御間城入彦《みまきいりひこ》にあんまりこだわらないでもいい。

金　そう、それにこだわる必要はないですね。

谷川　応神あたりから問題を考えていればね。

金　そこまで下げてね。

谷川　下げたらよかったんだけど、あれはちょっと無理してるんですよ。

金　ちょっと無理があるようですね。

谷川　少しずつ下げつつあるんだ。

金　そう。はじめのころよりは下げてきている。

谷川　要するに任那から来たから御間城入彦だという説があるわけですよ。あれは『風土記』あたりに出てくるわけです。それを鵜呑みにしちゃったんだと思う。

金　まあ、いまは下げてるし、この頃、北部九州では、加耶渡来の陶質土器とともに五世紀代の古い馬具なども出土している。江上さんのそのミッシング・リンクは奥野正男さんの『騎馬民族の来た道』などによって、だいぶ埋められてもいるようです。いずれにせよ、九州からそういう勢力が大和へ移って来たことは間違いない。大和から逆に向うへ行ったとは考えられないですね。

谷川　江上さんは垂仁天皇が任那から九州にやってきて、しばらくいて、それから応神天皇が九州から東へ移ったと。応神天皇の東漸が神武東征に反映してるというのが江上説なんです。私はそうじゃなくて、崇神天皇の東漸が神武東征説話に反映してると、そこが違うんです。江上さんは応神天皇のこととするが、私はそうじゃないんです。やっぱりあれは崇神天皇だと思いますね。最初に入った天皇ですね。だから江上さんのは二段階説なんです。崇神がまず筑紫に来て……

金　その場合、それは物部ですか。谷川さんのいう日下《くさか》……

谷川　イリ王朝は三代ぐらいで、崇神、垂仁、景行あたりで切れると思うんですね。これは井上光貞さんもそう言ってるし、上田正昭さんなんかも、日本武尊なんていうのは実在しなかったと、ただ一人の王子がいただけだと。あれは皇子を三人にしてるんですね。そのなかから選ばれてるわけですから、そういうことはなかったという説なんですね。

金　谷川さんは、物部がまず東漸してくるわけでしょう。そのあとにいわゆる神武東征が来てそれで滅ぼされるというか、克服されるというか。

谷川　私は、物部が倭国の大乱のときに筑後川の下流から東漸した、そして三一三年の前後に楽浪、帯方の二郡が高句麗と百済に併呑され消滅した、その頃に邪馬台国が東漸して、物部王国を滅ぼしたという説ですね。それで物部王国のシンボルである銅鐸は、いっせいに姿を消した。ドラマチックなんですよ。

金　その銅鐸にしましても最近修正されてきている。銅鐸文化圏というと、畿内を中心としたものだったけど、九州でも最近は銅鐸があちこちで出ているでしょう。

谷川　だから私は、それまでに物部が作っておったと思うんです、九州で、最初は。それで畿内に持っていって……

金　この頃、九州の考古学的発掘はたいへんなもので、めざましいものがありますね。

谷川　物部の東漸にしろ、邪馬台国の東漸にしろ、みな朝鮮半島の影響があるんですよ。朝鮮半島の動乱が連動してるんです。それなしに考えられないわけです。国内だけで、そういう民族大移動をやり、政治的な移動が行なわれるということはあり得ないと思うんです。みんな朝鮮半島ですよ、震源地は。たとえば「魏志韓伝」には次のような記載があります。

「桓霊の末、韓濊《かんわい》は彊《つよ》く盛ん、郡県は制する与《あた》わず。民は多くさすらいて韓国に入る」。それに呼応するように、「桓霊の間倭国大いに乱る」とあります。

朝鮮半島が乱れる原因ははっきりしてるんです。要するに中国の締めつけが弱くなるということです。そのときに独立の気運が出てくるんですね。そうすると日本もそれに連動して、中国の締めつけが弱くなるから、独立の気運が芽ばえる。

金　連動というのは、これは明らかですね。江上説にはいろいろ問題はあるけれども、これもそういう面からもみる必要がある。

谷川　江上さんは任那にも崇神天皇がいたというんです。任那に根拠地をもったのが任那日本……なんだかちょっと考えられないな。

金　江上さんも少し修正しつつあるんじゃないかな。

谷川　そこのところは動かせないですよ。

金　ああ、そうですか。動かせないかな。

谷川　江上説は任那と北九州を合わせて日本というんですね。そして『旧唐書《くとうじょ》』の「東夷伝」のなかに、倭国と日本と二つあって、日本は小国であったけれども、倭国を併存したとある。それは任那と北九州を合わせた日本が倭国を併合した事実をあらわしているというのが江上説です。
私はそれと逆なんです。『旧唐書』の一世紀あとでできた『新唐書』ですが、日本は小国である、ここまでは同じなんです。しかし日本が倭国を併合したんじゃなくて、倭が日本を併合したと書いてある。だから江上説と逆なんです。私のほうが無理がないと思う。江上先生のはどこか無理がある。

金　日本というのは日下《くさか》だった、というわけですね。

谷川　この前、原秀三郎という静岡大学の古代史の教授が私の日下説を評価してくれた。すごく嬉しかった。それから上田正昭さんも、日下は自分も気になってしようがない地名だったんだけれども、私の説は新説であるという葉書をよこしました。

金　物部氏による、河内の天孫降臨ということですね。

谷川　まあ辺境を重視するのもいいけれど、河内のど真中に、天皇の先祖よりももっと前の先祖が来たと考えたほうが、もっと……

金　それもやっぱり、九州から東漸してきてるんだ。それは一度だけではなかったかもしれない、その先にも、ということですね。

肥後の佐敷、大隅の伊佐敷、沖縄の佐敷と名和氏

谷川　金さんと一緒に行った八代の玉卵洞の近くは前は名和氏、ついでは相良氏の城の跡があって、それで八代の妙見神社も相良氏が保護をしてきたわけなんですね。妙見神社のところを登っていく

と一帯を古麓《ふるふもと》というんですね。古麓というと、普通は山の麓というふうに考えるんですけれど、フモトというのは府下からきたという説もあるわけで、つまり城下なんですね。これが鹿児島県の出水《いずみ》にやっぱり麓《ふもと》というところがあるんですよ。この麓というのは、だいたい郷士の住むところなんですね。薩摩藩には郷士制度というのがありまして、麓がたくさんあって、そのなかに郷士を住まわせていたわけですね。八代の場合もあるわけです、麓というのがね。このフモトというのは、そういうわけで単に山麓というだけじゃなくて、やはり城と密接に関係がある。

これは私事にわたるわけですが、どうも私の先祖がいたところがあの近くにありまして、それがいま八代の岡谷川《おかたにがわ》という地名なんですね。それは合併した地名で、岡と谷川が合併したんですね。谷川のルーツをたどりますと、そこにくるんです。そのあたりを栫《かこい》というんですね。栫というのはもともと城下なんです。栫とか麓《ふもと》とか、関東では根小屋《ねごや》なんて申しますが、山城ですよ。そういうところの地名は、みな中世の城を意味するんですよ。人吉にも麓という地名がありまして、これは人吉城の城下にも残っているわけでして、人吉城というと、相良氏の居城だったんです。

そういうことで、麓の地名というものは、注目する必要があるのじゃないかと思うわけですが、古麓町の小字のほうに山下、堤下などという地名がありまして、これもやっぱり城下集落を指すわけですね。単に山の下というのじゃなくて、山下という地名があれば、あるいは麓という地名があれば、そこは中世の居城があったところだということが言えるわけです。

ところで、八代というところは非常に面白いところでして、相良氏がそこを居城にする前は名和氏がいたんですね。名和氏というのは、ご承知のとおり名和長年の子孫なんです。これがどうして九州と関係があるかと言いますと、懐良親王《かねながしんのう》という後醍醐天皇の皇子が、征西将軍として西下するわけです。伊予から豊予海峡を南下いたしまして、鹿児島に谷山というところがあるんですが、そこに上陸してから九州の内陸部に入っていくわけです。

南朝と北朝に、阿蘇家は二つに割れますが、菊池氏はだいたい南朝方ですね。それの支持のもとに、懐良親王は一時は明国なんかとも貿易をしたとき、日本国王を名乗ったぐらいの力があるわけですけれども、そのときに懐良親王を支えたのが菊池水軍だったんです。もう一つは名和水軍です。名和長年の子孫がずっと南下して、有明海あたりを中心に勢力をもってるんですね。それが八代の中世の城主になってるんです。そういう非常に面白い話があるんですよ。

八代のちょっと南に佐敷《さしき》というところがあるんですが、これははっきりしてないんですが、そのあたりも名和氏の居城だったとも言われておりまして、南朝方がだんだん旗色が悪くなってきたときに、菊池水軍あるいは名和氏の水軍が統制を失って、だんだん倭寇のような状況になってきて、それで南のほうを求めて下って行くわけですね。倭寇が活躍するのは、南北朝のあとから室町時代、あるいは戦国時代で、秀吉のあたりまでですけれども、そのときに南下しまして、沖縄に統一王権をつくったというのが……

金　尚氏？

谷川　ええ、尚というのはナオと読むでしょう。

金　なるほど。これはたいへんだ。

谷川　これは私の説じゃなくて折口信夫の説なんです。その話をする前に申し上げますと、『肥後国誌』によりますと、いまの八代市に植柳《うやなぎ》というところがありまして、これは前、植柳村と言ったんですが、そこの漁師が石首魚《いしもち》という魚を、さっき言った古麓の村上顕忠というのに献じたということが書いてあるんですね。その石首魚の腹のなかから村上家の系図が出てきた。その系図というのは、前に村上顕忠が長門の沖で船が難航したときに見失ったものを、石首魚が呑み込んでいたという話があるんです。

この村上氏というのは、名和氏の系統なんですね。村上顕忠は征西将軍の懐良親王に従って肥後に下向した。村上氏はこの系図を呑み込んだ鰾《にべ》という魚を、古麓のお城に埋めて神社を建てたわけですが、それが鰾大明神です。その神社のあるところがニベ谷というんです。これが名和氏とニベとの関係を思わせる。ニベの小型のものがグチとかね。

金 関東では石首魚のことをグチともいうでしょう。同じものでしょう。

谷川 その大きいものがニベです。そういうふうにニベの魚の話が出てくるんですが、したがって名和氏との関係が、ここでたどれるわけですけれども、『肥後国風土記』(逸文)によりますと、玉名に長渚《ながす》というところがありますね。これはいまでも残っておりますが、そこを景行天皇が巡幸してたときに、船の左右にさまざまな魚が寄ってきたというんですが、それがニベ魚だということです。そういうことから、聖武天皇の天平十五年以降、年の始めに献上する赤腹という名前の魚はニベの別名であるということをいうんですね。

『肥後国誌』によりますと、荒尾手永《あらおてなが》に腹赤村があって、景行天皇が立ち寄ったときに漁師が贄《にえ》の魚を献上した。それがニベだったというふうに言ってるんですが、贄のほうからニベがきたというふうに考えることもできる。これはわかりませんけれどもね。

ニベというのが赤腹なんですが、それを自分の先祖のトーテムとして取り入れたんじゃないかと。それがやがては名和水軍の、一方では村上氏の話として後世に伝わってきて、最後には、鰾大明神をニベ谷に祀るというふうにきたんじゃないかと思うんですね。そういうわけで、名和氏の関係がそこでわかるわけですが、先程申しました名和水軍が南下して、沖縄本島の東南部の知念半島あたりに、統一政権を樹立する。その半島に肥後と同じく佐敷という地名があるんです。それで肥後の佐敷と関係があるんじゃないかというのが折口の説なんですね。それから尚氏の尚をナオと読みますから、それと名和氏が、関係があるんじゃないか。

金　なるほど、尚氏というのはやっぱり外来でしょうね。

谷川　そうなんです。外来の名前ですから、もともとの名前じゃないです。尚という字一字は中国姓だと思うんです。尚巴志《しょうはし》のおじいさんが苗代大親《なわしろのおおおや》であると『琉球国由来記』に書いてあるんです。

金　そのときに農耕をもったのかな。沖縄は農耕と鉄器は遅いでしょう。

谷川　折口は言っておりませんけれども、薩摩の苗代川《なわしろがわ》も名和氏と関係あるんじゃないかとおもうんです。そうしますと、肥後の有明海、あるいは不知火海をたどって、いったんは苗代川のどこかに寄留して、それからさらに南下を続けて行く。そして大隅半島の突端に伊座敷《いざしき》というところがあります。イは発語ですから、肥後の佐敷とおなじです。そこにまで地名を残しつつ、さらに南下していくということが考えられるんですね。

金　そうかもしれない。尚巴志というのは突然どこかから現れたようなもので……

谷川　『琉球国由来記』を見ますと、尚巴志というのは非常に鉄器をほしがるんですね。大和からきた鉄器をほしがっていたわけです。だから圧倒的な武器を持って制覇する。これは騎馬民族の琉球版ですけどね。

金　だいたい、沖縄となる以前の琉球諸島はグスク（城）時代という城邑の時代がかなり長いあいだつづいて、十五世紀に尚巴志によって琉球王国がつくられたわけですが、そういう武力がないとできなかったでしょうね。

谷川　琉球はその前に三山《さんざん》と言いまして、北山《ほくさん》、中山《ちゅうざん》、南山《なんざん》と三つに分かれていたんです。その三山を統一したのが尚巴志と言われてるんですね。そのお父さんの尚思紹《しょうししょう》というのが、尚家の第一代となっていますが。折口は尚思紹の紹を絽と読ませると尚思絽《しょうしろ》となって、ナワシロにもなるんです。

それで中国と貿易するときに国書を奉呈する、あのときは冊封貿易です。そのときの国書のなかに、尚思紹を尚思絽と書きまちがえた。あるいはまた中国側が尚思紹と書かなくちゃならないのを、尚思絽と書いたんじゃないかというのが折口の説です。これについては、沖縄の学者の間で異論もありますけれども、いちおうご紹介すれば、そういうことで、九州の西海岸と沖縄との関係が密接なことは分ります。

私の生まれた水俣というところには為朝伝説がありまして、水俣の浜八幡宮というところの近くに為朝神社があるんです。そこは舟津というところなんですけれども、そこから船出したという説があって、村人が一方の袖を押さえて引き止めたもんですから片袖が千切れて、その片袖を祀ったという舟津の為朝神社というのがあるんですよ。私は浜八幡宮に行くといつもそこを通ってた。私の南方への関心も、やはり小さいときから縁があったんですね。熊本県は、北部の緑川から北のほうは、朝鮮半島とつながりがあるし、八代から南のほう、西のほうは、南とのつながりが認められるわけですね。

琉球と朝鮮との関係はきわめて密接だった

金　ぼくは去年の夏の終わりに、その南の沖縄へはじめて行きましたが、ここもまた朝鮮と関係の深いのにおどろきましたよ。そのことは『李朝実録』にも出ていますが、しかしそれ以前からもたいへん密接だったことがわかりました。

沖縄では、谷川さんもよく知っている県立工芸指導所長の名嘉正八郎さんの案内で、県立博物館から浦添市の城跡《グスク》、それから勝連町のグスク跡、首里のグスク跡というふうにみて歩きましたが、なぜそれらのグスク跡をたずねたかというと、そこからは十一世紀から十三世紀のあいだとみられている高麗瓦が出土してるわけです。それが県立博物館にあって、「癸酉《みずのととり》年高麗瓦匠造」という銘が入っているのをみていたからです。

十一世紀から十三世紀の間は、沖縄はまだ城《グスク》時代ですが、そればかりでなく、県立博物館にはまた「類須恵器」といわれる古代朝鮮からの陶質土器などもありました。しかもそのうえさらにまた、博物館にあるものでおどろいたのは、「万国津梁《ばんこくしんりょうしょう》鐘」という鐘です。この鐘に入っている銘文は、沖縄の歴史学者である辺土奈朝有氏の「高鳴る万国津梁鐘」によると「琉球国独立の宣言」であるというもので、その銘文はこうなっています――

「琉球国は南海の勝地にして三韓の秀《しゅう》を鍾《あつ》め、大明を以て輔車となし日域を以て唇歯となす、此の二中に在《あ》りて湧出するの蓬莱島なり……（琉球国者南海勝地而鍾三韓秀以大明為輔車以日域為唇歯在此二中湧出蓬莱島也……）」

この「万国津梁鐘」がつくられたのは十五世紀の一四二九年、尚巴志によって琉球諸島が統一され、琉球王国となってから間もなくですが、「三韓」とはいうまでもなく朝鮮のことであり、「大明」とは中国、「日域」とは日本のことです。そして「三韓の秀を鍾め」とは、朝鮮の秀《すぐ》れた文化を中心にして、ということですが、これでみると、さきほど谷川さんが言った、琉球国の首都だった首里《しゅり》が朝鮮のソウルということからきたこともよくわかるわけですね。まさに、そのとおりでした。

谷川　これは尚巴志が作った鐘なんですね。朝鮮半島と琉球との関係は実に密接なんです。先程申しましたように、北山、中山、南山が鼎のごとく鼎立していた時代に、一つの事件が起こるんです。どういう事件かと言いますと、南山の王様が、朝鮮に亡命するんです。これが亡命するもんですから、今度はさらにそのあとを、やはりあたらしく南山王になった別の人が追いかけて連れ戻しに行くという事件が『李朝実録』に出ているのです。朝鮮国王、李朝の国王はたいへん丁寧にもてなして、衣服や食物を与えるという話があります。よくよく考えてみなくちゃならないのは、要するに亡命というのは、よほど親しいところじゃないと亡命できないと思うんです。受け入れ先というものが、ちゃんと決まってないところに行っても、どうなるかわかりませんし、よほど親しいところだからこそ、朝鮮に亡命したと思うわけですね。

亡命する場合には、道順がちゃんと分かってなきゃ、ただ帆まかせに行くわけにはいきません。そういうわけで、九州の西海岸を通る海上のルートは熟知されていたと思うんですね。そうすると朝鮮と琉球との関係は、日本を中継として、あるいはときには中継せずに行ったんじゃないかと思う。なぜそう申しますかというと、薩摩がよく妨害するんですよ。そうすると、琉球から朝鮮に行くのに薩摩の国に上陸できなくなる。そうすると薩摩半島からずっと東シナ海に寄った、口永良部島からまっすぐ、いまの東松浦半島あたりまで、唐津あたりまで、それから朝鮮に行く。なぜそういうルートが想定できるかというと、『海東諸国記』の記事を読みますと、琉球にいくのに薩摩国とか肥後国を通らない。東恩納寛惇《ひがしおんなかんじゅん》という沖縄の歴史家が言うには、だいたい朝鮮に行ってる日本の移住民は対馬の連中が多い。それから那覇に来てる連中は博多の連中が多いと。博多の商人がそこで中継になって、ときには暗躍して、朝鮮と琉球とを結ぶ交易をするんですね。

ところが、博多のなかにいろんなインチキな商人がいまして、勝手に国王の判を作るわけです。そして自分たちが偽の使者を連れて行っては、朝鮮国王と取引する。いちばん欲しいのは「大蔵経」なんですね。木版本の「大蔵経」は欲しくて欲しくてしようがない、それはあらゆる物と交換してもいいぐらい。これは日本の大名もそうです。琉球からも、「大蔵経」を求めに行くわけです。いちばん面白いのは、朝鮮に亡命したという記事ですね。

金 そうですか。しかし地理のうえからみると朝鮮は遠いんですよね。それなのにそういう密接な関係があったということですが、沖縄南部の戦跡地へ行ったとき、またひとつ、こういうことがありましたよ。

谷川 あそこは山南《さんなん》ですね。

金 そこにあった店屋へはいって「沖縄そば」というのを食うことになり、気がついてみるとそこの卓上に小さな瓶があって、赤い小さな唐辛子がいっぱい泡盛漬けにされている。それを一つ汁に混ぜるとおいしいですよと言われたんでそうしてみたところ、いやはやこれが辛いのなんのってものすごいんだ。ぼくは辛いのには慣れてるはずなのにびっくり仰天して、店のおやじさんにきいてみると、それはコウレグスというもので、朝鮮の高麗から渡来した「こうらいぐすり（高麗薬）」が訛ったものだと言うんです。で、これも「沖縄の中の朝鮮文化」のひとつだと思ったんですが、それからまた、沖縄では豚の料理が多いようで、その豚の飼い方が済州島とよく似ている。

谷川　便所で飼う……

金　ですから、そういう風俗もよく似てるということがある。もうひとつは波上宮《はじょうきゅう》というのがありまして、いま波上《なみのうえ》神社と称してるけれども、琉球には神社はなかったんですよね。その波上宮に高麗時代の鐘があって、それが戦争中に焼かれちゃって、頭のある部分だけ残って博物館にありました。とにかく、沖縄、あるいは琉球も朝鮮とはひじょうに密接な関係にあったということですね。

琉球にも天日槍につながるものがある

谷川　不思議なことには、李朝のときの朝鮮の漂流民はだいたい琉球に着くんです。いちばん有名なのは、十五世紀の末、済州島の船がミカンを積んで朝鮮本土に渡ろうとして、台風のために吹き流されて、台湾の近くの与那国島の沖まで行って、与那国の島民に助けられまして、与那国からずっと島々を順送りに送られて帰るんです。そのときの克明な記録があります。それが琉球の十五世紀の終わりですから、琉球の歴史には出てこない、非常に貴重な克明な記録が『李朝実録』に出てくるんですね。どこで、どういうふうに、どういう食べ物を食べてどこになにがあるか、鳥はどういう鳥がいるかとか、そういう克明な記事があるんです。非常に重要な記録なんですね。そういうこともあって、琉球と朝鮮との関係はきわめて密接です。

いまソウルから首里という話が出ましたけれども、いまの奄美とか、沖縄の本島の西北にある伊《い》平屋島《へやしま》で神様が祀られていて、それがテルコ、ナルコという神なんです。テルというのはたいがい太陽だからわかるんですが、コというのは、おそらく日《か》から、照る日、それがテルカになったと思うんですね、あれはテルコになってますしね。沖縄の言葉はみな対句ですから、ナルコもそうならざるを得ない。そうするとナルコのコは日《か》でいいと、ナルはなにか、これは太陽じゃなくちゃいけないわけです。それをずっと考えていたときに、太陽のこと、日のことを朝鮮語の古語でナルというんです。

金　いまでも日のことをナルと言いますよ。

谷川　ナルというのはサン（sun）またはデイ（day）を表す。それがサンだったら合うわけですよ。テルコというのは照る日でしょう、ナルコはナル日ですよ。それが大阪の東成区のナルだという説がある。そうすると天日槍につながってくるわけ。比売許曾神社にくるわけです。

金　また天日槍になる。ナルというのは、いまでもナルジョンネと言ったら日がよい、太陽が出て天気がよいということなんです。また天日槍に戻ったわけですが、それにしても、名和氏が尚氏というのも面白いですね。

谷川　これは倭寇の暗躍を抜きにしては、南北朝の末から室町、戦国にかけても考えられないんですね。朝鮮はそれでずいぶん悩まされたんだよ。

金　そう、悩まされた。中国でさえそうだった、あの倭寇には。

谷川　那覇の港にも三重城《みえぐすく》というグスクがありまして、港の入口に鎖を張って、倭寇の侵入を防ぐグスクがあったんです、倭寇侵入を防止するために。また倭寇が侵入した記録もあるんです、那覇のほうにね。ですから、名和氏の残党がだんだん崩れていって倭寇化し、八幡大菩薩の旗を押し立てて、向うに上陸して統一王権をつくったというのは考えられるんですね。

金　なるほど。

谷川　第一尚氏は八幡を信仰していて、王子の名前に八幡王子と出てくるんですよ。それから尚徳という第一尚氏の最後の王の幼名も八幡なんです。尚徳は奄美大島のそばの鬼界ケ島を征伐するんですが、そのときに、もしもこれがうまくいったらば、凱旋の暁には八幡宮を建てましょうと祈願する。それで安里《あさと》というところに安里八幡を建ててあるんです。みな八幡なんです。

金 八幡ね。するとそれも秦氏、または物部氏、天日槍ということになるのかな。

谷川 これはいろいろ循環があって、日本も琉球も朝鮮もつながっているという感じがするんですね。おそらく朝鮮から圧倒的な品物が琉球に流れてるはずですよ。瓦を焼く高度な技術にしてもね。瓦屋節なんてあって、古い踊りを伴った歌もあるんですけれども、これは高麗の職人が瓦を焼いていて、それとの悲恋の物語だと、私は理解してますが、そういうことで、朝鮮半島とのつながりというのは、琉球に至るまで及んでいるんですね。

安曇《あずみ》、安堵《あど》、阿刀《あと》と物部氏

金 ところで、これもそこにつながると思うけれども、海部《あまべ(かいふ)》、安曇《あずみ》、というものについてちょっと話してくれませんか。

谷川 安曇のいちばんの本拠地は金印が出た志賀島《しかのしま》だと思うんですよ。志賀海神社《しかのうみ》の宮司はいままでも安曇氏です。安曇氏というのは、もともとは水軍だったと私は思うんです。海に潜ってアワビなんかを採る。安曇の磯良《いそら》というのがいまして、これは安曇氏の先祖だというんですが、海草や牡蠣なんかくっついた非常に醜い顔をしてると書いてあるんです。これはやっぱり海に潜った連中が、石にくっついてる海草だとかフジツボだとか牡蠣だとかを採ったときの、印象じゃないかと私は思うわけですね。しかし、じゃあ安曇の根拠はどこかというと、志賀島の突き出てるところの根っこのところに立花《たちばな》というのがあります。伊邪那岐が伊邪那美の黄泉国を訪問して帰るときに筑紫の日向の橘の小門で禊したと書いてあるんですけど、橘の小門というのは、そこじゃないかと吉田東伍が言ってるんですね。もともと安曇の根拠地はそこにあったんだと思います。要するに禊というのは水につながってますよね。禊というのは、水のなかに入るわけですから、それが単にサザエやアワビを採るだけじゃなくて航海人、朝鮮半島との航海に従事したのが安曇氏だと思うんです。その近くの宗像もそうだったと思います。

山上憶良の『万葉集』の歌があります。対馬に米を送るのに、宗像の漁民が頼まれるんですけれども、宗像が用があると言って安曇に頼むんですよね。すると志賀の荒雄という安曇の漁師が、五島から対馬に運ぶんです。そのときに船が覆りまして、志賀の荒雄というのは溺死するわけです。それを悼んだ山上憶良の歌が残っておりますけれども、安曇も宗像も航海術にたけてるということがあると思うんです、単なる潜りじゃなくて。

それがまた白村江の戦いのときに、阿倍比羅夫の軍隊と安曇比邏夫の軍隊と、両方が大船団を組んで百済を救援に行くわけです。ここに安曇比邏夫というのが出てくるわけです。ということは、航海術にたけたところがあったからでしょうね。その安曇というのがアドになるんですよ。

金　近江にくると安曇川《あどがわ》になりますね。

谷川　アドガワになるんです。語尾のミが取れるんですよ。大阪府に安堂《あんどう》町というのがありますし、奈良県に行くと安堵《あど》町というのがあります。これも安曇なんです。それが阿刀氏になります。それに部がつくと阿刀部になるんです。

天の磐船で船長が阿刀部なんです。阿刀部の首《おびと》ですよ。それから舵取りが阿刀《あと》造《のみやつこ》、要するに阿刀は阿刀部ともいうんです。だから、これは物部の一族と関係がある。物部守屋は蘇我氏と戦いまして、守屋は逃げて、さいごに八尾市の跡部へ行ったんです。だから物部と関係あるんです。
その阿刀氏が大和川の舟運を牛耳ってたという説があるんですね。大和川の舟運はみんな阿刀氏がにぎっていた。そうなりますと、物部と阿刀氏、あるいは安曇との関係になります。
安曇はもう一つ、蹴裂《けさく》伝説と関係があります。蹴裂伝説というのはどういうことかと言いますと、安曇野は信州の穂高のあたりですね。安曇野が湖水だったときに、安曇一族が切り開いた、そういうことで安曇の穂高見命《ほだかみのみこと》の娘の日金柝命《ひがねさくのみこと》という神がいて、この裂くというのは、たとえば佐久、あそこは湖水だったという説があるんですが、そこを蹴り裂く。それからまた、これも天日槍とつながっていまして、たとえば城崎《きのさき》、あれは天日槍が蹴り開いたという説がありますけれども、そういうふうに天日槍も蹴り裂いた。越前の三国湊《みくにみなと》も天日槍が蹴り裂いたという説があるんですよ、金の道具でね。ところが、安曇もまた蹴り裂いたという説がありまして、甲府盆地なんかもそうです。あれも湖水だったのを蹴り裂いた。阿蘇もそうなんです。阿蘇は湖水だったんですが、それをポンと建磐龍命《たけいわたつのみこと》が蹴って、そして蹴り裂いたという、そういう蹴裂伝説がありまして、あそこにスガルの滝というのがあって、そこから流れた白川《しらかわ》が熊本市を流れたという伝説があります。どうも蹴裂伝説の一人のほうは天日槍、一人は安曇ですね。安曇は金属器を作って、航海術を持っていた。

金　海部《かいふ》の海人もだいたい同じでしょう。

谷川　海部のほうは、安曇ももちろんそのなかに入るかもしれませんけれども、全部、安曇に結びつけられるかどうか。やっぱり漁師であれば、海人になります。

金　安曇、厚見、渥美などもそうですが、海部という地名もずいぶんいろいろなところにありますね。そういう人名もある。

谷川　先程申しました阿波の海部郡に岐のつく地名がありますが、あれも海部《かいふ》ですね。

金　天日槍というのはやっぱりたいへんな存在ですね。今日はそれを大いに見直した。

谷川　そうですね。

金　ぼくとして今日とくに面白かったのは、その天日槍につながっていたのは秦氏だけじゃなくて、物部氏もまたそうだったということです。それがぼくにとっては大きな収穫でした。それからまたぼくとして意義があったと思うのは、これまでは天日槍といえば畿内の灘波や播磨などのそれだったのですが、今日はそのもっと根のところの、九州における天日槍のそれが大いに語られたということです。

沖縄を含めた九州はこれで一応、終わりということにしましょうか。

（この対談は、一九八六年十一月十八日、十二月十七日、八七年一月三十日に行なわれました。）

補足・あとがき

谷川健一氏と私とが日本古代史にかかわるこのような対談をすることになったのは、『古代日本文化の源流』（河出文庫）以来のことであった。林屋辰三郎氏や直木孝次郎氏ほかをゲストとしながら行なった『古代日本文化の源流』のもと本となったのは、一九七五年に出た『日本文化の源流を求めて』（筑摩書房）だったから、それからすると十年以上がすぎていたのである。

その間、両者それぞれ変わったということもあってか、今回は前回（『古代日本文化の源流』）よりもずっとなめらかなかたちで終始したものだった。その今回の『地名の古代史　九州篇』第一回の対談が行なわれたのは、一九八六年十一月、谷川さんが所長となっている日本地名研究所の全国シンポジウム熊本大会（私も「特別講演」ということで参加した）がおわったあと、佐賀県の唐津においてであった。

それからさらに、何度か回を重ねて成ったのが本書であるが、このころ私はちょうど、二十年近くまえからつづけている『日本の中の朝鮮文化』シリーズが第十、十一冊目の九州となったので、まず筑前・筑後（福岡県）といった北部九州の各地を歩きはじめ（あるいは歩き直し）ながら、それの十冊目を書きだしたところであった。そして、本書の対談はとうにおわってしまったいまなお、こんどは南部九州の各地を歩きながら十一冊目を書きつづけているのであるが、このことで新たにまたわかったことも多い。

たとえば、大隅（鹿児島県）の国分市（現・霧島市国分）にある韓国宇豆峯《からくにうずみね》神社である。この神社のことは本文でもちょっとふれているかと思うが、これはたいへん重要なことを物語っている神社なので、「補足」としてそのことをみておくことにしたい。

だいたい、私は以前から、九州南端のそこにどうして「韓国」とした神社があるのかと思っていたものだった。国分市上井というところの山麓にあるいまは無人のこの神社には、「昭和五十五年十二月吉日之建／岡山市在住人」とした、ちょっと意味不明の由緒掲示板がたっていたが、こんど行ってみたところ、「昭和六十一年三月／国分市教育委員会」とした公式の掲示板がたっていて、そこにこう書かれていた。

韓国宇豆峯神社

祭神　五十猛命／創建年代　不詳／神事三月九日　新年祭・当日農耕播種・奉射行事／例祭日三月九日・旧九月九日

大隅五座のひとつ、「延喜式神明帳」に延長五年（九二七）「大隅国贈於郡韓国宇豆峯神社小」とある。式内社では韓国〇〇神社と称するものは、出雲国六座・豊前国一座・大隅国一座である。大隅国設定の翌年、和銅七年（七一四）に豊前国から二百戸の民を隼人教導のため大隅国に移住させている。その移住者たちが建立したとも伝えられています。

「宇佐記」によると「欽明天皇三二年（五七一）癸卯二月豊前国宇佐郡菱形地の上小椋山に祭ら

れたのを当地宇豆峯の山頂に遷座され、さらに国司の進言により一五〇四年（永正元年）甲子十二月現在の地に奉遷した」との記録もある。

神社由緒書にも豊前国から遷されたと明記されており、豊前国にゆかりのあることが推定させられます。

これにしても、「とも伝えられ」「記録もある」「推定させられます」などと、持ってまわったようなところがあるが、しかしこの種の由緒書としては、かなり明解である。

そこでまず、「隼人教導のため」というその隼人《はやと》とはいったいなにか、ということである。そのことについては、『日本古代史と遺跡の謎・総解説』にある西谷正氏の「九州の古代遺跡」中の「〝隼人〟と呼ばれた人々」にこうある。

隼人の故地に永く在住され、隼人の研究に情熱を傾けてこられた中村明蔵氏の優れた研究（『隼人の研究』学生社、一九七七年）などによれば、古代において、中央の大和政権からみると、南九州の地は不毛の辺境地帯として、そこに住む人びとは異民族視された。そして、クマソと呼ばれ、『古事記』では熊曽、『日本書紀』では熊襲とそれぞれ蔑視している。ところで、クマソはすでに五世紀以前に文献に登場し、大和政権に服属しない南九州の蛮族とされているのに対して、隼人は少し遅れて五世紀以後になって登場するとともに、大和政権の支配下に入っていく。おそらく、五世紀のころ、大和政権に服属したか否かで、中央からの呼称がクマソから隼人へと変わったらしいといわれる。

要するに、隼人とはクマソと同じ人々だったわけであるが、そのクマソ・隼人とは、東北の地にいた蝦夷《えぞ》とも同じ古モンゴロイドといわれる原住民の縄文人にほかならなかった。このことについては詳論が必要のようだが、しかし、ついで西谷氏はこう書いていることにも、それはうかがい知ることができるのではないかと思う。

さて、南九州の歴史をふりかえると、旧石器時代以来人びとの営みがあり、縄文時代にはこの地方特有の文様をもつ縄文式土器と、それに代表される文化が発達しており、長年にわたって、狩猟・漁撈を主とする採集社会が展開していたことがわかる。……

また、弥生時代における稲作文化の南下に伴って、北部・中部九州からの移住者もいたかもしれない。後には、『続日本紀』和銅七年(七一四)三月の条にみえるように、「隼人昏荒《こんこう》して、野心未だ憲法を習はず。因りて豊前国の民二百戸を移して、相勧導せしむる也」とあって、北部九州人の血が一部とはいえ混じっていたことも考えられる。

ここにいう「相勧導」とはさきの「掲示板」でみた「教導」と同じことで、そのための移住はクマソ・隼人の地だった大隅だけではなかった。いわゆる蝦夷《えぞ》の地だった東北の出羽などに対しても、同じことが行なわれていたのである。それについては、誉田慶恩・横山昭男氏の『山形県の歴史』にこうある。

霊亀二年（七一六）、中納言巨勢万呂《こせのまろ》は、「出羽国を建ててから数年たったが、吏民とも少なく、狄徒《てきと》はまだ馴《な》れしたしまない。その地は肥えて、田野は広大である。願わくば近隣の国民《くにのたみ》を移住させ、蝦夷《えぞ》を教諭し、あわせて地利をひらかせたい」と言上し、ゆるされている。出羽柵に送りこまれた諸国民は『続日本紀』によると、別表のとおりであるが、山形県各地に諏訪神社が多いのは、信濃からの移民を物語っていよう。

さきの「掲示板」でみた豊前国から移民した二百戸の民は韓国宇豆峯神社を祭ったのに対して、こちらの信濃からの移住民は諏訪神社を祭ったわけだったのである。信濃からのかれらのそれが「諏訪」だったのはよいとして、では、豊前からのかれらのそれはどうして「韓国」だったのであろうか。

このことは本文の「豊前」の項でも話されているが、豊前国・豊後国は二国に分かれるまでは豊国だったもので、そこは新羅・加耶（加羅）系渡来人集団（天日槍集団ともいう）である秦氏族の集住地であった。奈良の正倉院にある大宝二年の「豊前国戸籍台帳」によると、そこの総人口の九三パーセントまでが秦氏族によって占められていた。

そういうことでか、その豊国は韓国《からくに》ともなっていたものだった。『日本書紀』用明二年条をみると、仏教を受容するかどうかということを議する場に豊国法師というのが登場するが、この豊国法師を韓国法師だったとしたのは、

出羽柵への移民状況

年代	西暦	原住地	戸数
和銅7年	714	尾張・上野・信濃・越後	200
霊亀2年	716	信濃・上野・越前・越後・陸奥（置賜・最上郡）	500
養老元年	717	信濃・上野・越前・越後	400
養老3年	719	東海道・東山道・北陸道	200

江戸時代の考証学者である狩谷棭斎であった。

その受仏か排仏かのことは『日本霊異記』にも出ていて、板橋倫行・校注のそれをみると、「今《いま》国家災《こくけわざわい》を起すは隣国の客神の像を己《おの》が国内に置くによる。この客神の像を出すべし。すみやかに豊国に棄《す》て流さむ」とあるこの「豊国」とは、「豊かに富んでいる国、すなわち朝鮮の国」と注している。また、中田祝夫・全訳注の『日本霊異記』にも、「豊国　韓国。韓国を宝の国、財宝の国などといったことによる」と注している。今日では韓国を「豊かに富んでいる国」などとはとてもいえないが、古代の当時はそうみられてはいなかったのである。

そしてこの豊国における秦氏族は、豊前の香春に辛《から》（韓《から》）国息長大姫大目命《くにおきながおおひめおおまのみこと》を祭神とする香春神社を祭り、ついで南下した宇佐に「ヤハタの宮」、すなわち「多くの秦の宮」である宇佐八幡宮などを祭っているが、一方、大隅にまで南下したかれらはそこに韓国宇豆峯神社を祭っていたのである。

韓国宇豆峯神社は前記の「掲示板」に、「豊前国宇佐郡菱形地の上小椋山に祭られたのを当地宇豆峯山頂に」とあったが、その小椋山に祭られたのは宇佐八幡宮にほかならなかった。それで、この韓国宇豆峯神社はさらにまた、大隅国一の宮である姶良郡隼人町（現・霧島市隼人）の大隅正八幡宮（鹿児島神宮）ともなっているのである。

それからまた、もうひとつつけ加えさせてもらうと、大隅もそれから分かれ出るまでは日向国のうちだったその日向（宮崎県）の東臼杵郡南郷村（現・美郷町南郷区）は、さいきん「百済の里」と称して「村おこし」をすることになったが、それはここに百済王族の禎嘉王を祭神とする神門《みかど》神社があったからである。

しかし、日向といえばそれより、考古学的に有名なものとしては、西都《さいと》市にある西都原古墳郡である。この西都原古墳郡の盟主的なそれは、九州一の規模という男狭塚《おさづか》・女狭塚《めさづか》古墳であるが、これは日向国造《ひゅうがのくにのみやつこ》豊国別《とよくにわけ》の墳墓とされている。「豊国別」とはさきにみた豊国からの別れ、別派をなした者、ということにほかならないのである。こうしてみると、韓国宇豆峯神社という小さな神社ひとつにしても、その背景はまた広く深いといわなくてはならないようである。

一九八八年七月

金達寿

地名の古代史

近畿篇

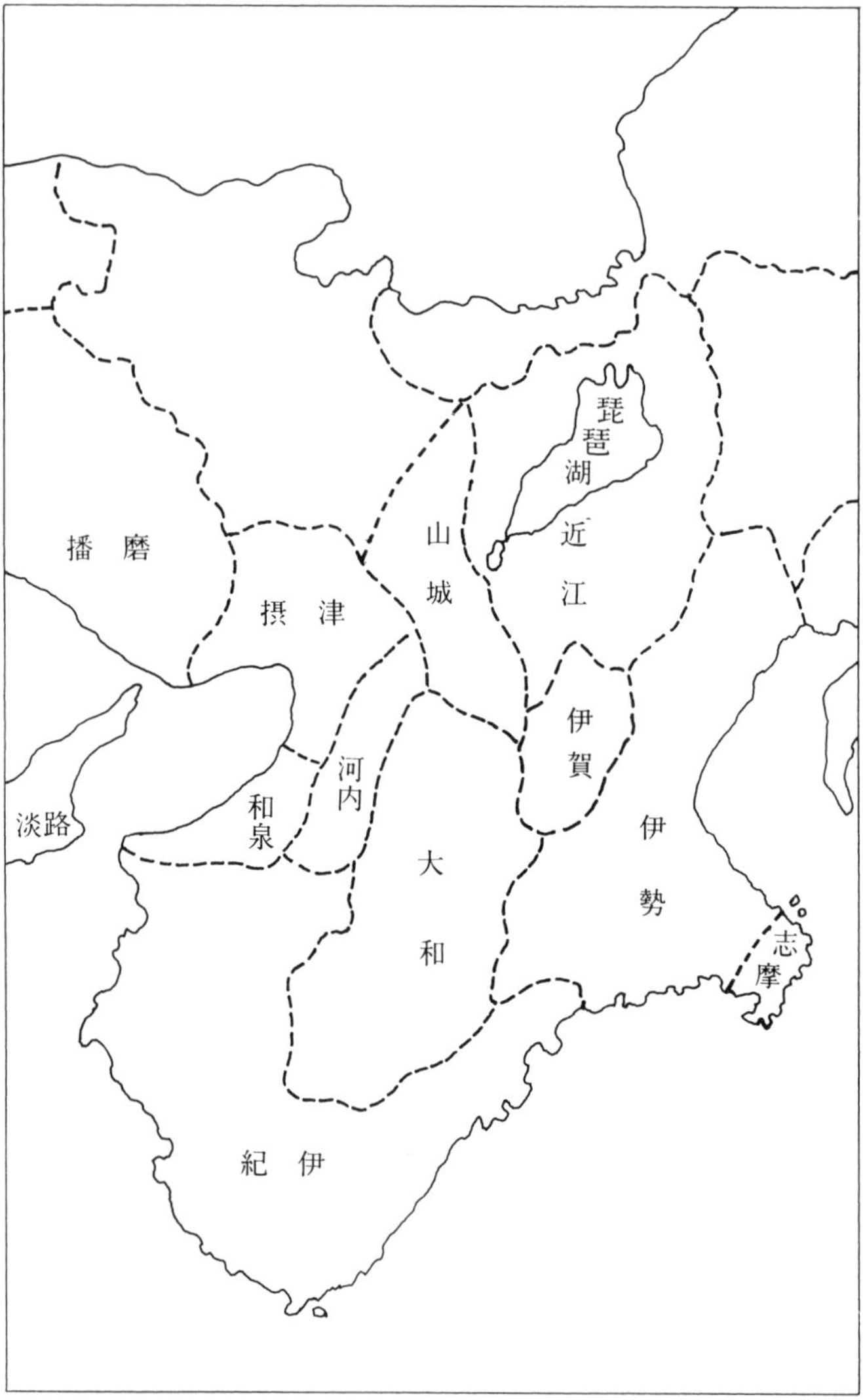
播磨
摂津
山城
琵琶湖
近江
伊賀
伊勢
志摩
河内
和泉
淡路
大和
紀伊

第四章
摂津、河内、和泉、淡路、紀伊

久太郎《きゅうたろう》町渡辺と坐摩神社

谷川 『地名の古代史 九州篇』では、天日槍《あめのひぼこ》の話が中心でした。その天日槍が九州の姫島から瀬戸内海を通って、東へと道をとって難波に来るんですが、『古事記』によりますと、奥さんの後を追って来ることになっています。奥さんは「難波の比売碁曾の社に坐す阿加流比売と謂ふ」と注記にあるように、難波にとどまる。ところが、天日槍が難波にやって来たけれども、「渡《わたし》の神」が妨害して、天日槍を入れなかったと『古事記』に出てくる。

この「渡の神」というのは難波の神に違いないわけですが、これが『万葉集』に出てくる難波の小江《おえ》、いまの地図で申しますと、大阪市の天満橋と天神橋の間にあたるところに、昔、渡辺というところがあった。この渡辺が難波の

枚方市の百済寺跡の碑

東大阪市の日下貝塚の碑

ちの神がこの渡辺にいたと考えられるわけです。

小江と同じ場所です。難波の小江は、あとで大江となる。それで大江と渡辺の地が重なり合った。

渡辺綱が羅生門の鬼を退治したとか、戻橋《もどりばし》の鬼女に会って片腕を切って、取っておいたところが、夜更けに渡辺綱のおばさんとも称するし、あるいは姥とも称する女が摂津の渡辺から訪ねてきて、ちょっとその片腕を見せて欲しいと言って、見せたところ、むんずと片腕をつかんで、家の破風から大空へ飛び出して逃げたという有名な話があるんです。それで渡辺綱を先祖とする渡辺党というのは、摂津の渡辺から始まるとされているんですが、私がいつも不思議に思うのは、この大江山の酒呑童子を退治した渡辺綱は頼光の家来になり、四天王になっていく。その大江山の大江と同じ地名が摂津の渡辺にあるということです。結論だけを申しますと、大江山の酒呑童子を退治した大江というのは、摂津の大江から始まったんじゃないかというのが私の考えです。

大江という地名は丹後にもあれば、伊吹山にもあるし、瀬田の唐橋の近くにも大江というところがある。ですから必ずしも、丹後だけに限定する必要はない。また京都府の西のほうにある老ノ坂、「老ノ坂西に下れば備中の道」の老ノ坂も、もともとは大枝《おおえ》じゃなかったかとされている。私は、渡辺という地名と大江という地名が重なっているところに注目するんです。渡辺というのは、渡し守がいたところなんです。渡船業者がたむろして、船で人や荷物を渡していた非常に重要な場所なんです。そこの渡しの付近が渡辺という地名である。またその地名がその辺りの渡しに従事した人夫といいますか、労働者の名前になると考えられる。「渡の神」というのは、渡しをやってた人たちの神がこの渡辺にいたと考えられるわけです。

天日槍が「難波に到らむとせし間、渡の神」が遮って入れなかったというのは、おそらく渡辺じゃないかと私は推定するわけです。

そこに式内社の坐摩《いかすり》神社というのがありまして、今はザマ神社というのですが、延喜式の頃はイカスリと呼んでいた。このイカスリというのは、どういう意味かよくわかりませんが、吉田東伍によりますと井戸之後《イカシリ》というのです。西宮一民は、イカのイは居所で、シリは領地を治めるという説です。吉田東伍はなぜ井戸之後と言ったかというと、そこに井戸の神が祀られているのです。生井《いくい》神とか福井《ふくい》神とか綱長井《つながい》神とか、いくつもあります。福井は噴井ですね。

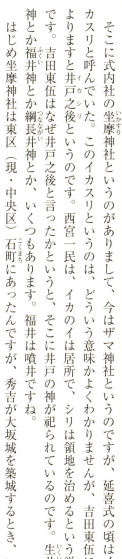

はじめ坐摩神社は東区（現・中央区）石町《こくまち》にあったんですが、秀吉が大坂城を築城するとき、いまの東区の渡辺町というところに移されたのです。渡辺に南渡辺と北渡辺がありまして、南渡辺の人が坐摩神社の神を奉戴して、いまの東区の渡辺町に移った。その渡辺町というのが、今度住居表示で、大阪市中央区久太郎町《きゅうたろうまち》四丁目に変わるというので、先般からいろいろ問題になりました。渡辺というのは非常に由緒のあるところだから地名を残しなさいということを、渡辺姓の人たちが盛んに言ったんです。そこで大阪市当局は中央区久太郎町四丁目という表示の下に渡辺という地名を入れたんです。

中央区久太郎町の坐摩神社

難波の小江というところはまえに言いましたように天神橋と天満橋との間ですが、ちょっと断っておきたいのは、いま大阪市に大江橋と渡辺橋というのが堂島の近くにありますが、それではない。あそこは元禄の頃、堂島の橋を架けるときに、渡辺橋と大江橋を違う場所に作ったんです。ですから、いまの渡辺橋、大江橋は古代の渡辺、大江じゃないんです。

難波の小江は『万葉集』に出てきますが、渡辺というのは、前は新羅江《しらぎえ》と言った。古い地図に出ている。東区渡辺町が中央区久太郎町になったんですが、久太郎というのは、クダラ、もともと百済の当て字なんです。新羅江にあった難波の小江、渡辺の地から秀吉のときに坐摩神社と共に移ってきた。渡辺の名前が今度はクダラを意味する久太郎町になる。不思議な縁だなと思います。

金　いちばんアクチュアルな問題ですね。というのは、渡辺町というのはいま地名を整理するというので、行政のほうでなくそうとしている。ところが渡辺町というのは、坐摩神社の宮司ご夫婦二人っきりの町なんです。これはまた全国に例のない町ですね。

谷川　渡辺町にはもうその二人しか住んでいない。

金　そう。渡辺町は渡辺氏のルーツだというんで、全国四十万の渡辺氏といったかな、その渡辺氏らがそれに反対しているわけね。まだ決着はついてないんじゃないかな。

谷川　いや、もうついてますよ。平成元年の三月頃に廃止されました。

金　残念だなあ。いま谷川さんがおっしゃったように、坐摩神社はもと新羅神社ということの白木神社が合祀になっていて、戦後またもとへ返したんです、そこの町民たちが。白木神社をもとに返して、新たにまたそれを祀ってるんですね。坐摩神社というのは非常に面白い問題で、たとえば、山根徳太郎氏の『難波王朝』にかなり詳しくそのことが書かれています。

もうひとつ、そこは新羅の太陽神を祀った場所だということです。『万葉集』にある「押し照る難波の海は」という、これの作者は面白いことに神社忌寸老麻呂《かみこそのいみきおゆまろ》、神社はカミコソといったことがこれでもわかる名の人の歌ですが、「押し照る難波の海」と、枕詞みたいに出ているんですね。

この難波のことについては大和岩雄さんも書いてます、太陽神を祀る場所であったと。太陽神を祀ることについては、NHKの水谷慶一さんが『知られざる古代』というのをシリーズでやって、それが本にもなっている。

水谷さんは韓国の慶州へ行って、都祁野《ときの》、都祁野というのは都祁《つげ》でもあるわけで、都下《つげ》とも書かれた。大和・天理の東方だったかにいま都祁村（現・奈良市内）があって古墳などもあり、そこに白木というところもありますが、この都祁については、本になった『知られざる古代』に、太陽神である天神を祀った場所は、「新羅では迎日県あるいは都祁野と呼ばれた」として、こう書かれています。

「迎日県の意味はあきらかだが、都祁野とは何か。都祁《トジ》は古代新羅語で『日の出』をあらわす。これは現在でも、ほとんど同じ発音の言葉が使われている。ヘトジと言い、へは日、トジは『出る』に当たる。

すなわち都祁は、トジを漢字の音を借りてあらわしたもので、ちょうど、万葉仮名などで日本語を書きあらわすのと同じである。それで『迎日県』とまず新羅語の意味を漢字に翻訳し、次にその音を『都祁』と表記したのである。

われわれはよく『鶏がトキを告げる』という。この場合のトキは普通、時刻の意味と考えられているが、これはむしろ新羅語の『日の出』ととったほうがよいのではないか。『暁《あかつき》』という言葉のもとは『あかとき』であるが、これも新羅語の『都祁』と関係がありそうだし、また薄桃色を指して『とき色』というのも、夜明けの空の色からきているとすれば、この都祁で説明がつきそうである」

坐摩神社は、そういう太陽神を祀っていたわけですが、いまいった水谷さんはある日、渡辺町の坐摩神社に参拝して、五十七代目という世襲の宮司である渡辺清音氏に会った。そのとき渡辺宮司の口から、三代目の曾祖父まで、都下《つげ》の姓を名乗られたことを聞き、都下朝臣資政《つげのあそんすけます》と記した古い書面を見せられて、ずいぶん感慨深く思ったそうです。都下《つげ》というのは新羅が太陽神を祀った都祁で、古くから新羅と渡辺と坐摩は関係が深かった。白木神社を合祀したというのも、坐摩神社ももとは新羅系のそれだったからですね。

天日槍とこれがどういうふうにかかわるかはよくわからないけれども、先程、谷川さんがおっしゃったように、大阪には新羅淵、百済淵があちこちにあったし、百済郡、百済川などもあって、いまも貨物の百済駅があり、この辺は百済となっている。天日槍集団は、大阪も非常に濃厚ですね。

赤留比売というのは天日槍の妻ということになっていますけれども、これは天日槍集団の巫女《みこ》だったもので、これはたとえば、われわれが河内へ行くときに通った東成区の東小橋、そこに式内の比売許曾《ひめこそ》神社や赤留比売《あかるひめ》神社があちこちにあるわけです。

比売許曾神社があり、高津宮ももとは比売許曾神社だったものですが、西淀川区姫島の姫島神社も赤留比売を祀ったそれです。

これはちょっと面白いので引用したいと思うんですが、姫島のその神社に行きますと、そこに掲示板がたってまして、「祭神は阿迦留《あかる》比売と住吉大神が鎮座されている」としてこう書かれています。

「神崎川と中津川との間のデルタの一つで、難波八十島の姫島の産土《うぶすな》神を祀ったと考えられる。そのヒメ島が訛ってひえ（裨島）と呼ばれ、『へじま』と発音していた。

姫島は摂津国風土記逸文には、新羅の国に女神があり、彼女は夫のもとを逃れてきて、しばらくは筑紫の国の井波比《いはい》の比売島に住んだ。やがて彼女は『この島はまだ遠くない。もしこの島にいれば、夫の天日槍がたずねて来るだろう』といってまた移り、難波の姫島にとどまったとある。

当社の祭神、阿迦留比売はアカルヒメ信仰をもつアカルヒメ族とでも呼ぶべき部族が朝鮮半島からおそらく伊都《いと》を経て、国東《くにさき》の姫島からさらに難波の姫島へ移動して、大阪湾一帯はこの部族の渡来によって開け始めていったとされている」と。

それからまた、天日槍は但馬とも非常に密接な関係があったということです。大和にも但馬というところがありますが、そういう具合に、九州ばかりでなく、こちら近畿にしても、どうも天日槍の影が色濃くつきまとう。

日下をクサカと読むわけは?

金　これも天日槍集団から出たものとみられる物部氏についていては、日下《くさか》ということがありますね。原・東征というかそれについては、これから谷川さんに話していただきたいんですが、今日、ぼくは石切神社と、それから磐船《いわふね》神社にも行ってきたんです。面白かった。日下はヒノモトと読むのが正しいんだそうですね。

谷川　その話は、さっきおっしゃったことにも関係があるんですけれども、慶州の北に迎日湾というのがあって、それを都祁野という。延烏郎《えんうろう》と細烏女《さいうめ》が岩船に乗って日本へ渡った、新羅の太陽が暗くなったので、帰ってくれと言われたんだけども、細烏女も延烏郎も日本の国王になって帰らなかった。その代りということで絹の布を渡したら、使者がそれを持って都祁野、迎日湾で祀りをしたら明るくなったという。いま金さんのおっしゃった都祁野というのは、トキというのは呉音でツゲとも読む。それで坐摩神社に仕える童女には必ず都下《つげ》の国造の娘をあてるということで、結局、坐摩神社の先祖が都下の国造につながり、都下の国造が新羅につながるということなんですね。これはたいへん面白い。私は大和岩雄さんが雑誌「日本のなかの朝鮮文化」(一九七四年二三号)のなかで書かれたのを読んで、たいへん興味があったんです。古代に朝鮮半島からやって来た渡来人は、瀬戸内海を通り、「渡の神」が遮ったという淀川べりのところまではわかるんですけれども、そのあとどうなったか。大阪平野というのは縄文時代は海であった。

金 生駒山麓に貝塚がありましたね。

谷川 大和川はいまのようにつけかえる前は北流しているんですね。淀川べりに河口があって、どんどん土砂を出すもんですから、大阪湾は埋まっていくわけです。そして埋まっていくと、いわゆる潟湖《せきこ》になる。これは日本海沿岸にはずいぶんあります。越後の鳥屋潟とか越中の放生津潟、いまの新湊の。海潮が少し入ってくるわけです。しかし、だいたい真水が多いという状況で、弥生時代の後期から古墳前期あたりまでは、大阪平野は潟湖的な状態だったようですね。

それで西のほうからやってきた人びとは船のままで潟湖に入って、行き着いたところはどこかというと、生駒山麓の日下《くさか》がいちばん東の果てなんです。渡来人は、ここが日本列島の果てだという意識は非常に強かっただろうと思うね。上町《うえまち》台地は大阪城のあたりが北端ですが、台地ですから、そこだけは低湿地ではない。大阪城のあたりから見ると日下は真東に当たるんですね。太陽が真東に出るところはどこかというと日下なんですね。日下の背後の山、そこがおそらく草香山であり、また饒速日《にぎはやひ》山といわれていたと私は思うわけです。

勝井純という人が『御東遷聖蹟考』に書いているなかに、述べてあるんですが、大阪城のあたりに磐船神社の所在地を記している難波の古絵図があるというんです。大阪城のあたりは岩が多かったんですね。あそこは石山でしょう。それで石山本願寺があって、それを信長が攻めて、落とすわけですが、そのあと秀吉が大坂城を築城するときに、その石を使ってしまったので、大阪城の近辺には石はもうなくなったということなんですがね。磐船神社がかつてそこにあったとすれば、石が多いところですから、ある意味じゃよくわかるわけです。

渡来人が船でやってきて、突き当たったところの東の果てが日下であった。『日本書紀』には草香邑《むら》の白肩之津《しらかたのつ》とちゃんと出ています。『万葉集』にも草香江と。

金さんごらんになりましたでしょう。貝塚のところへ行かれました？

金　行きました。石碑がたってました。いわゆる神武東征の草香を、万葉仮名をつかって「孔舎衙《くさか》はこのあたり」と書いてありました。

谷川　貝塚があるところは標高二十五メートルなんですね。

金　かなり高いですね。勾配がずいぶんありますから。

谷川　坂の中途ですから。あそこに渚の線があったと考えられる。『古事記』にも「日下江の入江の蓮《はちす》」という歌が出てきます。入江には蓮の花が咲いていたというんですね。

そういうことで、日下が入江で、そこから上陸して、孔舎衙坂を通って、生駒山脈の草香山を越えて行って、大和に入るわけです。これがいちばん近い。日下の直越《ただごえ》というんですね。大和から河内のほうへ、あるいは河内から大和へ行くのに、いちばん短い直線距離は日下の直越。その日下の直越を通って草香山を越えるときに、神社忌寸老麻呂《かみこそのいみきおゆまろ》が作った歌が、『万葉集』の巻六にあります。「直越《ただごえ》のこの道にてしおしてるや難波の海と名付けけらしも」という歌です。

これはいろいろな解釈がありますけれども、日下の直越の道を草香山までのぼって見ると、難波の海に「押し照る」という枕詞をつけたのがよくわかるという歌だと思います。

それではなぜ「押し照る」というのが難波の枕詞になるか。難波の枕詞が二つあるんです。「葦が散る難波」、古代の難波は潟湖のような状態ですから、海岸べりに葦が生えてるんですね。だから葦が散るという難波の枕詞はよくできていると思うんですけど、もう一つの枕詞が、「押し照る難波」。

難波の語源については、浪が速いから浪速という。これは『日本書紀』にうたわれています。それから魚がたくさん集まるという説もあります。

「ナ」というのは魚という意味で、魚の集まるところが魚庭《なにわ》。これは松岡静雄の説なんですが、「押し照る」とくっつかないわけです。枕詞と地名がうまく合わない。「押し照る」の「押し」は強調でしょうから、強く照る。それじゃどうしても太陽に何か関係がある言葉でないと具合が悪い。東国大学校の金思燁《キムサヨップ》さんのお話ですけども、「ナル」というのは朝鮮語で太陽である。「ニハ」というのは門とか入口。そうすると「ナニハ」の意味が非常によくわかるわけです。ナニハの原義は日の出る処なんです。朝鮮語から来たんですね、もともとは。そうすると「押し照る」は太陽の昇るところである難波を表すのに、きわめてふさわしい枕詞である。

東成区、西成区の「ナリ」も、「ナル」に由来する。奈良時代にも、すでに東成郡というのがあったらしいんですけれども、それなんかもそういう意味をはらんでいるということになる。先程のツゲ、トキの話とも関連して、難波一帯は太陽の出るところだと考えられたんじゃないでしょうか。それで、太陽の出るところでいちばん東はどこかというと、それは生駒山麓の日下であろうということになる。

金　そう、まさに「ヒノモト」だ。

谷川　「ヒノモト」なんです。太安万侶《おおのやすまろ》が撰した『古事記』の序文に、「姓《うぢ》に於きて日下《にちげ》を玖沙訶《くさか》と謂ひ、名に於きて帯《たい》の字を多羅斯《たらし》と謂ふ、此くの如き類は、本《もと》の随《まにま》に改めず」とあります。これは姓名のほうなんですが、日下という姓名があって、それをクサカと読み、帯をタラシと読ませているが、こういうようなものは、従来の慣用どおりに用いて、特別に改めることをしなかったというわけです。慣習として、そういうふうに用いられていたことが、八世紀の初頭にはあったと思うんですね。日本では、姓名は地名からくることが七〜八割方ありますので、日下の地も、それと関連して考えられるんじゃないか。事実、『古事記』では、クサカの地名を日下と書いて表しているわけですね。

では、なぜ日下と書いて、クサカと読ませたかという疑問が当然起こるわけですが、いろんな説がありまして、たとえば、賀茂真淵は、低坂《ひくさか》のヒが取れたのだという。また日の落ちるところで、日が下《くだ》ると暗いから、暗坂という意でクサカと言ったのではないか。これは宣長の説ですが、どうもぴったりしないんですね。納得できない。そこで、「ヒノモトの」という草香の枕詞がかつてあって、「日下の草香《ひのもと》」と言っていたんじゃないかと考えてみたわけです。そのような例としては、「飛鳥の明日香《とぶとりあすか》」がありまして、飛鳥と書いてアスカと読ませたり、また「春日の滓鹿《はるひかすが》」が春日と書いてカスガと読ませたりする。それで「日下の草香《ひのもとくさか》」と読ませたんじゃないか。その日下《ひのもと》をクサカと読ませるようになった。「下」を、モトと読ませる例は、『日本書紀』の「神武紀」にある。「坂下」と書いて瑳伽梅苔《さかもと》と読めと、注を入れてある。古代にも、「下」をモトと読ませた例はあるということから、ヒノモトのクサカと言ったんじゃないか。

　ではなぜヒノモトと言ったかと言えば、太陽がいちばん早く出る東の果て、そこがクサカであるという意識が、朝鮮半島からやってきた渡来人の意識に非常に強かったんじゃないか。しかも、天日槍その他に関連するように、太陽とつねにつながる説話があるんですね。いまの都祁野の話、細烏女とか延烏郎とかも太陽でしょう。とくに新羅は迎日湾の地名もそうですから、太陽と関連する信仰なり説話なりが、渡来人によって持って来られたんじゃないか。そこで日下が太陽信仰の原点になったんじゃないだろうかと、そういう説を立てたわけです。

金　よくわかります。今日行ってみて、そこが日の落ちるところというのは、大和から見るとそうなる。難波から見ると日下《ひのもと》ですよ。

饒速日《にぎはやひ》を祀る石切剣箭《いしきりつるぎや》神社

金　日下へ行ってみて面白かったのは石切神社。かなり大きな神社でしたが、この神社の正式な名は、石切剣箭《いしきりつるぎや》神社というんですね。それが物部氏の祖の饒速日《にぎはやひ》を祀ってるわけです。
谷川　饒速日《にぎはやひ》と、その子の宇摩志摩治《うましまじ》の両方です。
金　物部氏のね。この石切神社は物部氏の饒速日を祀った本体のようでしたが、それから山のほうへ登りました。生駒山中から大阪全市を、難波を見渡しながらね。霞がかかっていたけれども、しかし、かつては潟と難波の海がピカピカ光って見えたはずです。
　そして、交野《かたの》の磐船《いわふね》神社へ行きましたが、磐船神社は巨岩がすごいですね。みると、そこに神社をつくりたくなる。神社の真後ろがでっかい岩でね。さっき磐船神社を、大阪城があるところから移したとおっしゃったでしょう。そのことがよくわかったのは、石切神社のほうが本命で、これは岩があるから、そこへ磐船神社を持ってきたんじゃないか。あとからつくったと思った。

谷川　私もそんな感じがします。あれだけ大きな岩があるものね。あそこは交野市でしょう。あれは交野物部の本拠なんで、天磐船《あめのいわふね》に乗って祖神が降臨するときにつき従った二十五の物部族がいるんですが、交野物部というのは、そのなかの一つです。交野は物部族の本拠の一つです。磐船神社は南河内のほうにもあるんです。

金　日下のほうが本命だと思うな。

谷川　私もそうだと思います。朝鮮半島や九州から瀬戸内海を航行すると日下に行きつく。日下は最終のターミナルなんですね。大阪の潟湖も、浅いところもあれば深いところもあるでしょうけれど、澪《みお》があったんだろうと思うんですね。水路ですね。天磐樟船《あめのいわくすぶね》で来るというのですから。
　石切剣箭《いしきりつるぎや》神社の剣箭というのは金属に関係深い物部氏の神様ということで、その剣は銅剣だと思います。

石切剣箭神社

磐船神社

金　軍事と関係が深いんだな。

谷川　神社の屋根に剣がたっています。見えました？　屋根のてっぺんに。

金　それは気がつかなかったですが、神社にある宝物は今日見られなかったんです。これは祭の日にしか見せないんですって。環頭大刀柄頭とか、鏡なんかも、重要文化財になっているものがずいぶんありますよね。なんかで読んだんですが、これは大変なものだと思いましたね。

福岡県の小郡市に天日槍の媛社《ひめこそ》があって、それが磐船神社でもあったわけですね。磐船神社というのは、いくつくらいありますか。

谷川　新潟の村上市にもあります。磐舟の柵《き》と言って、阿倍比羅夫が蝦夷を征討するときに、そこから出発している。そこに石船神社もあります。物部氏が自分たちの神を村上市まで持って行ったんじゃないかというふうに考えられる。

金　物部氏ももとは九州だったのに、ずいぶんあちこちにひろがっていますね。物部の神社もあちこちにあって、それが大和へ来た。そして来たのが、言うなれば河内王権。上田正昭さんは河内王朝、直木孝次郎さんは河内王権と言うんだけれども、これは日下の物部のほうが原・渡来というか、もっとも早い渡来がそれだったわけですね。

谷川　そうですね。物部氏が九州から瀬戸内海を通って東遷したのは、「倭国の大乱」のときだと思います。乱れるというのは、単に騒乱があったというだけじゃなくて、新しい社会への脱皮が、それによって行なわれるわけです。私の推定によりますと、物部は四国の北のほう、伊予から讃岐をたどり、それから摂津の東奈良、いまの茨木市、銅鐸の鋳型などたくさん出ていますね、あの付近まで行って、大阪湾に入り、そしていまの大和川の河口から水路をたどって最後は日下一帯に定住したと思うんです。二世紀の半ば頃に「倭国の大乱」があって、そのとき九州から物部氏が東遷し、そのあと四世紀の初めに邪馬台国の東遷があって、その両者が激突したのが日下の孔舎衙坂だと考えてみたんです。それが記紀の神武東征に反映していると思うんです。神武帝がやって来るのは、自分の国を奪いに来たんだろうと、長髄彦《ながすねひこ》は非常に怒っているんです。大和は俺のものだと。だから、けしからんと。

国を奪うというのは、『日本書紀』によりますと、天照大神と須佐之男の兄弟が争ったときに、須佐之男が武装してやってくると、天照大神は自分の国を奪いにやって来たんだと言っているんですね。それと同じように、長髄彦は大和国の主人公であるという意識が非常に強いわけです。登美の長髄彦と言いますので、大和の登美地方にいたんですね。それから日下までは西の方に真直ぐに行けばすぐですから。軍隊をひきいて日下で迎え討った。戦時中に、八紘一宇ということで、神武天皇は喧伝されたわけですが、その反動として、戦後、神武東征は虚妄であるということになった。戦後史観として定着した感がある。

金　しかし、なにかを語っていますからね。伝承というのは馬鹿にできないと思う。その背景というのがあるので、それを無視して、オール・ナッシングというのは間違いだと思う。それから交野といえば、ぼくはNHKのテレビで知ったけれども、ここに織物神社があって、テレビでは、「むかし渡来人が伝えた七夕伝説がいまもここには生きている」といっていたので、ぼくはちょっとうれしくなったものです(笑)。それからまた、これは十年ほど前の読売新聞の切抜きですけれども、「物部氏の長の墓か／大阪で発見／銅製の杖の握り部分など／交野市／出土品から〝王者のしるし〟と推測」という見出しの記事で、こうあります。

「古代大和朝廷で蘇我氏と覇《は》を争った大豪族、物部氏の長の墓とみられる古墳が、大阪府交野市でみつかった。物部氏の祖先が『天の磐船』に乗って降臨したと日本書紀などに記されている地の近くで、古墳からは〝王者のしるし〟である銅製の杖《つえ》の握り部分と巴《ともえ》形装飾品が出土し、大阪教育大の鳥越憲三郎助教授（民俗学）は『交野市一帯は物部氏台頭期の本拠地で、大和地方に進出したあとも一族が残って支配していた』と推論している。……

鳥越助教授は物部氏を朝鮮系氏族と見ており、西の方から近畿地方に上陸して最初に住みついたところが交野市一帯ではないかと推測、これが天孫降臨の神話の背景だと話している」と。

谷川　これまで神武東征を、邪馬台国東遷の説話的な表現だという人はいるんです、歴史家の坂本太郎とか植村清二とか。しかし「神武紀」を読みますと、その前に饒速日がすでに行ってるということが書いてある。

金　ほんとうは、そこが大事なんだ。

谷川　饒速日は完全に歴史家の視点から落ちていますよ。戦後の史家は蔑視と言いますか、物部をあんまり信用しない。

金　そのあたり、どちらかというと軽んじてますね。いまみた鳥越氏ほか、河内王朝論の人は、物部のこともチラチラと言ってはいます。つまり、河内にも天孫降臨があったと。河内王朝というのは、大和王朝以前のことを言っているわけですが、しかしまだ、ちゃんとした展開にはなっていないようですね。

八十《やそ》島祭《しままつり》と淡路島の国魂

谷川　上田正昭さんに僕の『白鳥伝説』を送ったら、上田さんがそれを見て、日下はどうも怪しいところだと思っていました。以前からあそこはおかしい、なにかあるなと思っていました、という返事をくれました。

金　日下はもっと脚光浴びていいはずですね。森浩一さんが『アサヒグラフ』に連載している「交錯の日本史」をみたら、日下はヒノモトと読むのが正しいと書いてます。

谷川　それはすでに私が『白鳥伝説』で言っていることですよ。先程の坐摩神社の話なんですけれども、あそこあたりが水の神、「渡の神」を信奉していた場所だとは思うんです。水の信仰は河内王朝では非常に強かったんじゃないか。平安時代に八十島祭《やそしままつり》というのがありまして、宮中から女官が派遣されて、難波に下向して、海の彼方に向かって、着物を入れた筥《はこ》を振るんです。そういう行事が大嘗祭のあとに行なわれたと書いてあるんですけれども、これは面白い。

難波には当時たくさん島があったから、八十島祭なんでしょうけれども、これは国土が魂を持つという、日本の伝統的な国魂信仰のあらわれですね。

『古事記』でも、伊邪那岐、伊邪那美が国土《くに》生みをする。そのなかで四国を生むんだけど、顔は四つあると書いてありますね。その一つは、伊予愛比売《えひめ》と言って、愛比売というのは人の名前ですからね、愛《え》というのは年上ということで、兄とか姉とかで、比売は媛です。だから愛媛というのはもともと人間の名前なんです。

金　それはいい名前だな。

谷川　生島足島《いくしまたるしま》神社というのが長野県の上田にあるんです。そこは御神体がないんです。

金　そこはぼくも行ってみました。かなり大きな神社だった。

谷川　あれは重要な神社なんですが、本殿には何もないんです。神社の宮司に聞くと、土が御神体なんです。土しかないんです。土間ですね。要するに生島足島というのは、土、土地が魂を持っていることを示しているんですね。

大阪の天王寺の生国咲国魂《いくくにさくくにたま》神社で、八十島祭が行なわれたんじゃないかと言われている。これは生国魂、咲国魂つまり、国魂の美称ですね。別の記録によりますと、難波の八十島祭は、難波の熊河尻の海浜で行なわれたとある。熊河尻は高津一番町とみられているが、その神社は「元比売許曾神社」と呼ばれており、その隣町が生国咲国魂神社のある天王寺生玉町である、と大和岩雄さんは言っている。熊河尻が熊川《ゆうせん》（熊津）を意味するということになると、高句麗の始祖の朱蒙伝説につながるというわけですね。川の神の娘の柳花が禊してるときに、天王郎というのに見初められて、結婚して、それで生まれたのが朱蒙すなわち高句麗の東明王だという伝説です。これが高句麗からだんだん扶余に移ってきて、公州に熊津というところがありますね。私も行ってみましたけれども、難波の八十島祭をするところに、熊河尻という名前をつけたことは、やはりそういう禊をした高句麗の王の母、河伯の娘の柳花の話ともつながっていくということを、大和さんは吉田晶の文章を引用しながら指摘しているんですけれども、これは面白い。

じゃあ八十島祭というのは何なのか。上田市の生島足島《いくしまたるしま》神社の御神体が土間であるように、島々の精霊と申しますか、土地に精霊があって、その魂を着物につけるということです。私の推測なんですが、その向こうに淡路があるような気がしてしようがない。堺市の高石町に兎木《とのき》というところがありますが、そこに大きな樹があって、朝太陽が照ると、その大きな木の影は高安山に及んで、夕方太陽が沈むときには、その木の影は淡道《あわじ》島に及んだと『古事記』にあります。

仁徳天皇のときにその木を切って枯野《からの》という船を造りまして、淡路に水を取りに行くんですね。その水を取りに行った場所というのが、東浦に釜口というところがあるんですが、そこだという説もあれば、もう一つは淡路の三原郡西淡町（現・あわじ市内）に多遅比瑞歯別《たじひみずはわけ》（反正天皇）が生まれたという泉がありまして、そこだという説もある。反正天皇は仁徳天皇の子供です。ということから八十島祭は淡路島の国魂を招き寄せようとする聖なる儀礼ではないかという推測をしているんですけれどもね。

金　淡路で思い出すのは、また天日槍ですが、洲本の先に由良というところがあるんです。その由良の先に生石崎《おいしざき》というところがあって、そこに天日槍を祀る生石《おいし》神社というのがあるんですが、この生石神社は大変なところにあってね。

谷川　私も行きました。

金　海辺の断崖絶壁にあるんですね。だから海水に足を濡らしながら行かなきゃ駄目。潮の引いたところを見計らって、海を歩いて行くんです。淡路島にはまたもう一つ、西のほうになるのかな、慶《けい》というところがあるんですよ。

谷川　気比《けい》神社のね。

金　そう。天日槍が主祭神だった敦賀にある気比神宮の気比、それが慶《けい》になったそうです。あの気比神宮の気比もけいと読むんですね。淡路島の天日槍といえば、出石《いずし》の小刀がどこかへ行ったという……

谷川　行方不明になったというんですね。

金　それも淡路と関係があるわけですよね。とにかく天日槍というのはついて回る。

河内に集中している百済系渡来人

金　ところで、われわれがいまいるのは摂津の大阪ですが、全体としては凡河内《おうし》だったんですよね。

広い凡河内、それが後に摂津国に分かれ、そして河内国に分かれ、河内からこんどは和泉国が八世紀には分かれる。凡河内国は、摂津だけでもえらく広いんですね。大阪市はもちろんのこと、兵庫県の尼崎から、西宮、神戸まで摂津国だった。摂津というのは津の国、つまり、港ということですね。大阪湾に面したここは、瀬戸内海から上がってきたところの大きな港だったわけです。

先程、谷川さんがおっしゃった生駒のほうの道がありますね。大阪湾から来た連中がどこへ行くか。堺からは竹ノ内街道がでている。河内飛鳥を経て、大和へは竹ノ内峠を越えるわけですが、これは日本最初の官道、国道だった。これは魯迅流に言うと、はじめからそういう道があったんじゃなくて、人が通って道になった。瀬戸内海あたりから大阪湾に上陸した連中は、大阪ばかりでなく、大和へもどんどん行くことになって、それで国道第一号になった、いわゆる官道になったということなんですね。

一方では、これも谷川さんがさっきおっしゃったように「日下の直越《ただごえ》」というのもあった。暗《くらがり》峠《とうげ》なんかも重要だけれども。

そういうことで、渡来の連中は、大阪湾と非常に密接な関係がある。いまわれわれは新羅系のことについて主に話したわけですが、確かに新羅系は非常に古くて、三世紀か四世紀かわかりませんけれども、そのうえあとから百済の連中が来てかぶさるわけだ。この百済からの連中、これは河内に集中しているんですね。河内は、今日行った東大阪市とか八尾市とか、あのへんは高句麗の巨摩郷だったところです。それから寝屋川市にはこれまた新羅系の幡多郷で、いまも秦、太秦、秦河勝の川勝町などというところがある。高句麗の連中もたくさん来ていて、柏原市に金山彦・姫神社や大狛《おおこま》神社などを残していますが、しかしどちらかというと、ここは新羅系はわりに希薄なんです。

柏原市には百済系の田辺廃寺跡や伯太《はくた》神社などがありますが、巨摩郷だったところは、有名な高井田横穴群や安福寺横穴群、平尾山千塚古墳群などをのこしている高句麗の連中で占められていた。新羅が少しあるのは河南町《かなんちょう》のほうの白木で、ここらに新羅系の遺跡が少しみられますが、この河南町にしても、一須賀古墳なんかの出土品を見てもほとんどは百済です。

百済というのは、地名で言うならば、さきにふれた摂津国百済郡があって、百済郡のなかに百済野、百済村もあった。その百済ということでは、面白い話になるんですが、百済郡はいまの大阪市生野《いくの》区あたりが一方の中心となっていたようですけれども、いま在日朝鮮人は約七十万人で、そのうち大阪府にいるのがだいたい二十万近くだそうです。これに兵庫県や京都府、京阪神ということになると、全体の七十万の半分近くになるんじゃないかと思われますが、なかでもいちばん在日朝鮮人が密集しているのは、古代は百済郡だったいまの生野区です。生野区にはいま確か四～五万いると思いますけれども、もしかするともう少しいるかもしれません。

宮山古墳出土の環頭大刀

ＪＲ生野駅近くに朝鮮市場というのがありまして、これはすごいんだ。まるでソウルの市場みたいですよ。これはどうしてこうなったかというと、それがまた面白い因縁で、そこにいま平野運河が流れているけれども、この平野川はもと百済川となっていて、中流に八王子神社というのがありますけど、これはもと百済神社です。後に八王子神社と変えたんですね。大正時代に、百済川が氾濫してしようがないので、付替え工事をやっている。それがいまの平野運河です。その付替え工事をやるときに、安い労働力として、朝鮮の済州島などからたくさんの労働者を集めた。済州島通いの「君が代丸」というのがありまして、ずいぶんたくさん来た。いま生野区に住んでいる人たちのほとんどはみなそのときに来た者たち、またはその子孫たちです。

これは大阪府警察本部編の『大阪ガイド』にも出ていますけど、その人たちがだんだんと親族を呼び、知人を呼び寄せて、今日の大をなしたというわけです。考えてみると、ちょっと因縁めいた気がしないでもない。千数百年前、百済郡だったそこへ現代、またその百済の子孫たちが来て、いまの生野区に集中しているという関係にあるわけなんです。

さっき久太郎町の話が出ましたけれども、古い地図などには久太良とあって、これは百済が訛って久太郎になった。ついでに言いますと、これは大阪府歴史散歩編集委員会編の『大阪府の歴史散歩』に書かれていることですが、東京の銀座ともいうべき心斎橋は、新羅橋の訛ったものだとある。大阪の古い地図をみると、なるほど心斎橋のあるそこは新羅橋となっています。

それから、和泉の堺市のほうへ行くと、ここにはいまもそうなっている百済川があり、百済橋、新百済橋などがあって、かつては百済村もあった。和泉というと、明治時代には朝鮮土器といわれた須恵器の陶邑古《すえむらこ》窯《よう》群跡が有名ですが、それとともにわれわれにすぐ思い出されるのは巨大な仁徳陵古墳、いまでは考古学者たちはそこの地名をとって大山《だいせん》古墳と言っていますが、その古墳を中心とした百舌鳥《もず》古墳群のあるところは、堺市教育委員会編の『堺市の文化財』に書かれているように、もと百舌鳥《もず》百済村だったんです。土師《はじ》村もあったが、あとで百済がとられて、いまはただ百舌鳥になっていますから、ここの百舌鳥古墳群というのは、正確には百済村古墳群でなければならんわけです。

谷川　仁徳天皇陵を百舌鳥野陵《もずのみささぎ》というんですね。

金　仁徳陵古墳は明治のはじめ頃、風水害で崩れて、そこからの出土品をいくつかみられることになった。金銅装の短甲、眉庇付冑《まゆびさしつきちゅう》、環頭大刀、馬鐸、獣帯鏡などですが、これがいまアメリカのボストン博物館にある。十年くらい前だったか、それが日本へ里帰りして、東京国立博物館で展示会をやったんですが、行ってみたら、短甲、冑、環頭大刀など、加耶《かや》または百済からのものなんですね。とくに獣帯鏡は、百済の武寧王陵から出たのとほとんど同じものなんです。そういうことから、仁徳陵古墳というのも、編年が問題になる。

谷川　少し新しい。

金　そういうことになるそうです。先程谷川さんのお話に出ました高石《たかいし》ですが、和泉のそこには高石神社というのがあるんです。王仁《わに》の墓ともいわれていますが、王仁についてはまた後に論議するとして、高石というのは、「音にきく高師の浜の仇浪は、かけじや袖のぬれもこそすれ」という百人一首に出てくる高師、高石、高志で、百済・王仁系の高志氏族の中心根拠地だったところです。その高志氏族から出たのが、奈良時代に日本最初の大僧正となった行基《ぎょうき》ですね。いま堺には家原《えばら》というところに行基の生まれた家原寺という寺がある。近くにはまた行基がつくった四十九院の一つだった大野寺があり、大野寺土塔があって土塔町《どとうまち》となっているところがあったりしますが、なにしろ、和泉というところも百済系渡来人が多かったもので、堺の上代町には聖《ひじり》神社を氏神とし、信太《しのだ》廃寺を氏寺としていた信太氏族というのもいて、その付近からは、「最大級の古墳時代集落／甲子園の九〇倍／百済系氏族が大量移住」（毎日新聞、一九八一・一一・一二）という遺跡も発見されている。

一方また新羅系もいて、堺市西南の泉佐野市の日根野には日根神社、慈眼院を氏神・氏寺としていた日根氏族がいた。この日根という地名がまた面白いので、ちょっと言ったわけですが。というのは、越前のもとは新羅川だった日野川、伯耆の日野川、近江の日根川は、新羅系渡来人が集住していたところです。この「日根」というのはどうも、新羅の太陽神信仰と関係があるのではないかとぼくは思うんです。

しかしそれはどちらにせよ、八世紀に和泉国が分離するまでの河内国は、富田林市となっている錦織郷の新堂廃寺跡やお亀石古墳などをみても百済系、高句麗系が濃厚で、古墳群などからみると、新羅系はどちらかというと影が薄い。物部氏にしてもそうで、その物部氏がこんど大きく浮かび上がることになったのは、谷川さんの『白鳥伝説』によってですね。

竹ノ内街道と人麻呂の歌

谷川　私も最初の話から話をつないでいきますと、仁徳天皇が枯野という船で飲料水を取りにやらせたという井戸が淡路の西淡町にある。これが多遅比瑞歯別が生まれた井戸なんですね。ところで竹ノ内街道は、もともとは丹比道《たじひみち》と言ってたんです。反正天皇の丹比柴籬宮《たじひしばがき》があったと推定される近くを通っているんですよ。松原市あたりですね。それで丹比道のタジヒというのもそれに関係があると思うんですが、もともとこの道は、古市古墳群の応神陵と、それから百舌鳥古墳群の仁徳陵をつなぐ道だったらしい。そこのところに蟠踞するのが土師氏なんですね。

そしてまた土師氏と同様に、そのあたりにいるのは、先程から出ている百済系の葛井寺《ふじいでら》を氏寺としている葛井氏とか、津氏だとか、船氏だとかなんですね。名前も津氏、船氏ですから、これはやはり船の税金を取り立てるとか、港の税金を取り立てるとかという仕事をしていたらしい。この三氏は百済の十六代の辰斯王から出ています。

金　そう、それから出ていますね。松岳山古墳群からは、船氏の墓誌も出ています。

谷川　それがそのあたりにいるわけです。野中寺《やちゅうじ》は船氏の氏寺ともいわれ、『日本後記』には葛井氏、津氏、船氏のお墓が野中寺の南の寺山にあると記されている。

話がとびますが、私が面白いと思うのは、柿本人麻呂の歌には、死者をうたった歌が多い。それは単に殯宮《ひんきゅう》にある貴人の挽歌をうたっただけじゃなくて、山中で死んだり、吉野川で溺死したり、あるいは狭岑の島で死んだ旅人とか、名もなき庶民の、しかも事故死を遂げた人たちの死をうたっているんです。そのことを私は前から異様な感じがしていた。宮廷歌人だから、皇子など貴人の死んだとき悲しみの歌をうたうのは、御用歌人として当然ですが、それだけじゃないんですね、人麻呂は庶民のクラスの死者を歌っているのが多い。そういうことから折口信夫は、人麻呂はもともと遊部《あそびべ》の系統じゃないかと言っています。『古事記』には天若日子が死んだとき近親者が「日八日夜八夜遊びき」と記されています。死者の周りで歌舞音曲して、踊ったり歌ったりして死者を慰める。これが「遊ぶ」なんですね。「遊ぶ」という言葉のいちばん古い使用法はそうなんです。その「遊ぶ」に専門的に従事するのが遊部なんです。天皇や皇子がまだ殯宮にいるときに、その霊をなぐさめるために「遊んだ」という遊部の職業に属するのが柿本人麻呂ではないかというのが折口信夫の説なんですね。遊部の系統を引いているから、人麻呂には死者をうたった歌が多いんだということになります。ところが、「令集解」に、遊部というのは、河内の野中古市《やちゅうふるいち》の歌垣の類なりとあります。古記に曰く、として出ているのです。そうすると野中古市というのは、渡来人が、とくに百済から、力を持った人たちがやってきて住んでいて、その人々による野中古市の歌垣があるんですね。称徳天皇が宝亀元年の三月二十八日に河内の弓義宮に行幸したときの歌垣には、葛井《ふじい》、船、津、文《ふみ》、武生《たけふ》、蔵《くら》の六氏二百三十人が奉仕したという。そのときには青ずりの細い布とありますから、織り方が細かい青衣を着、紅の長い紐を垂らしながら、男女が並びながら分かれておもむろに進んだと記されているんですね。そこで遊部は、野中古市の歌垣の類であるという「令集解」の古記の文章は面白い。

『日本書紀』では孝徳天皇の時代に、中大兄皇子の妃の造媛《みやつこひめ》が死んだときに、野中の川原史満《かはらのふびとまろ》が、悲しんでいる中大兄皇子に向かって歌を奉ったとある。その歌の一つは「山川に　鴛鴦《おし》二つゐて偶《たぐひ》よく　偶《たぐ》へる妹《いも》を　誰か率《ゐ》にけむ」。オシドリが山川に、仲よく住んでいたんだけど、そのうちの女のほうを誰が取っていったんだろう。これは詩経の詞章をふまえているらしいんです。

その次の歌は「本毎《もとごと》に　花は咲けども　何とかも　愛《うつく》し妹《いも》が　また咲《さ》き出来《でこ》ぬ」。花は咲いているけれども、自分の愛している女は出て来ないという、悲しみの歌なんです。作者の川原史満は史ですから、物書きできるわけで、これは渡来人に決まってるんです。それが河内の野中にいてこういう歌をうたうということは、私は面白いと思うんです。なぜかと言うと、渡来人が万葉調の先駆をなす歌をうたえたということなんですね。それにはよほど日本の風土に馴れ親しんでいなくてはならない。渡来人の有力者の葛井、船、津の人たちが歌垣をしたということも、そのなかに日本古来の歌垣を取り入れた点があると思います。西文《かわちのふみ》、武生、蔵の三氏は古市郡古市郷を本貫としていて、葛井、船、津の三氏とは少し違うようですね。もともとは同じ渡来人なんだけれども、グループとしてちょっと違う。今の藤井寺市や羽曳野市付近に百済系の豪族がいて船舶だとか港の税金も取るし管理もするんですが、それはみんな大和川の支流の石川の流域なんです。
丹比道、後の竹ノ内街道になぜ関心があるかと申しますと、人麻呂が死んだのは石見の国で死んだとなっていますが、人麻呂の臨終の歌があって、それに対して唱和する人麻呂の妻の依羅娘子《よさみのをとめ》というのが出てくるからです。それにまた唱和する丹比真人というのがいる。依網も丹比も石川もみな河内なんですよね。依羅娘子は依網と関係があると思われる。そこで人麻呂の終焉の歌群は石川流域の古墳群、丹比道の周辺の喪葬に従事した人びとの匂いがつきまとう。人麻呂を遊部の系統とすればそれは遊部たちがうたった河内石川付近の挽歌である。

菅原道真と鶏の関係

谷川　河内の古市大古墳群の近くに土師氏が居住していました。現在の藤井寺市の道明寺のあたりは志紀郡土師《はにし》郷でした。

金　いまも「土師の里」という近鉄の駅があります。

谷川　土師氏は埴輪を作ったり、貴人の葬送に従事していました。遊部は、土師氏の配下にいたんじゃないかという説があります。葬送儀礼をやる土師氏の下で、遊部が泣いたり踊ったりする。これは当然考えられますね。そういう点で、私はこの付近に注目しているんです。道明寺は前は土師寺と呼ばれていた。土師氏を祀る土師神社があります。どうも土師氏自体が渡来人ですね。それは通説になっているわけでしょう。

金　そう。土師氏はこれも河内を本貫としていた百済系ですね。古い窯跡などもあるそこは、いまは天満宮になっているけれども、つまり土師氏族から出た菅原道真が偉くなり、そこに祀られることなって天満宮になったけれども、もとは土師神社だったんです。

谷川　菅原も土師氏なんですよ。

金　それから出ているわけですね。それで、菅原道真は天神様になっている。いまおっしゃったように、道明寺ももとは土師寺だった。

谷川　土師氏が凶礼というか、宮中の葬送行事とか陵墓の築造に従事しているのが、世間体が悪いというんで、土師氏という名前をやめて、菅原と秋篠と大枝と名前を変えた、だいたい平安時代の初め頃ですね。

　こういう話があるんです。菅原道真が筑紫に流されるときに、道明寺に行って、自分の伯母さんと一晩語り合ったそうです。ところが馬鹿な鶏がいて、早くトキを告げてしまった。

金　そういうこともあってか、そのへんでは長い間、鶏を食わなかったでしょう。

谷川　そうなんです。鶏が鳴いたもので、菅原道真が伯母さんに別れ、馬に乗って、筑紫を指して行ったという、早くトキを告げた鶏に対して面白くないんですね。それで道明寺の人間は鶏を食わないという。

金　卵も食べない。出雲の美保の関というところもそれで、あれも鶏がとんでもないときに鳴いてね（笑）。

谷川　菅原道真と鶏の関係なんだけれども、もとをたどれば土師氏と鶏の関係。なんで土師氏と鶏が密接な関係があるかという問題なんですけれど、古代では墳墓を定めるときに、黄色いおんどりを連れて行って、鶏が鳴いたところに柩を埋めたらしい、鶏も一緒に。

金　そうか、鶏に判断させたわけだ。

谷川　そうです。そこに鶏も一緒に埋めて塚をつくる。そこで金鶏伝説が生まれた。

金　それはあちこちにたくさんある。

谷川　古墳の前期から後期まで鶏が埴輪として出ているのはそれを意味しているんだろうと思うんです。これが今日まで非常に長く続いている。諏訪湖でも水死人があると、船に鶏を乗せて連れて行くんです。そして鶏が鳴いた真下の湖底に死人が溺れ死していると信じられた。この前、愛知県で戸谷小百合という女子大生が殺されて、木曾川に投げ込まれた。あのとき、みんなが総出で探したんだけれども死体が出て来ないんですね。そのときに三重県の津か桑名あたりの民間の人がチャボを乗せて行ったんです。鶏を鳴かせようとしたんですね。

金　そういう習慣が残っているんですね。

谷川　浅草の浅草寺ですが、これは三社祭の浅草神社と前は一緒だったんです。この浅草神社の宮司は土師氏なんです。何十代と。

金　土師中知《はじのなかとも》で、三社のうちの一つですね。

谷川　あれはハジノナカトモと読まないんだな。私の考えでは、ハジノマッチというんです。真中知の中は、どうも津の崩し字をナカと読ませたらしい。真津知というのは真土《まつち》で、土師氏の苗字の起こりである埴《はに》です。浅草寺は江戸時代まで鶏を食わなかった。

金　やっぱりそうでしたか。

谷川　卵を生まなくなった鶏を、浅草寺に持って行ったんです。それから埼玉県に点々とある鷲宮という神社も土師宮、鷲は土師からきているんですね。私が埼玉県大里町（現・熊谷市内）の鷲宮神社に行って聞いたことによると、そこも戦前は鶏を奉納していたんですが、野犬が鶏を食ったりするんで、戦後は奉納の習慣をやめたという話なんですね。

金　金鶏伝説はあちこちにあるでしょう。しかもそれは、だいたい古墳なんだ。困ったときにそこを掘ると、金か何かが出るというんですね。いまもそれを信じているところがある。

谷川　垂仁天皇のときですが、野見宿禰《のみのすくね》が殉死の風習をやめさせようとした。野見宿禰は土師氏の先祖なんだけれども、やめさせて、それで埴輪を作らせた。垂仁天皇の后の日葉酢媛《ひばすひめ》の葬式のときに、はじめてそうしたと書いてあるでしょう。日葉酢媛は奈良市の山陵町《みささぎちょう》の佐紀盾列《たたなみ》古墳群に葬られているんだけれども、翳《さしば》とか、そこから出たいろんな大きい埴輪が橿原考古学博物館に置いてありますが、『日本書紀』の仲哀天皇の条に出てくる盾列陵《たたなみ》というのは埴輪の楯を並べてあるからの命名だと思います。檜前忌寸《ひのくまのいみき》と土師氏が殯宮で盾節舞《たたふしのまい》というのをやるんです。盾を伏せて、恭順の意を表し、あるいは鎮魂の意を表する舞を舞うんです。盾列というのはそれを連想させる。大きな埴輪の盾を古墳にずっと巻くような形で並べる。盾列古墳に葬られる日葉酢媛の葬式のときに、盾の埴輪がたくさん要るということがあってさきの説話が生まれたと思いますが、土師氏に由来する菅原・秋篠氏は盾列古墳のすぐ近くに居住していたんです。河内古市郷とか、先程言った松原市の丹比あたりにも土師郷があるわけです。そうしてまた百済系の有力な氏族がその近くに居住しているんです。大和川を管理するみたいにね。

金　中河内のそのへんはもう、百済系が目白押しだ。そのうえまた高句麗もいて、「高麗王霊神・許麻《こま》大神」が祭神という許麻神社がある八尾《やお》市久宝寺《きゅうほうじ》あたりには古くからの渡来人がいたらしく、こんな新聞記事が出たことがある。「久宝寺遺跡／渡来系土器六一片が出土／朝鮮三国時代に製作？／平行叩き目や格子叩き目」（一九八一・一一・一二、読売新聞）

谷川　『古事記』に「多《た》遅《ぢ》比《ひ》野《の》に　寝むと知りせば　立薦《たつこも》も　持ちて来《こ》ましもの　寝むと知りせば」というのがある。立薦というのは、屏風みたいに立てる薦らしいんですね。これは丹比の野原で、自分たち男女が寝るとまえもってわかっていたならば、屏風みたいな風をよけるムシロを持ってきたのにという意のようです。この多遅比野の多遅はさっき言ったように淡路で反正天皇が生まれたとき、そこの産湯を使った井戸のなかに多遅の花が浮いていたというんですね。多遅というのは虎《いた》杖《どり》なんです。そこで反正天皇に多《た》遅《ぢ》比《ひ》瑞歯《みずは》別《わけ》という称号を奉ったという。

この話は『日本書紀』に出ているんですが、虎杖を多遅という言い方は、いまも残っています。播磨や中国地方では、虎杖をダイジと呼んだり、あるいはダンジ、タジナというような言い方で、ずっと伝わっているんです、じゃあなぜ虎杖をタジと呼んだかということなんですけれども、多遅というのは一方では蝮《まむし》なんです。虎杖の花が、どうも蝮の歯並びに似ているというところから来ているらしい。反正天皇は生まれながらに歯がひとつの骨の如くであったと『日本書紀』には記されている。歯が生えていて、きれいにつながっていたというんですね。「御歯の長さ一寸、広さ二分、上下等しく斉《ととの》ひて、既に珠を貫けるが如くなりき」、これは『古事記』の記事なんです。

ところが、「三国遺事」に、まったく同じことが出ているんです。新羅の脱解《だつかい》が死んだとき、体の長さが九尺七寸、歯は凝縮して一の如く。骨節みな連鎖すと、記されている。歯の骨がつながって、一つのようになっているのは、天下無双の力士の骨だ、力の強い人の骨だと、「三国遺事」は説明しています。ところが反正天皇も九尺二寸半だった。脱解は九尺七寸で反正天皇に似ている。歯もつながっている。南方熊楠《みなかたくまぐす》の書いたのを見ますと、『プルターク英雄伝』にも出てくるんです。エピルス王のピルスというのが豪勇無双だったけれども、上顎に歯のかわりに骨一枚横に通じ、その全面に歯の隙間のような細い線が並んでいた。歯が一つになっているのですね。
要するに豪勇であることを物語る身体的特徴が、反正天皇にも脱解にもあるわけです。それで多遅比瑞歯別というのは、そこからきている。
蝮は、生まれるとき母親の体を食い破って出てくると言われているでしょう。あれは卵胎性ですね。卵を生むんだけど、腹のなかで胎性化して、そして産道を通って、食い破って出てくると言われているんです。「多遅比野に　寝むと知りせば　立薦も　持ちて来ましもの　寝むと知りせば」というのは、多遅比野というところは蝮が多かったんじゃないかと考えられる。野宿するときは立薦で蝮の進入を防いだと、思われるんです。

金　朝鮮にはいまでも泣き女というのがいましてね。要するに葬式には、他の人はみんな飲んだり食ったりするわけ。

谷川　そういうような風習だって、大陸、朝鮮半島あたりから来た風習だったかもしれません。人麻呂自身も、渡来人の流れを汲んでいたんではないか。

金　坂口安吾は、はっきりそう書いていますね。『安吾史譚』のなかの「柿本人麻呂」でです。

谷川　河内の石川の付近に、古市古墳がありますが、人麻呂の死を偲ぶ依羅娘子《よさみのをとめ》の歌があるんです。「今日今日とわが待つ君は石川の貝に交りてありといわずやも」。この石川は河内の石川だと思うんです。じゃあなぜ人麻呂が石見で死んだということになったのかというと、石見に小野一族が移住してるんです。柿本氏も小野一族なんですね、王仁氏につながりがありますから。

金　そういえば、あそこに柿本寺《しほんじ》があって、王爾下《わにしも》神社がある。これは大和のほうになるけれども。

谷川　それから琵琶湖の西に小野郷があります。その小野氏が石見に行っている。それとの関係で、人麻呂も石見に行ったという伝承が出てきて、人麻呂石見死亡説が生まれたんじゃないかと考えます。

『千字文』の王仁《わに》と古市古墳群

金　野中寺というのはいまでこそ小さな伽藍になっていますが、竹ノ内街道を通る者は恐れをなしてみたような大伽藍だったらしい。いまでもそこへ行くと、ちょっとした博物館みたいになっている。というのは、津氏の古墳群だといわれている善正寺山古墳群の石棺なんかを、境内に置いてあるわけです。野中寺のもとの礎石や何かもあり、それからまた年号というか、銘がはっきり入っている弥勒菩薩像があったり、また、朝鮮石人像が置かれてあったりしているんです。そういう具合に、野中寺は竹ノ内街道に沿っていて、船氏族の氏寺だったというこの寺院は大伽藍だったらしい。いまでもそういう面影を伝えていますね。

　先程、谷川さんがおっしゃった葛井《ふじい》氏、津氏、船氏については、ここに羽曳野市教委の古田実氏作成の系図があります。

百済の近仇首王─┬─枕流王──阿莘王
　　　　　　　　└─辰斯王──辰孫王（応神朝に渡来）──太阿良王
──亥陽君──午定君─┬─味沙──胆津（白猪史）……葛井氏
　　　　　　　　　　├─辰爾──那沛故（船史）……船氏
　　　　　　　　　　└─麻呂……秋　主（津史）……津　氏

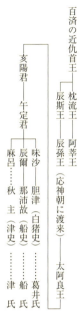

それから、その各氏族の氏神および氏寺は次のようになっている。

葛井氏族＝辛国神社・葛井寺

船氏族＝国分神社・野中寺

津氏族＝大津神社・善正寺

いま野球場がある藤井寺駅に降りると、葛井寺がある。むかしは同じ境内だったと思うんですが、そばに辛国《からくに》神社があるんです。もと韓国《からくに》神社のね。そして船氏の氏寺は野中寺で、その氏神は大和川沿いとなっている柏原市の国分神社。そこにかれらの墳墓の地松岳山古墳群があって、その松岳山古墳から出た墓誌が『古事記』以前の文字として有名なものですね。

そういうふうに、中河内のあのあたりは船氏、葛井氏、津氏族と、これだけでもたいへんなものですが、そのうえまた王仁系氏族がいるでしょう。有名な河内の文《ふみ》氏とか、蔵《くら》氏、武生《たけふ》氏、桜野氏、馬氏などがいたわけですよ。王仁というのは、ぼくも小学校の教科書で習ったけれども、『千字文』と『論語』とを持って日本にはじめて文字を伝えたとされるもので、そういう挿絵があって、王仁が巻物を捧げるところがあったりね。いま王仁の墓とされるものは、大阪に三カ所ほどあるんです。一つは枚方の百済王神社、百済寺跡近くに、「伝王仁墓」という自然石の立石があって、それを王仁の墳墓だというんですが、これはぼくはダメだと思うんです。あとの二つはさきにふれた高石市の高石神社と堺市三国ケ丘の方違《かたたがい》神社だというんですが、この二つの神社は、高石神社が王仁系氏族の高志氏の氏神だったから、そう称しているのはわかるような気がするんですが、前者の枚方のそれはまるきりダメなんですね。

だいたい、王仁系氏族としていちばん大きく中心となっていたのは、古市が本貫だった文氏、西《かわち》漢《のあや》氏というのもこれのことではないかと思うんですが、その文氏です。文氏族の氏寺だった古市の西琳寺《さいりんじ》は、いまは廃寺のようなものとなっているけれども、もとは東西一町、南北一・五町という規模の壮大な寺院だったものです。いま径二・七三メートル、高さ一・一八メートル、重量推定二・八トンという塔礎石が残っていますが、これはすごいもので、日本最大のものです。

　このような大寺院を氏寺としていた文氏の祖先となっている王仁の墳墓が、古市から四〇キロも離れた枚方《ひらかた》にあって、しかもそれが現代の墓のような平地に自然石一つ、というのはまったく信じられないことです。だいたい、古代の墳墓は本貫の地に営まれるのが通則のようなもので、このことについては森浩一氏も、「王仁系氏族とその遺跡」（座談会『日本の渡来文化』中公文庫）で、古墳は「居住地に近いところにつくる」として、こう言っています。古市古墳群は「まさしく広い意味の王仁系氏族の居住地とあまりにもよく一致しすぎるんだということですね。問題は一番そのへんが面白そうです」。

　ですから、ぼくは王仁の墳墓は古市古墳群のなかにあると思っていますが、そもそも、王仁はこれを日本語で読めば「おうにん」または「おうじん」でなくてはならないのに、どうして「わに」なのでしょうか。

　ぼくは子供の頃からふしぎに思っていたのですが、これは朝鮮語の王任（ワンニㇺ＝王様）ということからきたのではないかと思うようになりました。そう考えると、四世紀末か五世紀はじめの渡来という王仁とはどういうものだったか、わかるような気がする。王

羽曳野市の野中寺

仁は『千字文』など文字を伝えた学者・博士ということになっていますが、これなどにしても、『隋書倭国伝』をみると、倭は「百済に於いて仏教を求得し、始めて文字有り」となっている。

いずれにせよ、百済からの王、ワンニム（王様）はあちこちにいたもので、古市から東へ少し行くと杜本《もりもと》神社のある駒ケ谷で、竹ノ内街道のそこは河内飛鳥ですが、そこに、これは王仁よりは後の渡来ですけれども、百済混伎《こんき》王を祀る飛鳥戸《あすかべ》神社がある。神宮・神社の祭神はいろいろと変えられてきていますが、これだけは変えられずにきている珍しいものです。

それからもう少し進むと太子町、いわゆる「王陵の谷」となりますが、そこらへんはもと石川百済村で、また敏達天皇の百済大井宮があったところとなっている。

谷川　駒ケ谷も、鍛冶かなんかの連中が多いですね。金なんとかという姓が目立ちます。

金　いまでも金銅《こんどう》さんというのが多いですね。竹ノ内街道が昔の面影をわずかに残しているのは、その駒ケ谷あたりです。

谷川　渡来人が入り込んだ感じですよ。ところで住吉神社の住吉をスミヨシというのは、あとでつけたので、もともとスミノエと呼んだのですが、スミノエというのは、安曇江の「ア」が省略されたという説もあるんです。安曇江の「ア」が取れてスミノエになったんだというんですね。安曇に由来する地名には、安堂町とか、安堂寺とか、大阪にもある。安曇江のアが省略されて、スミノエになるんだけど、今度はアズミの下のほうのミが省略されてアドになるんですね。

金　近江では安曇川《あど》ね。

谷川　安曇川と書いてアドガワと言う。物部氏の先祖の饒速日《にぎはやひ》が天の磐船に乗ってやって来たとき、船長は跡部首であり舵取は阿刀造《みやつこ》です。跡は阿刀とおなじです。それに天津麻良という、金属を精錬する真浦とか麻良の名をもつ鍛冶屋集団を乗せているわけです。そうすると物部と阿刀氏は非常に関係がある。この阿刀氏が大和川の舟運を司っている。

大和には平群《へぐり》郡に安堵《あんど》、城下郡に阿刀がある。物部守屋が敗死したのは、河内国渋川郡跡部郷です。今の八尾市植松町、このように物部の一族である阿刀氏が大和川を牛耳っていたことが地名からわかる。

船氏とか、津氏とか、葛井氏は大和川の舟運との関係がおおいにあるんですね。

船氏、津氏、葛井氏は、欽明天皇の頃という説がありますでしょう。そうすると物部氏はまだ健在であるはずですが、そのへんの関係が私もいまひとつはっきりしないんです。

金　阿刀氏、安曇氏というのはいわゆる海人族でしょう。物部氏と阿刀氏とは同族ということですが、そのはずですね、同じ海人族ですもの。

谷川　それは当然です。物部氏は金属を生産している集団を支配していた者だと思うんですが、それと協力関係にあった安曇氏、阿刀氏がずっと大和川の舟運に従事している。奈良県は大和川一本で、支流はたくさんあっても、本流は一つしかない。そこで、物部氏が大和川を押さえていたことが、大変な力を持っていた背景にあるわけですね。

北河内にみられる百済王敬福の跡

金　今度は北河内のほうを少しみたいと思うんですが、北河内というと、だいたい枚方市が中心になるんだけれども、ここでいちばん注目したいのは、百済王神社というのがあって、同じ境内に、大阪府の特別史跡になっている百済寺跡というのがある。大阪府の特別史跡というのは、確かこれと大阪城と二つだけだそうですね。さきにみた王仁、それから津氏、葛井氏、あるいは船氏などの祖が渡来したのは四、五世紀頃ということになっておりますが、こちらの百済人は七世紀後半、百済が滅びてから来た連中なんです。そのなかでいちばん有名になったのは、百済王敬福《きょうふく》ですけれども、この敬福は百済の最後の義慈王から出たものですが、百済の義慈王には四十何人もの子がいたそうで、それが、日本のあちこちに来て百済王を称している。藤ノ木古墳のある斑鳩《いかるが》の隣の王寺にもいたし、また、九州の日向にも来ていて、そこはいま「百済の里」になっている。

こちら、北河内の枚方を根拠地としていた百済王氏は、ここに今井啓一氏の『百済王敬福』にある系図がありますが、一族は出羽守などとして東北の経営にやられ、敬福は陸奥守になるわけです。

百済王禅（善）光──昌成──遠宝（常陸守）──慈敬──英孫（陸奥鎮守権副将軍・出羽守）
　　　　　　　　　　└─郎虞──孝忠──三忠（出羽守）
　　　　　　　　　　　　　　└─敬福（陸奥守）

敬福（陸奥守）──理伯──俊哲（陸奥鎮守将軍 征夷副使）──聡哲（出羽守）
　　　　　　　　　　　　　　　　　　　　　　　　　　　└─教俊（鎮守将軍・陸奥介・出羽守）
　　　　　└─武鏡（出羽守）

百済が滅びて七世紀頃にやって来たものは、そのときはもう大和朝廷がかなり固まっていたので、そういうふうになった。このことは百済と前後して六六八年に滅びた高句麗についても同じようなことがいえ、こちらはだいたい関東の開拓にやられる。その例としては、相模や武蔵などの関東にある高麗神社ですね。いまの東京都狛江市には五世紀頃に渡来した高句麗が展開していたのですが、一方、埼玉県の高麗郡（いま入間郡）に展開したのは高句麗の滅びたあと、相模の大磯あたりから八世紀はじめに移った者たちです。こうしてみると、約二百年以上をおいて、またさらに高句麗人が来て重なったわけですね。

ところで、こちら北河内にいた百済王敬福というのはなかなか面白い人物なんです。陸奥守となっていた敬福は、聖武天皇の時代ですけれども、奈良東大寺の大仏鋳造のときに、陸奥国で金を発見して、それを送ってきたということで有名ですね。その金の発見地は昔の小田郡で、いまは遠田郡涌谷町の黄金迫《こがねざま》あたりだったらしく、そこにいま黄金山神社というのがあります。そのことで、大伴家持に「陸奥の国より金《くがね》を出《いだ》せる詔書を賀《ことほ》ぐ歌」というのがあって、「東《あずま》なるみちのくの山に金《くがね》花咲く」と歌ったけれども、その金は歴史的にも重大な発見だったわけです。

枚方市の百済王神社

百済王敬福という人物がどう面白いかというと、『続日本紀』にはご承知のように、そのときどきの大きな人物の「評伝」が載っているんですね。たとえば、坊さんとして日本で最初に火葬になった、これも百済からの渡来だった道昭とか、あるいは行基、こういう者の評伝が載っているわけですが、百済王敬福の評伝はこうなっている。

「天平神護二年（七六六）五月壬子《みずのえね》刑部卿従三位百済王敬福薨ず。其の先は、百済国義慈王より出ず。……

百済王昌成、幼年、父に随いて帰朝し、父に先だちて卒す。飛鳥《あすか》浄御原《きよみはら》の御世（天武）に小紫を贈り給う。子、郎虞《ろうご》。奈良の朝廷《みかど》の従四位下摂津亮《せっつのすけ》敬福は、即ち其の第三子なり。放縦《ほうしょう》にして拘らず、頗る酒色を好む。感神聖武皇帝、特に寵遇を加えて賞賜優厚《ゆうぐ》なり。

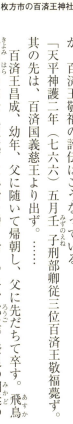

時に士庶あり来りて清貧なることを告ぐれば、毎《つね》に他物を仮して望外に之《こ》れを与う。是れに由り、頻りに外任《げにん》を歴《ふ》れども家に余財無し。然して性了弁《しょうりょうべん》にして政事《まつりごと》の量あり。

天平年中に任えて、従五位上陸奥守に至る。時に聖武皇帝、盧舎那《るしゃな》の銅像（大仏）を造り給う。冶鋳《やちゅう》畢《おわ》りて塗金足らず。而して陸奥の国より駅《はゆま》を馳せて、小田郡より出でし黄金九百両を貢《たてまつ》る。我が国家《こっけ》、黄金此れより始めて出でたり。聖武皇帝甚だ以て嘉賞し、従三位を授け宮内卿に遷す。俄《にわか》にして河内守を加えられる。

勝宝四年に常陸守を拝し、右大辨に遷る。頻りに出雲、讃岐、伊予等の国守を歴たり。神護の初めに刑部卿に任ぜられる。薨ずる時、年六十九なり」と。

「放縦にして拘らず、頗る酒色を好む」とはなんかこう、たいへん近代的なんだな。「時に士庶あり来りて清貧なることを告ぐれば、毎《つね》に他物を仮して望外に之を与う」というのも面白いところで、それでいつも貧乏していたというわけですね。

それから、ここは門真市となりますが、茨田《まんだ》というと、これは四世紀の渡来という百済人によって築造された、日本最初の大土木工事とされる茨田堤が有名ですけれども、それはおいて、話は寝屋川市のほうのことになりますが、こういう新聞記事が前に出たことがあるんです。一九八〇年五月八日の毎日新聞ですが、「最古の神社跡？／白鳳時代の柱跡など発掘／大阪の高宮廃寺周辺」とした見出しのもので「大阪府寝屋川市高宮の高宮廃寺跡周辺を調査していた寝屋川市教委は七日までに同廃寺西方で、一辺が一メートルもある正方形の掘っ立て柱跡を発掘した。柱跡の配列と出土した須恵器から白鳳時代（七世紀後半～八世紀初頭）に建てられた建物跡と判明したが、関係者のあいだでは、現在、同廃寺跡に建っている高宮大杜御祖神社《たかみやおおもりみおや》の創建時の遺構との見方が強まっている。この神社は仁徳天皇の時代に朝鮮半島から渡来して来た高宮氏の氏神。……
この建物遺構が高宮大杜御祖神社跡と推定される理由は、現在の高宮大杜御祖神社と百メートルしか離れておらず、また同神社がもともと建っていたとされる伝承地が、現場の北約五十メートルと近接していることや、寺院跡から礎石、瓦類が出土するのに、現場からはこれらがまったく見つかっていないこと、さらに一般の住宅跡にしては柱が大きすぎる点など。また、高宮廃寺も白鳳時代に創建された高宮氏の氏寺で、渡来系古代氏族の多くが氏寺と神社を並べて建立した事実とも、時代、場所の点で符合するという」。

こういう記事ですが、どうしてこの記事のことを持ちだしたかというと、これが日本最古の神社跡といえるかどうか、ということなんです。高宮氏というと、大和の漢《あや》氏族から出た高宮氏の廃寺跡としては、大和・御所《ごせ》市の鴨神に高宮廃寺跡があって、行基なんかもここで修行しているんですね。

谷川　高宮廃寺は、いまは金剛山というのだけれども、かつての葛城山ですね。そこを高天から登って行くところにあるんです。

金　そうです。それがいまは御所市になっている鴨神です。

谷川　ものすごく急な坂をのぼっていくと、杉林の上にあって、礎石がまだ残っているんですね。あれはいろいろ説があるんですけれども、蘇我氏の本拠であったとか、あるいは道観つまり、道教のお寺ではなかったかとかいろいろいわれています。

金　行基はそこで徳光禅師から戒を授けられていますが、その高宮廃寺は、いまみた高宮大杜御祖神社の高宮廃寺とはまた別なんです。高宮大杜御祖神社というのは、その名称からしても相当に古いんじゃないかという気はしますね。

谷川　それは寝屋川のほうですか。

金　そうです。寝屋川です。

鳥取《ととり》と銅剣、銅鐸のつながり

谷川　もう少し物部にこだわると、物部と長髄彦《ながすねひこ》の連合軍が、孔舎衙坂《くさか》の戦いで、九州からやって来た邪馬台国の軍隊を撃退した。敗け戦になったんだということで、邪馬台国の軍隊は南下するわけです。私は神武東征の伝承は邪馬台国の東遷という史実を反映したものだと思っていますが、神武の兄の五瀬命は、孔舎衙坂の戦いでひどく傷ついて、雄水門《おのみなと》というところで、自分は卑しい奴らのために、こんなに手傷を負って苦しまなくちゃならないかと叫びながら死んだという。そこがむかし鳥取庄と言われまして、物部守屋が滅ぼされたときに、いちばん忠実に付き従って、最後まで戦った捕鳥部万《とりべのよろず》の本拠だと言われているんです。不思議にそれとつながっていく。そこに捕鳥《ととり》という言葉が出てきますが、私は物部は、鳥を捕ることと関係があると考えるんです。捕鳥部万は、守屋に忠誠を尽くして、最後まで獅子奮迅の戦いをする。

最近、鳥取氏のことを書いた本が大和書房から出まして、著者は大阪の考古学者です。実証的な遺跡の調査研究を長くやってきた山本昭という人なんですけれども、その人が捕鳥部、鳥取部、取鳥部は、金属と関係があるということを言っているんです。ただし、山本昭氏は製鉄との関係を重視しています。それに反して私は製銅との関係を主に考えているんです。雄水門は、大阪府の泉南市の樽井のあたりで、それは鳥取庄だと言ったんですが、泉南郡の岡中というところから、明治三十六年に銅鐸が出ている。それが捕鳥部万の本拠だったところなんです。

泉南市といえば、垂仁天皇の皇子、『古事記』では印色入日子《いにしきいりひこ》ですけれども、『日本書紀』では「五十瓊敷命《いにしきのみこ》が茅渟《ちぬ》の菟砥《うと》川上宮に居《ま》しまして、剣一千口を作る。因りて其の剣を名づけて、川上部《かわかみのとも》と謂う」とあって、その一千口の剣は石上《いそのかみ》神宮に納めたと書いてある。納めたときに、これは「春日臣の族《やから》、名は市河をして治めしめよ」というふうに神様が託宣を下すわけです。そこで市河という名前を持った春日臣の族に、それを管理させるわけですが、「是、今の物部首が始祖なり」と、やっぱり物部氏につながってくるわけです。茅渟の菟砥の川上宮と言いますのは、『古事記』によりますと、鳥取の河上宮となっています。やはり鳥取《ととり》なんですね。鳥取の河上宮で一千本の刀をつくって、石上神宮に納めたということで、その剣は銅剣だと思うんですけれども、剣をつくるということと、その近くから銅鐸が出てきているということを考えますと、捕鳥というのは、単に鳥を捕るというんじゃなくて、むしろ銅鐸と銅剣とか、青銅器をつくるときの鋳造する人たちの信仰した白鳥をあらわしていると、私は推測するわけです。鳥取造の先祖の天湯河板挙《あめのゆかわたな》というのが、白鳥を捕らえようと諸国を探して歩く話が『日本書紀』に載っています。

垂仁天皇の王子ホムツワケが、三十歳になってもものを言わないものですから、なんとかしてものを言わせようとして、垂仁天皇は苦心するわけです。あるとき空を白鳥が飛ぶと、皇子のホムツワケはパクパクと口を動かすんですね。アギアギと言うんですよ。白鳥が飛ぶと何かものを言うらしいというので、天湯河板挙をして白鳥を捕らえさせにやるのです。但馬で捕らえたとか、出雲で捕らえたとかいうことになっているんですが、いずれにしても天湯河板挙は、一千口の銅剣を鋳造した茅渟の川上宮、『古事記』では鳥取の河上宮が彼の本拠なんです。

『新撰姓氏録』によりますと、天湯河板挙は出雲の宇夜江というところで白鳥を捕らえたとなっています。昭和五十九、六十年に銅剣が三百五十八本、銅鐸六個、銅矛十六本が出た神庭《かんば》荒神谷の隣の谷です。直線で二百メートルぐらいしかない。宇夜江ですから、むかしは入江だったところです。これをみても、鳥取と銅剣、銅鐸のつながりがあるらしいと言えるわけです。斐川町（現・出雲市斐川町）の荒神谷は昔、神庭《かんば》なんです。地名がちゃんとすでに暗示しているんですよ。景初三年の銘の銅鏡が神原《かむはら》神社の境内から出たことがあるんです。斐伊川が洪水で、しょっちゅう土手が切れるものですから、戦後、川のそばにあった神原神社の境内の古墳を整地したわけです。そうしたら、卑弥呼の頃の大きな銅鏡が出てきたんです。

ところが、『出雲国風土記』に、ここはオウナムチが財宝を積んで置いたところだから神財《かむたから》の郷というんだけれども、それが訛って、いまは神原の郷と言っている、と記されている。神原とか神庭とか、そういう地名のつけられたところは地名が暗示しているわけです。

兵庫県佐用郡佐用町に神場神社というのがあるんです。『播磨国風土記』の「讃容《さよ》郡」の条によりますと、そこは昔、十二の谷があって、谷ごとに鉄《まがね》、鉄が採れるとなっています。そこの神場神社には、天目一箇神が祀られています。天目一箇神というのは、目一つの神で、これは鍛冶、製鉄、製銅に関係がある。神場神社のあるところは、太古は鹿を放った山だから鹿庭《かにわ》山と言われたと『播磨国風土記』には記してあるのですが、それは付会の説で、庭は神祭の場所を言うのです。それで神庭が神場となったと思いますね。

藤沢市に大庭《おおば》神社というのがありますが、あれもやはり大きな庭で、神を祀っている庭のことなんですね。

出雲の神魂《かもす》神社の所在地は松江市の大庭ですね。大庭と書いてあるのは、単に庭があるからというんじゃないですね。神を祀るところが大庭なんです。

日前《ひのくま》、檜隈《ひのくま》のクマとは？

谷川　ところで和歌山には日前《ひのくま》神社――ニチゼンさんと言われていますが――が祀られています。あれは天照大神が天岩戸のなかに籠もって、銅鏡をつくらせるでしょう。はじめに作ったあんまり出来がよくない銅鏡を、日前国懸宮《ヒノクマクニカカスノミヤ》に奉納したと『古語拾遺』に書いてある。

金　そうなっているんですが、その日前《ひのくま》が問題だな。大和飛鳥の檜隈《ひのくま》のことを、ある人は檜が茂ってその陰が隈をつくって、なんていうんだけれども、これは眉唾で、和歌山へ行くと日前《にちぜん》と言っているでしょう。だから日前、檜隈《ひのくま》というのは太陽信仰と関係があるんじゃないかなと思う。高階成章氏の「日本書紀に於ける熊野」をみると、「日前と書いて『ヒノクマ』と訓《よ》ましているのは、日の神という古い称え方が、神聖なものを『クマ』と称える韓国の言葉に影響された結果」とあります。

日前・国懸神宮と碑

谷川　まあ銅鏡ですから、私も関係はあると思う。紀州の国造の紀氏が、日前神社の祭主神みたいになっているんですが……

金　天照大神などはあとの付会で、紀氏族の祖神を祀ったところでしょうね。

谷川　『日本書紀』を見ますと、「石凝姥《いしごりどめ》を以て冶工《たくみ》として、天香《あまのかぐ》山《やま》の金《かね》を採りて、日矛《ひぼこ》を作らしむ。又真名鹿《まなか》の皮を全剝《うつはぎ》にはぎて、天羽鞴《あまのはぶき》に作る。此を用《し》て造り奉る神《みかた》は、是即ち紀伊国に所坐《ましま》す日前神《ひのくまのかみ》なり」とある。

天香具山の金《かね》を採って日矛をつくらせた。天日矛の日矛なんですね。ですから、これをみても天日矛は青銅器を表している。そして天羽鞴、これは鹿の皮で鞴を作ったというんでしょう。それでつくったのが神《みかた》という。御像《みかた》を映すもの、要するに神鏡なんですね。日前も日矛と同じように、太陽神を崇拝する鏡じゃなかったかと思いますね。日《ひ》の前《くま》は太陽の神ということ。クマは神様を指す語なんです。

金　そう、朝鮮語のコム（熊）です。

谷川　コムなんですね。たとえば、神に捧げる稲を奠稲《くましね》という。神に供える稲をつくるところを神《く》稲代《ましろ》という。

金　そこにも、その言葉が生きていたんですね。

谷川　ここではクマというのは神に供えるもののことなんです。熊本に神水と書いて、クワミズと読ませるところがある。おそらくこれは神の水を意味するクマミズがクワミズになったんじゃないかと考えられます。これは水前寺公園の湧水池の近くにあります。クマというのは、隈々《くまぐま》しいとか、八十《やそ》隈《くま》とか、八十隈坂とか、『万葉集』に出てきますが、川に沿って道があると、ところどころ見えなくなるでしょう。要するに川が蛇行している。だから向こうが見えない。八十はたくさんそういうところがあるんです。だから隠れているところなんですね、隈というのは。

八十隈坂なんていうと、それは黄泉の国に行く坂だという説もあるんです。『万葉集』に出てくるんですが、そういうふうに解釈したほうが、ぴったりくる歌があるんです。

隈というのは隠れたところ、幽暗なところ、籠もるとか、そういうものと関係があると思います。要するに、神は、幽暗な薄暗いところ、目に見えないようなところにいる、なにかわけのわからない幽暗なエネルギー、それが神だと思いますね。

金 普通われわれは、神様のことを神と言っておりますけれども、ほんとはカム（神）でしょう。

谷川 カムと言いますよね。

金 字引を引いても、旧仮名ではカムになっている。

谷川 カミという言葉もありますが、カムですね。

金 語尾から変化しているという例ですね。

谷川 朝鮮では神はコムでしょう、はっきり言うと。

金 そう、それがカムになり、カミになっているということですね。神の依《よ》り代《しろ》はカムナム（神の木）、それが神奈備《カムナビ》ともなっている。

谷川 朝鮮の熊川《ゆうせん》をコムナリというでしょう。ナリというのは、鴨緑江をアリナレというように川ですからね。それはアイヌ語のナイにも通じるというけれども……

金 ナリというのも朝鮮語で、それがアイヌ語にもなっているとは、アイヌ学者の知里真志保氏も書いています。

谷川 古代の朝鮮語と、アイヌ語の古い言葉はどこか共通なものがある。

金 それがまた面白いですね。

谷川 熊だってそうなんですね。熊だって籠もるから熊なんです。冬ごもりするでしょう。

金 朝鮮の檀君神話に出てくるでしょう。籠もって百日、日を見ちゃいかんと。虎は途中で出てしまうけれども、熊は百日籠もって、美女に生まれ代わって、檀君の奥さんになる。
谷川　だからクマもカミも、籠もると関係がある。コムとか、朝鮮の言葉と共通なものがあると思うんです。それで日前のクマも、クマナリのクマ、あるいはクマシロのクマと同じように、太陽神のかたどりである、鏡を御神体にする。
金　鏡は太陽を映す。反射するからね。一般の人民としてはそれがなにやらわからない、こわいものでもあったにちがいない。
谷川　なにかそんな感じですね。日前と書いて、クマと読ませているけれども、鏡をミカタという。ミは美称で、カタは鋳型の型でしょう。しかし形であり、像でもある。それを鏡と書いてミカタとルビをふっている。
金　熊野とか、熊野神社というのは日本のあちこちにある。
谷川　森林が鬱蒼と茂ってこもったところ、熊野のいちばん南のほうは牟婁郡。ムロも、こもった部屋を室《むろ》というでしょう。地名でもムロというと、だいたいそういうところですね。信州あたりで大室《おおむろ》なんていうと、冬に野菜を入れておく地下室、あれも室なんです。
金　信州には、高句麗系の積石塚として有名な大室古墳群というのもありますね。
谷川　地名にも大室《おおむろ》なんてあるんです。あれもやっぱり朝鮮語と関係ありますね。
金　そうでしょう。村のことをフレともいいますが、たとえば、トヨフレ、豊村。
谷川　豊の村ね。
金　その豊の村をトヨフレと言ったんですってね。フレというのは、いまでも壱岐なんかへ行きますと、九十九箇所もあるんです。触《ふれ》れ回る触の字になっていますが、これは古代朝鮮語で集落、または村ということなんですね。だから、ムレ、ムロとも関係があって、紀伊の牟婁《むろ》郡などそれからきたものですけれども、しかし、これもまたいろいろなかたちで転訛しますから。

谷川　それはいろいろ転訛する。フロなんていう言葉は空洞でしょう。風呂という地もたくさんあります。ガランとした谷みたいなのをフロというんです。これは紀州にたくさんあります、フロとかムロという地名として。

岸部、吉志部《きしべ》と難波吉士《なにわのきし》との関係

金　ここでさきに言い忘れた摂津の有名な四天王寺のことや、難波吉士《なにわのきし》についてちょっと話したいと思います。大阪の吹田市に岸部というところがあって、そこに吉志部《きしべ》神社がありますが、『大阪府の歴史散歩』にそのことが、「吉志部バス停から北西に吉志部神社がある」としてこう書かれている。

吹田市の吉志部神社

「古来の産土神《うぶすな》、天照大神はじめ七柱の神を祭り、七神明神とも呼んだ。むかしは荘厳をきわめた社殿も応仁の乱の兵火で灰燼に帰し、現在の本殿は一六一〇（慶長十五）年、三好長慶の次男吉士部一次の再建によるものといわれ、七間社流造で大阪府下に類例がない特異な建物である。

　吉志部の地名については、朝鮮から渡来した難波吉士の一族と関係があるとされている。難波吉士の名が『日本書紀』に最初に見えるのは、安康天皇元年、根使主《ねのおみ》のざんげんで天皇と大草香皇子が争ったとき、皇子に殉死した難波吉士日香香《ひかか》である。雄略天皇一四年には、根使主の失脚により、日香香の子孫に草香部吉士の氏姓が与えられている。

以後、主に外交関係の記事に難波吉士の名がよく見出される。有名なのは、六五九（斉明天皇五）年の遺唐使に関する記事で、『難波吉士男人《おひと》の書に曰《いわ》く』として史料を明示し、記事の確実性を高めていることだ。この部分の原稿を書いたのは、おそらく六八二（天武天皇一一）年三月に川島皇子・忍壁《おさかべ》皇子らとともに国史の編修を命ぜられた難波連大形《むらじおおがた》であろう。かれは同年正月には草香部吉士大形であったが、同年、連《むらじ》の姓《かばね》を与えられたもので、四年後には忌寸《いみき》の姓を与えられている」。

吉士がいまは「岸」になっているのも面白いですが、古代の難波吉士というのは相当の大族だったようですね。

谷川　その吉士《きし》というのは、だいたい対外交渉にあたる外交官の役目をしていたのでしょう。

金　外交のほうだったかどうかはともかく、「吉士」というのは新羅の官等第十四位の称号です。新羅の官位だったそれが、後には吉士＝吉志氏というふうにもなったんじゃないですかね。難波吉士からはいろいろな氏族が出ているらしく、阿倍氏、膳《かしわで》氏、丈部《はせつかべ》氏などは「吉士集団」（原島礼二「関東地方の渡来文化」「古代の多摩と渡来氏族」）となって関東にまで発展している。埼玉大学の原島礼二さんは、こうも書いています。「埼玉県行田市稲荷山古墳出土の鉄剣銘文にいうヲワケ臣なる人物は、私見では阿倍・膳氏の一族と考えられるが（『鉄剣銘文は語る』ほか）、その鉄剣がこの武蔵の地に副葬された秘密を解く上で、多摩郡の丈部直や吉志氏の存在は見逃すことができないのである」と。

谷川　『日本書紀』雄略帝八年の条のなかに出てくるんですが、高句麗軍が新羅に駐屯したときに、安倍氏の同族の膳臣や難波吉士が新羅の応援に行って、奇計をもって高句麗の軍隊を撃退したという。それでその膳臣らは、新羅に、「これから日本の朝廷に背くことはあいならん」と言ったと記されているんですが、「貞観儀式」には大嘗祭の午《うま》の日に、安倍氏が吉志舞いを奏すというのが出てくる。そのとき、高麗《こま》の乱声《らんじょう》を作《な》して進め、舞う者が二十人、楽人は二十人で、安倍、吉志、大国、三宅、日下部、難波の氏が供奉したとあるんですね。難波忌寸というのは、『新撰姓氏録』によりますと、大彦命の末裔だというふうになっているんですね。それは「神功紀」の摂政元年に麛坂王《かごさかのみこ》と忍熊王《おしくまのみこ》が叛乱を起こしたときに、その吉士の先祖の五十狭茅宿禰《いさちねのすくね》が叛乱兵の味方をした。そして忍熊王と五十狭茅宿禰は追いつめられ、近江の瀬田川の渡し場で死んだと伝えている。現在、奈良市に押熊という地名がありますし、それから忍熊王の墓もあるんです。難波吉士の先祖の五十狭茅宿禰が叛乱軍のほうに味方したということは叛逆罪に問われるべき行為である。これは難波吉士の家系の汚点になるんですね。それで『新撰姓氏録』では大彦命の末裔というふうに、もっていったんじゃないかという説があるんですけれどもね。

金　先程、吉志部神社のことを言いましたけれども、それはこころざしの志の吉志部です。さむらいの士の吉士と、どちらも同じものですが――。

谷川　吹田市岸部の地名が残っているでしょう。岸部は吉志部でもある。

日下《くさか》とも関係の深い難波吉士

金　そうです。それからこれは聖徳太子による建立とされている四天王寺ですけれども、九州大の田村圓澄さんはそれを「難波吉士氏の私寺」ではなかったかとして、こう書いております。「四天王寺が（京都）太秦《うずまさ》の広隆寺と同じく、聖徳太子および新羅とかかわりをもっていたことは、否定できません。四天王寺は元来は、難波吉士氏の私寺であったと思われます。四天王寺の金堂の本尊も（秦氏族の氏寺だった太秦の広隆寺と同じく、新羅からおくられてきた弥勒菩薩）半跏像です」（『古代朝鮮と日本仏教』）

こうしてみると、さきにみた吉志部神社は吉士＝吉志氏族の氏神のひとつであり、四天王寺はもとその氏寺であったとも考えられる。この四天王寺周辺にはもと百済寺があって、いまもそれの後身といわれる寺が、いくつかあってよくわからない。そういうこともあるのでぼくは、その百済寺が四天王寺になったのではないかと思っていたのですが、しかし、田村さんのいう「私寺」説には上田正昭さんも賛成のようです。

谷川　どうして難波吉士の私寺であったということになるのかな。

金　その地一帯は、難波吉士族が押さえていたところだったことは確かなようです。天王寺区の四天王寺と接している阿倍野区には阿倍王子神社があるんですが、これはもと、そこの阿倍野を開発した阿倍氏族の氏神ではなかったかと思います。

谷川　阿倍氏の何……？

金　難波吉士と同族の阿倍氏の氏神。阿倍野区に接してそこはいま西成区となっているところに「岸ノ里」というかなり広い範囲をもった地名がある。そこにちょっとうまい魚を食わせる「おか治」という小さな飲み屋さんがあるので、ぼくは大阪へ行ったときはよく寄るんですが（笑）、この岸ノ里も吹田の岸部と同じく、吉士からきたものだと思います。

ついでに言いますと、吉志部神社のある吹田市の西に池田市がありますが、ここにも吉志氏族と同じ新羅系の秦氏族の集住した上秦《かみはた》、下秦《しもはた》郷があって、ここにある伊居太《いけだ》神社を秦上《はたかみ》社といい、また秦下《はたしも》社という呉服《はとり》神社もある。それからまた、伊居太神社境内に猪名津彦神社があり、近くには秦氏族のそれではないかという古墳などもあります。

谷川　先程、金さんが触れられた『日本書紀』の「安康紀」の元年の記事のことですが、安康天皇が皇子のために、大草香皇子の妹を皇妃に迎えようとした話が出てくるんですね。そのときに難波吉士日香蚊《ひかか》父子が大草香皇子に仕えていた。その草香はいうまでもなく河内の日下ですね。雄略天皇の十四年には、難波吉士日香蚊の子孫を大草香部吉士としたとある。難波吉士が雄略天皇の条では大草香部となっているんですね。ですから河内の日下と難波吉士とは非常に関係が深いということがわかる。阿倍氏は、こういうふうになっているわけですよ。いま金さんがおっしゃった阿倍野区のところも、阿倍氏の名前が残っていると思うんです。

「岸」地名の標式

『新撰姓氏録』の河内国皇別に、「日下連、阿閉朝臣同祖」とありますね。「大彦命の男、紐結命の後なり」とあり、日本紀はそれを漏らしていると注している。日下連が阿閉朝臣と同祖であるということから、河内の日下に阿倍氏の同族が住んでいたらしいということがだいたい推定できるんですね。

同じ『新撰姓氏録』に「大戸首《おおへのおびと》」について、これはまた阿閉朝臣と同祖で「大彦命の男、比毛由比命の後なり」と書いているんですね。阿閉朝臣と大戸首というのはまったく同じなんですよ。草香連も大彦命の息子の紐結命の後である。大戸首と阿閉朝臣、草香皇子、みな同じなんですね。

さらに『新撰姓氏録』には「安閑天皇御世に、河内国日下大戸村に御宅《みやけ》を造立し、首《おびと》と為して、仕へ奉りき。仍《かれ》、大戸首の姓を賜ひき。日本紀漏」。『日本書紀』はこれは脱漏しているとある。河内国日下に大戸の村というのがあり、そこに大戸首というのが御宅をつくっておった。その大戸首は日下連と阿閉朝臣と同祖であると書いてあるわけですね。

『和名抄』によりますと、河内国河内郡大戸郷と河内郡大宅郷の名が記されている。大宅と大戸の二郷、御宅《みやけ》でもいいですけれどね。これで大戸首と日下連と阿閉朝臣は、日下に関係あることがだいたいわかるわけですね。大草香部吉士を名乗った難波吉士も。

金　それはわかるね。

阿倍野の阿倍氏は蝦夷につながる

谷川　『古事記』には雄略天皇があるとき三輪山の近くの三輪川のほとりにいたったとき、川で衣類を洗っている童女がいて、それが美しい女だったから、誰かと尋ねたら、自分の名は引田部《ひけたべ》の赤猪子《あかいのこ》であると、その娘が言った。雄略帝はやがて宮中におまえを召すから、結婚しないでいなさいよと言ったら、赤猪子はその言葉を真に受けながら、八十歳になってしまうまで結婚しなかった。それでも天皇がなんにも言ってこないものだから、宮廷に押し掛けて行くんですね、八十になってしまったが、私をどうしてくれると。そうすると天皇は忘れちゃっていたと言った（笑）。ひどいもんですね、昔の天皇は。それで帝は「引田の若い栗の木の原のように、若いうちに結婚したらよかった。だが、おまえは年を取ってしまったなあ」という歌を贈ったんですよ。そこで八十になったばあさんの赤猪子が、「日下江《くさかえ》の　入江の蓮《はちす》　花蓮《はなはちす》身の盛り人　羨《とも》しきろかも」、河内国の日下の入江の花の咲いた蓮のように若い人は羨ましいなと歌で答えた。引田部の赤猪子が、なんで河内の日下江の河内の蓮の歌をうたったのかという疑問が湧くんですが。引田物部というのは阿倍氏と同族なんです。阿倍引田臣があります。また物部とつながっていくんです。引田物部というのもいるんです。だから両方つながっているんです。阿倍氏ともつながるし、引田物部ともつながる。それがやっぱり日下に関連しているわけですね。その日下に由縁のある阿倍朝臣が難波朝臣とつながっている。阿倍というのは、いずれは蝦夷につながっていく。

金　ほう、それはまたちょっと意外ですね。

谷川　それはこういうことなんですよ。阿倍引田臣の流れを汲む阿倍比羅夫が斉明天皇のときに、百何十艘もの船団を率いて、日本海の秋田から津軽にかけて遠征するのですが、『日本書紀』によりますと、向こうでは戦争らしい戦争はいちどもしないで、宴会ばかり開いて、お互いに交歓し合っているんですね。そういうことは、やはり阿倍引田臣と蝦夷とに同族の血が流れているからじゃないかと思うんです。それで阿倍比羅夫の出身地を越前に置く人もいるんですね。越前の敦賀郡に匹田という地名もあります。一方で、阿倍野という地名が大阪に残っている。阿倍氏はもともと日下から阿倍野一帯にかけていた蝦夷が、何代もかけて倭人と結婚して混じり合った血筋だったと思うんですね。つまり蝦夷と倭人の混血したのが阿倍氏の先祖になったと考えられる。

これは大胆な仮説なので、『白鳥伝説』でも清水の舞台から飛び降りるような気持で書いたんですが、『白鳥伝説』を書いたのち林屋辰三郎さんの『中世芸能史の研究』を読んでいると、その一五三ページに次のように書いてあるのです。林屋さんはこのことは単なる推定の域を出ないが、と断りながらも「安倍氏はおそらく摂津阿倍野付近にはやく勢力を占め、四世紀の頃、大和朝廷の発展と共に服属した豪族であったろう」と言っています。安倍氏は奥州の安倍氏とおなじ氏族です。「秋田系図」に「先祖、摂州安倍野伊駒に住し、そののち奥羽に住す。安倍貞任は其の族なり」とあります。このことから林屋さんは安倍氏と阿倍氏が同族かもしれぬと疑っているのです。アピとかアべとかというのは、アイヌ語で火を意味するんです。

あとで長髄彦は神武東征軍と戦って、殺されるでしょう。そのあと長髄彦の兄の安日が津軽に逃れて、津軽で奥州の安倍、安東氏の先祖になったということが、「秋田系図」に出てくるんです。このことは『白鳥伝説』にくわしく書いているんですが、長髄彦の兄の安日という名前と安倍または阿倍野が奇しくもつながっていくんじゃないかと思うんです。「曾我物語」の序文に、安日という名が出てくるんです。それがいちばん古く、鎌倉時代の初期あたりですが、すでにそのとき、こういう安日という名前がつくられていたんですね。物語の中の人物としてそこで考えられることは、安倍氏は日下から阿倍野のあたりにかけて勢力をもち、難波忌寸《いみき》とも密接な関係を持っていたんじゃないかということです。

第五章　伊賀、伊勢、志摩

船大工の猪名部《いなべ》、鍛冶職人の忍海《おしぬみ》

金　伊賀の四日市市のほうに鵤《いかるが》町というのがあって、そこに額突《ぬかつき》山というのがある。これは天武天皇が壬申の乱のとき、勝ちますようにと、伊勢神宮を拝したということからきた地名だそうですね。伊勢神宮はそれ以後だんだん整備されて、皇祖神になったということらしいんですが、額突山のこちら側に伊賀留我《いかるが》神社と鵤《いかるが》神社がありまして、それと額突山とはどう関係するかわかりませんけれども、近くの員弁《いなべ》郡東員《とういん》町に猪名部《いなべ》神社があって、これがまたもう一つあるんです。これは新羅系の木工集団で、東大寺の大仏殿を作ったのが猪名部百代《ももよ》を中心とした木工集団といわれていますが、この神社も二つある。猪名部神社はその猪名部集団と関係あるものですね。まず、東員町の猪名部神社ですが、これの境内には高塚六角古墳というのがあります。それからこんどは北の山のほうへ向かって行きますと藤原町で、そこの山林のなかにもう一つの猪名部神社があるんです。猪名部神社、伊賀留我神社と鵤神社と二つずつあるのは、やはり本家争いらしく、こっちが本家だというようなことで分かれたらしいですが、ここには猪名部族とでもいうものがたくさん住んでいたようです。員弁郡東員町という地名も、そこから起こっているのですね。

猪名部というと、西摂津にも猪名川があって、そこにも猪名部廃寺などの遺跡がありますが、それがかなりまとまった形でここにもある。猪名部神社というのが二つもあるし、古墳もある。

古いということでは、藤原町（現・いなべ市藤原町）の猪名部神社のほうではなかったかと思うんですが、これに祖神を祀っていたのが春澄善縄《はるずみぜんじよう》。河出書房新社の『日本歴史大辞典』によると嘉祥年というから、八四八年から五〇年に員弁郡を所領していたのが春澄善縄ですね。春澄善縄というのは『三代実録』によると猪名部財磨というものの孫で、なかなか偉い学者でもあったらしく、かれは『続日本後紀』の撰者にもなっている。八七〇年の貞観十二年に従三位となって、七十四歳で死んでいます。こういう具合に猪名部というのも相当な豪族だったようですが、そこで面白いと思われるのは、その猪名部氏のいた東員町の額突山と伊勢神宮の関係ですね。

谷川　いまおっしゃったように、大海人皇子が美濃の不破の関に行く途中の伊勢の朝明《あさけ》郡の迹太《とお》川のほとりで、天照大神を礼拝したという話が『日本書紀』にも出ているのですが、迹太川というのは今の四日市市の朝明川のことです。

「雄略紀」に、物部日連《もののべのめのむらじ》という人物が、伊勢の朝日郎《あさけのいらつこ》を斬って、猪名部を与えられたとなっているんですね。朝明《あさけ》郡（現在は三重郡）の一部を割譲して員弁郡を新しくつくり、物部氏を、猪名部の伴造《とものみやつこ》としたとある。

猪名部を統率するのに物部氏に伴造の位を与えている。金さんのおっしゃるように、猪名部は大工で、船を造る番匠として、員弁郡に居住していたのは、そこは船材が豊富だったということなんですね。

迹太川、今の朝明川のすぐそばに耳利神社《みみと》というのがあるんですが、それは大海人皇子が天照大神を遥拝したという史蹟の碑のたつところから目と鼻なんです。また、すぐ近くに耳常神社《みみつね》もあるわけですが、いまは耳利《みみと》神社と耳常神社が合併して一緒になっている。この耳常神社も耳利神社も、船を造る木を切り出す伊勢の舟木直《ふなきのあたい》を祭る神社なんです。耳利神社というのは、四日市の大矢知《おうやち》町にあるんですけれども、大矢知町の青木山の光明廃寺跡というところから銅鐸が二個出ています。

伊勢のあたりは、忍海漢人《おしぬみあやひと》がいたと言われるところなんですね。忍海漢人というのは、記紀や風土記に出てくるんですが、奈良県御所市の名柄にある高宮、そのすぐそばの佐靡《さび》、今は御所市の佐《さ》味《み》というふうになっていますが、そのあたりに桑原、佐靡、高宮、忍海の四つの村があった。それがまとまって忍海《おしぬみ》郡となった。そこが忍海部の居住地です。その忍海郡に居住した渡来人の一部が伊勢のほうに流れているんですね。

韓神山近くの国津御祖神社の碑

大土御祖神社の碑

『日本書紀』の神功皇后摂政五年の記事に、新羅から葛城襲津《かつらぎのそつ》彦《ひこ》がつれてかえった捕虜を桑原、佐靡《さび》、高宮、忍海《おしぬみ》の四つの村に住まわせたと出てくるんですけれども、それは事実じゃなくて、韓国から日本に渡って来た鍛冶の職人たちだと言われているわけです。そのなかの忍海に居着いた漢人が伊勢国の迹太川のほとりにも来ていてそこで鍛冶職人として、やっているわけですね。忍海漢人というのは、『続日本紀』のなかに名前が出てきて伊勢では金作部牟良《かなつくりべのむら》とあります。この牟良というのは、麻良と同じように鍛冶職の名前だと思う。
それから忍海漢人安得《あんとこ》、これも伊勢国にいるんですね。播磨国には忍海漢人麻呂がいるんですが、麻呂もやっぱり牟良と同じで麻良からきたんじゃないかと思うんです。要するに鍛冶の職人のことをそう言ってる。この忍海漢人は、『肥前国風土記』の三根《みね》郡の条に漢部《あやべ》郷の説明として、「昔者《むかし》、来目《くめ》の皇子、新羅を征伐《う》たむとして、忍海漢人《おしぬみのあやひと》に勅《おほ》せて、将《ゐ》て来《き》て、この村に居《す》ゑて、兵器《つはもの》を造らしめたまひき。因《よ》りて漢部《あやべ》の郷《さと》といふ」という記事にも出てきます。渡来人の忍海漢人を採鉱冶金の技術専門家として肥前まで派遣したということなんですけれども、それがこの伊勢にもいるということは非常に面白い。

近江国にも忍海部乎太須《おたす》というのがいる。どうもこの忍海漢人というのは韓国からやって来て、まず奈良盆地の西側の御所市のあたりに住んでいましたが、鍛冶の専門的な知識があるもんですから、あちこちに移動して、あるいは移動させられて、仕事していたんじゃないかと思うわけです。

伊勢の忍海漢人の居住地というのは、大海人皇子が不破の関を目指して移動の途中迹太川のほとりに立ったあたりなんですね。つまり朝明郡と員弁郡です。ところが、前に述べたように、その近くに伊勢の舟木直を祭った神社と言われる耳利神社とか耳常神社がありまして、神社の近くから銅鐸が出てくるというんですが、員弁郡にいた猪名部は造船の大工ですから、それと密接な関係のある舟木直がやはりそこにいたということは偶然ではない。舟木氏というのは、山から木を切り出す仕事をしているんですね。その木で船を造るのが猪名部です。そこに忍海氏がいたというのは、材木を山から切り出すにも、船を造るにも、金属が必要ですから、そのために忍海漢人が、そこの金《かな》作部《つくりべ》としていたということがわかるわけですね。

額突山の前の伊賀留我神社の鳥居

東員町の猪名部神社

金　もう伊勢に入っちゃったけれども、伊賀についてもう少ししゃべりますが、伊賀というと伊賀流忍術、服部半蔵ですね。

服部といえば、四日市市の郷土史家の服部一衛氏から、「私が小学校五、六年生のころ教わった『国史』の先生が『服部は帰化人である』と話したことから、私は級友たちに、『やーい、お前の先祖は朝鮮人だ』とはやされたりした」という手紙をもらったことがありますが、伊賀上野市には服部ということと同じ呉服《くれは》川があり、服部氏の祀った伊賀国一の宮の敢国《あえくに》神社がある。この神社の祭は「服部総家の祭」で「数日これを祭るのであるが、その供奉の人々は、服部氏族およびその郎党に限られ、全員、正規の忍者の服装でこれを執行するので黒党祭の名がある」(『上野市史』)そうです。

その「黒党祭」をみることはできませんでしたが、行ってみると、敢国神社はそんな個人的な祭の神社とは思えない、たいへん大きな神社でした。祭神は服部氏の祖とされている少彦名命《すくなひこなのみこと》、金山媛などとなっています。

それから、上野市には、例の荒木又右衛門の生まれたところというもと荒木村があって、そこに須智荒木神社がある。そして境内には、「元禄三年三月十一日　荒木村白鬚社にて」とした石碑があって、「畠うつ音やあらしのさく良麻」とした芭蕉の句が刻まれています。

つまり、この須智荒木神社はもと新羅明神の白鬚神社だったわけですが、ところで、この荒木村の荒木または荒ということですけれども、これに関連して文芸評論家の荒正人さんがこういうことを書いています。

「荒族の祖先のことで、東洋歴史家の荒松雄さんと語り合ったとき、調査すればおもしろいでしょうね、ということではあったが、よく分っていなかった。——私は、戦前のことだったと思うが、『新撰姓氏録』で『荒』という姓が『安羅』であり、釜山の西にある三韓時代の小さい国であることを知った。それ以来、『安羅』の旧地を訪れてみたいという願望を抱いている」(「偏見と差別——この現代の腐蝕の構図」)

してみると、荒とは近江などにたくさんある安那(穴)と同じ安羅《あら》であり、荒木とは、大和の今来が今木となったように、安羅来が荒木となったものかもしれない。かりに、これはそうではなかったとしても、新羅が白木となった例はあちこちにありますね。

韓《から》神《かみ》山《やま》と山《さん》宮《ぐう》祭

金　さて、そこで伊勢ですが、となると、何といっても伊勢神宮です。人口十万くらいの伊勢市というのは伊勢神宮でもっているようなものですが、伊勢神宮は皇祖神の天照大神を祀るものですから、ぼくははじめおそるおそるそこを訪ねたものです。『日本の中の朝鮮文化』というのを書いていると知ったら、「門前払い」を食うのではないかと思ったわけだったのです。

ところが意外にも、というより、それまでどこを訪ねたときよりも、ここは協力的で、おどろいたほどです。まず、伊勢市教委をたずねたところ、そこに文化財調査委員の谷口永三さんがいて、「あなたがいつか来たら」と言って、神宮境域内となっているところに韓神山《からかみ》があることなどを教えてくれた。

それからこんどは、伊勢でもっとも権威あるところの神宮司庁を訪ねたのですが、ここも非常に協力的で、韓神山の出ている古い伊勢神宮域の地図をみせてくれたばかりでなく、「神宮司庁」とした腕章も貸してくれました。ちなみに言いますと、伊勢神宮の境域は伊勢市全体の三分の一、甲子園球場が千三百七十五ほどできる広さで、それが日本一壮大な鎮守の森となっている。そしてあるところは、絶対の禁足地ともなっている。

しかし、ぼくと同行の者とは、「神宮司庁」の腕章があるので、どこへ行くにも自由でした。ご承知のように伊勢神宮は天照大神の内宮と穀物神の猿田彦を祀る外宮とに分かれているのですが、それでぼくたちは、絶対の禁足地となっている外宮裏手の山に登って、俗に「天の岩戸」と呼ばれている三重県第一という横穴古墳もみることができました。

須智荒木神社の芭蕉の句碑

そこで今度はいよいよ、楠部というところにあるという韓神山を訪ねることになりましたが、しかし古い地図でちょっとみただけでは、それがまだよくわからないので、神宮摂社の月読《つきよみ》宮へ寄ってきいたところ、どういうことでか、そこにいた岡松甚作さんという老人が、こちらがびっくりするほどよろこんでくれました。「韓神山のことをきいて来たのはあなたがはじめてです」とちょっと興奮気味で、先に立ってそこへ案内してくれました。

五十鈴川がそこで屈曲している山があって、いまは近鉄がそこを横切るために一部を切られていましたが、竹林の目立つその山が韓神山でした。岡松さんについて竹藪を掻き分けて登ると、祠《ほこら》のような小さな神社があって、それは韓神社だというのでした。そこにそんな神社があるのもはじめて知ったことで、非常に印象的でしたよ。

要するに、韓神山というのは伊勢神宮禰宜《ねぎ》の墳墓の地でしたが、禰宜とは「神宮に最も密接で宮司・祭主のおかれる以前からあった」（『日本歴史大辞典』）ものだそうで、「ねがう」の原形「ねぐ」からきた語と考えられる（同上）そうだけれども、それで思いだされるのは朝鮮語の「ヌク」という言葉です。ヌクとは魂のことで、禰宜とはつまりその、人の魂のことを司るもののことですね。

谷川　いまのお話に補足したいんですが、金さんの『日本の中の朝鮮文化』を読んだときに、韓神山のことを書いた文章に非常に興味を持ったわけですね。金さんは韓神山に伊勢神宮の禰宜の墓地があるということを聞き出しているんですけれども、伊勢神宮の禰宜に荒木田と度会《わたらい》と二つあるんですが、荒木田のことに私は関心を持っていたんです。荒木田の一門の祭場が、伊勢市の西方の玉《たま》城《き》町の津良《つぶら》谷にあったことを聞いたんです。その津良谷はのちに山宮《せんぐう》谷と呼ばれ、現在はさらに泉《せん》貢《ぐう》谷という字をあてています。そこが荒木田の山宮祭をいとなんだところだといわれています。その津良谷の反対側に椎尾谷という谷があって、そこでは荒木田氏の別の門脈の人びとが山宮祭《さんぐうさい》をいとなんだといわれています。そのあと宇治の中村の小谷（尾谷）に祭場が移ったんですね。そこで一門の氏神の神社の小社湯田野神社というのが、その宇治の岩井田山に移転したとなっているんです。

その山宮祭をやる祭場が中村のオタニというところに移ったというんですが、そこは韓神山の麓で、川が流れているところなんです。そういうことを『神宮典略』に書いてあるわけです。その韓神山の麓ということで、金さんのあの文章に興味を持ったわけですね。

それで私も金さんが行かれた数年後に行ったんですが、金さんが行かれたときは、鬱蒼とした深い樹林に覆われていたという報告があるんですが、私が行きましたときは、もう祠が一つあるきりで、竹藪はなくなってしまっていました。もちろん前は金さんがおっしゃったように、深い樹林に覆われていたわけで、『神宮典略』という本に、これは荒木田一門の山宮で祖墳を祭り、いまの世は森も絶えて大いなる岩があると記されています。森はそのときはかなりなくなってはいるんですね。

私がなぜ荒木田一門の山宮祭に興味を持ったかと申しますと、山宮祭というのは氏神祭とちょっと違うんです。普通、直会《なおらい》は、お祭が終わったあとで神様と一緒に食事をすることです。ところが山宮祭では、お祭の前に食事をする。それに柳田国男さんは注目したわけです。葬式のときに、死者と生者が一緒に食事して、これが最後だという食い別れの式があるんですが、それが山宮祭のときに行なわれているというわけなんです。食い別れともみられるような、神と人間との共食が山宮祭の最初にあったんです。

そういうことで山宮祭では最初に神人共食が行なわれて、その後でお祭があったんですね。葬式をして、穢れた者しか往き来しない道がありまして、それは服忌路《ふっきじ》というんですが、山宮祭をした後では、そこを通って帰るんです。だから柳田さんは、不思議な祭という感じをもったんですね。

葬式のときの食い別れの式のような神人共食を最初にやって、最後は、葬式のあとに帰るときの道を通って帰るのはおかしいと疑問を抱き、それで「山宮考」を書いたんですね。そういうわけで、山宮祭というのは、荒木田氏や度会《わたらい》氏が祖先の墳墓を祀る祭だということのようです。

日本の神道は、穢れを非常に忌み嫌うのですね。そこでは古墳と神社は、表面は関係がないみたいにしているけれど、実は金さんがなんべんも言われたように、古墳の上に神社があったり、境内に古墳があったりする例が多いです。祭と葬は昔から分離していたんじゃないだろうと推測できるのです。そういうことから「山宮考」は非常に重要な論文だと私は思うんです。

それで私もその後追跡調査して、韓神山に行ったんです。先祖を葬った山宮を祀るわけですから、墳墓をお祭りすることとおなじである。それが穢れをもっとも嫌う伊勢神宮の禰宜によってなされているということですね。これは日本の神社の原初的な形を追究するのに重要じゃないかということですね。

金　禰宜の墳墓の地、韓神山もそういう古墳なのかもしれませんが、その韓神山のことをもう少し言いますと、岡松さんは韓神山からいったん引き返すようにしたかと見ると、今度はその麓近くの伊勢神宮神田のこちらにある小さな森のほうへぼくたちを連れて行った。四郷小学校や住宅などが並んでいる道路端の森で、そこには二つの小さな神社が並んでいました。それぞれのところに石柱がたっていて、こう書かれている。「皇大神宮摂社国津御祖《みおや》神社」「皇大神宮摂社大土《おおつちみ》御祖《おや》神社」と。「これをよく見て下さい」と、岡松さんはその石碑を指しながら言うんです。「どちらも御祖神社です。御祖神社というのは、伊勢にはこの他にありません」

あいかわらずひとりつぶやくような低い声でしたが、しかしそれだけははっきり聞こえた。「するとこの御祖神社が皇大神宮摂社ということになったのは、後からそうなったものですね」とぼくはたずねました。しかし岡松さんは、今度はまたどうしたのか、もうそれ以上、口をつぐんだきり何も語ろうとしなかった。「韓神山近くにこのような御祖神社が二つあるというのは」と、ぼくはなおもたずねてみたが、どうしたのか、岡松さんはただ黙って、首を横に振るばかりでした。

岡松さんはいまどうしているか知りませんけれども、広大な伊勢神宮について、ご自分が知っているものを、外へ出せないという感じがあって、御祖神社が二つあるのは、岡松さんのそのときの素振りでは、これは伊勢神宮の元宮ではなかったかということを示唆されたような感じがしましたね。

いま谷川さんがおっしゃったように、もともと伊勢神宮というのは、荒木田、度会という地域の豪族が祀った神社だったんですね。荒木田というのは、さきの伊賀でみた荒木と同じで、これも加耶諸国の安羅《あら》から来た安羅来という感じになるし、それから度会については、松本清張さんが『古代探究』だったかに書いているけど、要するに海を渡って来た渡来《わたらい》だと。そこに伊勢神宮を祀っていた荒木田、度会というのは非常に大きな存在だったもので、それが皇祖神となるのは、壬申の乱以後、持統朝になってから整備されたというのが普通の考え方らしいんですね。宮崎修二朗氏の『南紀・伊勢・志摩・吉野』をみますと、

「『止由気《とゆけ》宮儀式帳』という古い記録が神宮にあって、それによれば雄略天皇の夢枕に立った天照大神が『五十鈴川のほとりの一人ぽっちは寂しい。丹波の豊受大神と一緒に住みたい』とおっしゃったから、『丹波国比治乃真名井原《ひじのまないばら》』(京都府中部)から移されたものだという。

この伝説から一部の歴史学者は、つぎのような推定を組み立てている。丹波は早くから稲作が開

けたところで、政治力はないが宗教的才能を持つ出石族《いずし》（朝鮮から帰化した部族）がいた。そこであとから入って来た天孫族が、出石族より先住部族である出雲族を宣撫するため、出石族を利用した。いわば伊勢神宮は天孫族が、出雲族を従えていった〝記念碑〟的存在だというのである。……ところで、内宮より外宮が先であったのだ、という説もある。天照大神の別名はオオヒルメムチ。ムチとは巫子《みこ》の最高位の称号だから、司祭の女性であった。司祭への信仰が、穀神（外宮）への信仰より先にあったというのは変だ――というわけだ」とあります。

ここにまた出石族、すなわち新羅・加耶系の天日槍集団のことが出てきましたが、それが丹後、但馬に広く展開していたということはさきにもふれましたけれども、その丹後にある籠《この》神社は天照大神先住のところだそうで、「元伊勢」ともいうんですね。とすると、伊勢神宮は丹後のかれらが南下して祀ったものかもしれない。

そこでまたひとつ思いだすのは、天日槍集団のシャーマン、巫子《みこ》だった赤留比売のことです。天照大神が日神、すなわち太陽神をまつるオオヒルメムチ（大日孁貴）であったとすれば、これは天日槍の赤留比売と似たもの、というより、同じものではなかったかと思えるんです。大和岩雄さんも赤留比売は天照大神の原像だと書いています。

荒木田は安羅《あら》と関係があるか

谷川　いまのお話を引き取って、少し話してみたいと思うんですが、地名研究家の端くれとして、ひとこと言っておきたいのは、荒木田というのは、安羅《あら》から来たとは私は思わないんです。アラキというのは開墾することなんです。荒木田氏の山宮祭が前に行なわれたという玉城町の積良谷に行きますと、ずっと田圃がひろがっているんですよ。だから山の上から見ますと、田圃が一面に見えるわけですね。柳田さんは、祖先の霊が山の上から、子孫が孜々として田を作っているのを眺めている。一方で末裔たちは、いつも山を振り仰いでは、祖先の実在感を確認する、そういう関係だということを言ってるんですね。ですから、必ずしも安羅《あら》から来たと考える必要はないだろうと思うわけです。

沖縄出身の外間守善が、この荒木田のアラを沖縄の神として解釈するんですね。アラというのは何かというと海から来た神様だというんですね。アラキの解釈は朝鮮、あるいは沖縄にひきつけて、解釈できないこともないけれども、しかし、中世から近世にかけて開墾するときに、アラクとかアラキとかという言葉を使うのは、いまでも民間に残っております。私としては、あんまりよそのほうに助けを求めないで、解釈できるものは解釈していきたいということで、できるだけ自前でやりたいと思います。度会のワタルは渡りの神で、百済の神ということも出来ますが、船着場とか船の発着所とか、そういう場所を渡りということがありまして、たとえば、阿隈川の河口も亘理《わたり》という地名があるでしょう。それから淀川でも、渡辺氏がいたあたりはワタリですからね。そういうことからすれば、もちろん水とかそういうものに関係があると思いますけれども、遠方まで助けを求める必要もないかもしれません。

それからいまの大土御祖《おおつちみおや》神社があるところは、伊勢の楠部というところで、私も行ったことがあるんですが、この大土御祖神社は、猿田彦を祭る宇治土公《うじとこ》さんと関係がある。要するに猿田彦というのは土に関係がある。なぜかというと、猿田彦の語源からそうである。降臨した天孫の一行を猿田彦が先導しますね。猿田彦は先導する神なんですね。

あるとき私は宮古島の狩俣で祖神祭《おやがみ》というのを見ていました。祖神に扮したおばあさんたちが草木の冠をかぶりながら、山から部落まで裸足で降りてくる。ずっと一列になって通るんですが、先頭に赤い頭巾をかぶったおばあさんがいるんです。その赤い頭巾をかぶったおばあさんは何だと、私は宮古島の友人に聞いたんです。するとあれはサダル神ですという答えがかえってきた。

それで伊波普猷の本を読んでいますと、サダルというのは沖縄では先導する、先に導く神だということが書いてあるわけです。たとえば、アラタとアタラが逆になりますでしょう。それと同じようにサダルの音韻が逆になってサルタになるわけですね。そして縮まって、それがサダになる。岬という言葉も先導する意味になりますすね、御前《みさき》、すなわち先駆ですから佐田岬、佐多岬というのがほうぼうにあるんですけれども、海に突き出していて、海の彼方から来る神を先導するということですね。そういうことでサダル神がサルタになった。猿田彦になれば男性になりますが、サダル神の場合最初は何も男性でなくてもよいのです。宮古島の狩俣の祖神祭ではおばあさんが長い木の枝を持ちまして、その枝の上のほうにまだ葉がついているのですが、その枝で土を叩きながら行くわけですね。土地の悪い霊を慴伏させながら、土地を清めて、みんなを案内するというのが、サダル神の役割ですね。天孫降臨のときも、伊勢の猿田彦が案内したということが書いてあるけれどもそれにはそう意味がこめられていると思います。

宇治土公さんに行きますと棟上げのときや地鎮祭のときに使う土の袋をくれるんです。猿田彦を祭る宇治土公神社は、そこで聖別された清浄な土を売り出していて、それは棟上げ式のときに棟の上に置くとか、柱の隅に撒くとかそういうことに使われるのです。結局、猿田彦は土と関係がある。大土御祖神社が猿田彦を宇治土公として祭っている。鳥越憲三郎さんの話では、宇治土公さんは櫛田川のほとりから伊勢の楠部にやって来たんじゃないかというふうに考えているのですね。

櫛田川の河口近くの西黒部に大板《おおいた》という地名があるんです。この大板というのは、だいたい水田があるところに使うんです。たとえば、若狭でも大飯《おおい》郡というんですが、前は大飯と書いて「おおいた」と読ませた。和銅年間に二字名にしろという命令がでる。それで結局二字にするんだけれども、呼び名は大飯《おおいた》なんです。オオイタというのは大きな田圃ですね。いわゆる碩田、大きい田圃のことです。櫛田川の河口一帯を水田に開いた大田氏の一族が、和銅年間に意非《おひ》田神社を建てた。大田氏というのは、大和の多氏の流れですね。太安万侶とか、その一族を祭る大和の多神社は奈良時代から水田をたくさん持っていることで有名だった。大田氏はどうも多氏の一族ですね。意非田神社を和銅年間につくったというんだけれども、そのお祭には伊勢の楠部から神主がやって来るのが慣例であるということで、櫛田川の河口と伊勢の楠部とは密接な関係のあることが推測される。伊勢の楠部には宇治土公さんが祭られている。じゃあ櫛田川に、どこからきたかというと、伊雑ノ宮がある志摩の磯部のほうから行ったんじゃないかというのが私の考え方なんです。

金　志摩のほうに来てね。

谷川　志摩から海人族が行ったんじゃないだろうかと思うんです。それはなぜかと言いますと、これはいつの時代に書かれたかよくわからないんですが、伊勢の最初の斎宮であった倭姫命のことを書いた「倭姫命世記」のなかに伊雑ノ宮のことも出てくるんですが、それが櫛田川の近くの松阪市と伊勢の中間の佐々牟江《さ さ む え》というところの話と、まったく同じ逸話が出てくるんです。

倭姫がある日、目をさましてみると、鳥の鳴き声がうるさく聞こえるので、使いをやってみると、伊雑の芦原で鶴が稲の穂をくわえている。そこでそこに伊雑宮《い ぞう》に祀ることにしたというんですが、それと同じ話が櫛田川のほとりの佐々牟江にもある。もともとは佐々牟江の話がさきで伊雑ノ宮のほうがあとじゃないかという説もあるんです。いずれにしても両方の関係は、そこで推測できるということにもなるわけですね。

金　民俗学者で日本地名研究所長の谷川さんには申し訳ないかもしれませんが、ぼくはやはり荒木田というのは、のち新羅となった加耶諸国のうちの安羅と関係があると思うんです。いまいった楠部に韓神山があり、近鉄五十鈴川駅近くに韓鋏《からばさみ》という地名があることからみても、伊勢と加耶、すなわち加羅（韓《から》）とは密接な関係があったと思う。

金沢庄三郎氏によると、伊勢の伊は接頭語で、伊勢は丹後の籠神社がある吉佐《よさ》・与謝《よさ》などと同じく新羅の「民族名ソ」からきている「我民族移動史上重要な地位を占めている土地」（『日韓古地名の研究』）としていますが、それはともかくとしても、伊勢にはまた新羅の白木があり、萱島《かやしま》には白鬚神社もあります。玉城町には朝鮮語の集落または都ということの布留《ふる》の御魂《みたま》神社や朽羅《くちら》神社、蚊屋《かや》神社などがあるし、荒木田氏の氏寺だったという国宝十一面観音像を持った田宮寺の近くには、漢字表記のわからないカラ池というのもありました。

それから、中島利一郎氏の『日本地名学研究』をみますと、それが天照大神の荒御魂《あらみたま》という、ソウル媛ということの瀬織津比咩《せおりつひめ》を祀る神社などもいくつあって、このようにまだたくさんありますが、伊勢は新羅、加耶・安羅の遺跡の多いところで、荒木田、度会氏などは、そういう遺跡と密接な関係にあったものだったとぼくはみています。

猿田彦とは何か

谷川　猿田彦について、さらに私の説を展開しますと、この猿田彦について『古事記』に、有名な伝説が残っておりまして、「猿田毘古神、阿邪訶《あざか》に坐《ま》す時、漁《いざり》して、比良夫《ひらぶ》貝にその手を咋《く》ひ合《あは》さえて、海塩《うしほ》に沈み溺れたまひき。故、その底に沈み居たまひし時の名を、底どく御魂と謂《い》ひ、その海水《うしほ》のつぶたつ時の名を、つぶたつ御魂と謂《い》ひ、そのあわさく時の名を、あわさく御魂と謂ふ」とあります。

猿が貝に手を挟まれて死ぬ話が、インドネシアの説話などに多い。奄美の民謡のなかにもそれは出てきます。奄美の場合猿じゃなくて、鳥がシャコ貝に嘴をはさまれ、潮が満ちてきてどうにもならないという内容の民謡です。

サルタヒコの話は猿が海辺で貝などを採っているときに手を挟まれたことから生まれた民話と思われるのです。シャコ貝というのは、最大の二枚貝で、海底で縦に開いているんです。ここに手や足を突っ込むと、ぐっと締まりますから、溺れ死ぬに決まっているんですね。それで比良夫貝という貝を調べてみたんですが、これはタイラ貝のことで、タイラ貝というのはシャコ貝のようには大きくならないです。いちばん大きいのでも三十センチくらいと言われている。三十センチでも、これに手を挟まれた場合には、あるいは死ぬかもしれない。しかし、シャコ貝は何メートルのものがありますから、それには足でも手でも挟まれたら、身うごきできないということになると思いますね。

南方熊楠は「十二支考」のなかで、アフリカの例を引いているんですが、その猿というのは非常に牡蠣が好きで、引き潮のときに、牡蠣を食べる。ところがそのはずみに猿が手を挟まれる。これは牡蠣ですが、挟まれて大騒ぎしているときに土人につかまえられる。

『古事記』には、猿田毘古は阿邪訶にいたときに溺死したと書いてありますが、これは伊勢の阿邪訶ですね。これはどこかと言いますと、いまの三重県の一志郡阿坂という説なんですね。ところが、その阿坂は山の根でありまして、そこが海だった気配はまったくないわけです。地質学者に聞きましても、そこがかつて海岸であったということは考えられないといいます。阿坂の海岸で貝に挟まれて死んだという説話が残っているということが疑問なんです。

ところが『古事記』には、阿邪訶と書いて、アザカと濁って読めと注がついているわけです。アサカじゃなくてアザカなんです。それじゃこのアザカというのはいったい何かと考えてみたら、沖縄でアザカというのはアザケイとかアザカイとか言ってシャコ貝なんです。

アザというのは、十文字になったところはみんなアザなんです。田圃の畦だとか、顔に十文字を黒子《ほくろ》みたいにつけますね。これがアザなんです。それから校倉のアゼ、これも十文字でしょう。シャコ貝は二枚貝で嚙み合わせると波うったような歯になっています。貝の口を嚙み合わせたとき、ちょうど十文字に見える。それでシャコ貝が口を合わせるときのことを、沖縄の人はアジュルというんですね。そのアザカは、私はもともと地名ではなくて、シャコ貝を表したんじゃないかと思うんです。

かつて猿がシャコ貝に手を挟まれて、溺れ死んだという南方系の説話があって、それがインドネシアあたりから沖縄を経由して、伊雑宮のある志摩の的矢湾あたりまできたんではないか。それがさらに櫛田川のほうへ移ったんじゃないかと推測するのです。アザカイとかアザケイという言葉は、本土では通用しませんので、それを地名として阿邪訶という地名にして、そしてその貝の名前を伊勢の海で獲れる比良夫貝に置き換えたと、そういう推理を立ててみたわけです。そうすると阿邪訶というのは、とうぜんアザカと濁って言わなきゃいけないし、アザカというのはシャコ貝だということになります。

謝《ざ》という地名が沖縄の海岸に多いのは、シャコ貝（アザ貝）と関連しているという説が、沖縄の学者によって唱えられてもいます。インドネシア系の説話が黒潮で北上して、沖縄を経由して伊勢の海まで来たのじゃないかと私は考えているんです。

金　猿田彦で思い出すのは、たとえば新羅系の神社、白鬚神社などは必ずといっていいくらい祭神は猿田彦です。一つの例をあげますと、武蔵の旧高麗郡に高麗若光と猿田彦が祭神となっている高麗神社があって、東京都にかけて百三十余の分社がありますが、その分社のなかに猿田彦が祭神の白鬚神社がいくつかある。高句麗系の高麗神社に猿田彦が併祭されているばかりか、その分社にどうして猿田彦が祀られているのか。これについてはずいぶん長いあいだ考えさせられたものですが、あるとき上田正昭さんといっしょに高麗神社へ行ったところ、宮司さんがちょろっと、ここは高麗神社が祀られる前は新羅系の神社があったというんです。それで「はあん」と思ったものですが、いろいろ考えてみると、その周囲には出雲系のものがずいぶんあるし……。

谷川　出雲系の神社としては氷川神社がある。

金　そう、それもあって、周辺には新羅系のそれがたくさんあるんですよ。要するに、八世紀はじめにできた高麗神社の場合は、そこにあった新羅系のそれが退転したあとにできたということでしたが、それはそれとして、白鬚神社には猿田彦というのがついて回っている。これはどういうことかと思っているんですがね。

谷川　『日本書紀』に猿は伊勢神宮の遣わしめとして、出てきますね。太陽と猿は関係があるでしょう。比叡山の麓の日吉《ひえ》神社の眷族も猿なんです。猿面冠者の日吉丸は、一月一日の太陽の昇るときに生まれたという伝承があります。これはみんな関係があるんです。日吉でしょう。そして猿でしょう。日吉丸の顔は猿みたいだったかもしれないが、もっとその前に伝承があるんです。猿と太陽の関係は、インドなどに多いと、南方熊楠は言ってるんですね。

金　ぼくは猿田彦の「サル」というのは、大胆な仮説ですが、米という朝鮮語の「サル」からきたものではないかと思うんです。稲作農耕と関係があるんじゃないかということですが、どうもそういう気がしてしようがないんですね。

是沢恭三氏の「白鬚明神と猿田彦命」をみると、猿田彦はいわゆる国つ神で、非常に古い渡来人であり、天つ神の天孫族はあとからの渡来人であるとしていますが、この説はわかるような気がする。つまり、猿田というのは簡単に言うと前期弥生時代のサル（米）の田からきたもので、動物とは関係なかったんじゃないかと思う。だいたい動物の猿という日本語がいつできたか、これも問題なんですね。

谷川　猿は非常に難しいんだ。なぜかというと、猿についてはいろんな説がある。例えば、柿本人麻呂の一族で、柿本臣猨という人物がいる。梅原さんなんかはこの人物を人麻呂と同一人物だというように考えるけれども、私にはそうは思えないが、柿本氏の一族であることは確かなんですね。柿本氏は近江の小野氏と関係がある。そうするとどうも小野氏と猿とが何か関係があるんじゃないかという感じもするわけですね。小野氏の流れを汲む猿女がいる。また日光二荒《ふたら》の神は小野猿麻呂の祖父母であると伝えられている。

日光というのは二荒、それで日光なんですね。その神が小野猿麻呂を使って赤城の神と戦わせるというふうになってきて、小野と猿がつながってくる。

丹生《にう》、水沢《すいさわ》、三重《みえ》をつなぐもの

金 櫛田川で思い出したけれども、櫛田川の中流に丹生《にう》がありますね。丹生神社もあるが、あそこは古代の水銀銀座だったところで、その水銀で一度みんな全滅したでしょう。あの公害はすごかったらしい。その水銀は奈良の大仏造営に必要だったわけだ。

谷川 丹生は赤い土のことですが、赤い土のなかに辰砂というのがあって、これは砂というよりは赤い色をしている岩石なんです。それを打ち砕き、粉にして、坩堝の中に入れて、熱を加えるのですね。そこから水銀が蒸発していく。その蒸発したものをあつめて水銀を採るのです。丹生の水銀を白粉にまぜてそれを売りさばく商店が松阪にあるんです。水銀商人の話はずいぶん古くから日本の古典に出てくるんですが。

江戸時代に水銀を使った伊勢白粉の製造所が、松阪のちょっと手前の射和《いざわ》町というところにあるんですが、製造する家では、娘がいる家では娘に養子を貰って家業を継がせる。そして息子たちはみんな外に出してしまう。この家業は水銀中毒で若死にする危険性が非常に多い。だから娘にはわざわざ養子を取るというんです。養子は死んでもいい。自分の息子は死なれたら困るから外に出すというわけです。

日本武尊は伊吹山の賊を退治に行ったんだけれども、山の神の怒りにあってほうほうの体で山を下りるのですが、下りたところが玉倉部《たまくらべ》というところです。玉倉部というのは、岐阜県不破郡関ケ原に玉という地名がありまして、そこじゃないかと言われているんですね。それで尾張のほうから、伊勢国の桑名郡尾津に出た。尾津は、いまの多度《たど》神社のある三重県桑名郡多度町戸津《とつ》（現・桑名市内）というところらしい。その戸津の西の大字多度というところには多度神社があって、一目連《いちもくれん》、つまり天目一箇神を祭ってある。尾津からさらに行ったのはどこか。『古事記』にはこういうふうに書いてあるんですね。

「三重の村に到りましし時、亦詔《の》りたまひしく『吾が足は三重《みへ》の勾《まがり》の如くして甚《いと》疲れたり』とのりたまひき。故《かれ》、其地を号《なづ》けて三重と謂ふ」

　この三重村はどこかと考えてみますと、「雄略紀」に伊勢の采女の話が出てくるんですけれども、四日市に采女町があるので、そこじゃないかという説がある。もう一つは、やはり四日市に、旧三重村の大字西阪部というところがありまして、そこじゃないかという説がある。なぜ西阪部を当てたかというと、そこは前は三重県三重郡三重村だったんです。だから、誰でもたぶんそこだと思いますが、実は、それは明治二十一年に町村合併でつけた名前なんです。もう一つはどこかというと、四日市市の水沢《すいさわ》という説があります。本居宣長も、この水沢こそが三重村であるということを言っています。水沢には足見田《あしみた》神社があって、日本武尊を祭っているんですね。日本武尊が足を痛めたということと、その足見田という名前はどこかでつながっていますね。だから、そこじゃないかと私も考えて、調べてみたわけです。足見田神社という式内社が、いまの四日市市水沢に置かれている理由は、天目一箇命の後裔である芦田首が、そこに住んだからだという説がある。

　足見田神社というのは、足痛に通じるんだけれど、いったいどういうことかということになるんですね。それを申しますと長くなるんですけれども、大和の三輪山のほとりに穴師というところがある。桜井市です。「纏向《まきむく》の痛足《あなし》の山に雲居つつ雨は降れども濡れつつぞ来し」と、『万葉集』の巻十二に歌われていますが、痛足と書いてアナシと読みます。一方、どういうことで痛足と書いてあるかというと、これは金属精錬に関係がある。アナシというのは風の名前でもあるんですが、砂鉄を掘るときの穴、これは鉄穴《かねあな》つまりカンナに関係があるんです。鉄穴《かんな》を掘る人を鉄穴師《かんなし》という。その鉄《かね》が取れてアナシとなるんです。だから金属精錬をするのが穴師だということになります。「垂仁紀」に大穴磯部《おおあなしべ》というのが出てくる。垂仁天皇の三十九年に皇子の五十瓊敷命《いにしきのみこ》が茅渟《ちぬ》の菟砥《うと》川上宮で刀を千本作ったのに関連して、大穴磯部というのが出てくるんです。ですから、これは金属精錬に従事する部民だとわかります。大穴磯部のアナシは、カンナ師が詰まったものであるということになると、纏向の痛足も、鉄と関係があるんではないか。

天智天皇の九年に「是歳、水碓《みづうす》を造りて冶鉄《かねわか》す」というのが出てくるんですが、水碓というのは、石臼で鉄鉱石をつき砕いたことを示すものだと言われておりまして、地名研究家の池田末則《すえのり》さんによりますと、明治四十一年の陸地測量部の地図にも、穴師には鉱山の符号がちゃんと書いてある。また三輪山の南麓の弥生式遺跡から鞴の羽口や鞴壁や鉄滓が出てくるということで、どうもこの穴師というところは金属精錬と関係があると思われる。しかし、足を痛めたというふうに記録してあるのはこれはいったい何だ。このアナシという字は、痛足のほかに病足とも書く。それからまた痛背とも書いた。『今昔物語』の巻二十には、和泉国に痛脚《あなし》村というのがあって、そこに泉穴師神社があります。

こういうことで、足が痛いということと金属精錬が関係があるんじゃないかと考えてみたわけですね。ところが、金さんの本に書いてあったんだけれども、兵庫県豊岡市に含まれる但馬国旧気多中之郷村に芦田神社がある。地元の伝承では、天日槍が但馬にやってきたときに、それに付きしたがった神様が、天日槍に告げないで、そこを鎮座地にしてしまった。そこで、庶民の足痛を癒すことを誓って、天日槍の許しを願ったということから、鎮座地の山を愛痛山《あしいた》と称している。そこに芦田神社があるわけです。ということになりますと、この芦田神社と愛痛山とはやっぱり関係がある。足見田神社のある四日市の水沢に芦田首がいて、それで足見田神社になったということともつながっていくんですけれども、芦田首の祖神が天目一箇神ですから金属と関係がある。しかもそれを知るのがアシダ神社とならないでアシミタ神社となっている。その理由は何か。

伊勢の国の地誌に『五鈴遺響』という本があるんです。それは天保年間につくられたんですが、それを見ていたら目を見張ることが出てきたんです。

「足見田ノ神城ノ東ニオシミ田トイフ地アリ。往昔神田ナリ。後世ニ至リ、民俗ノ買得テ転耕スルニ至リ、其ノ佃《タツク》ル者カナラズ唖児を産メリ」という文章が『五鈴遺響』の足見田神社の説明に出てくるんです。なぜびっくりしたかと言いますと、『出雲国風土記』の仁多郡の三沢の郷の条に、阿《あ》遅《ぢ》須《す》枳《き》高日《たかひ》子命《このみこと》が髭がのびるほど成人しても、夜も昼も泣いて、声が出なかった。そのときに先祖の神様がその子供を乗せて、たくさんの島を見せて慰めたけれども、ただ泣くだけで、言葉を喋らなかった。ただ「御沢《みさわ》」という言葉を言うんです。「どこを言うのか」と聞くと、阿遅須枳高日子命は先祖の神様の前をずっと去って、石川を渡って、坂の上にとどまって「ここですよ」と言った。声が出ないと言いながら、このくらいは喋れるんですよね（笑）。「此に依りて、今も産《はら》める婦《おみな》は、彼《そ》の村の稲を食はず、若し食ふ者あらば、生るる子已《すで》に云《ものい》はざるなり。故《かれ》、三沢（三津）といふ」

どうも三沢と水沢は似ている。水沢は三沢であったかもしれないという感じもする。その前は御沢だったかもしれない。しかもそこの田圃の稲を食った者には、唖の子が生まれるという。これは水銀中毒、水俣病のように胎児の中毒を起こしているのではないかという考え方が私に出てきたわけです。『五鈴遺響』と『出雲国風土記』のあいだに関係があるはずはないわけですから、双方とも別々にそういう話が出てくる。

いまの三沢というのは出雲国仁多郡ですが、『出雲国風土記』によると、その仁多郡の郡司が品遅部《ほむちべ》というんです。この阿遅須枳高日子命は品遅部の祖であるというふうに書いてあるわけです。阿遅須枳高日子命が三沢にいるという話はその末裔を称する品遅部の某が草稿を書いたと思われる。阿遅須枳高日子命の話を書いている出雲国の仁多郡の郡司、郡長は品遅部だったわけです。

翻って、伊勢の四日市にある水沢はどうも品遅部が関係しているんじゃないかと私は推測したんです。日本武尊が三重村にいたときに、足が三重に曲がってもう動けなくなった、三重の曲がりのごとくなったということで、三重村という名前をつけたということですが、同じような話が『播磨国風土記』にも出てくるわけです。賀毛郡の条を見ますと、三重の里の説明に「三重といふ所以《ゆゑ》は、昔、ひとりの女ありき。筍《たかむな》を抜きて、布もてつつみ食ふに、三重に居て起立《た》つこと能はざりき。故《かれ》、三重といふ」とあります。ここでは三重という村の名前の由来を言っているわけですが、竹の子を布に包んで食べたところが、三重に体が曲がって立つことができないということで、三重という名前をつけたというんですね。ところが、その三重の里の隣に品遅部《ほむぢべ》村があるんです。ですから、品遅部というのは、どうも三重の里と関係があるだろうということで、伊勢国の三重郡の芦田郷である水沢に伝わる伝承が、その品遅部によって播磨に運ばれたんじゃないかと思われるんです。

品遅部とはいったい何かというと、『古事記』では物言わぬ皇子の名はホムツワケとなっています。ホムツワケは垂仁天皇の皇子ですが、ながく物を言わない。ただ空をとぶ白鳥を見て口を動かす。そこで白鳥を捕らえてくれば、物を言うようになるだろうというので垂仁天皇が白鳥を追っかけさせる。しかし白鳥を捕らえても思うように物を言わない。そこでホムツワケを出雲につれていって出雲の大神を拝ませることにした。そして旅の途中とどまった所に品遅部を置いていった、とある。誰が連れて行ったかというと、曙立王という人が連れていっているんです。

『古事記』を見ますと開化天皇の条に、「曙立王は伊勢の品遅部の君、伊勢の佐那造の祖」とある。この佐那というのは、伊勢の多気郡の多気町にある。丹生という所なんです。先程言ったように水銀の鉱山の本場なんですね。伊勢白粉とか、そういうものに使う水銀をそこで掘る。百済王敬福によって、陸奥で金が発見されたけれども、銅で作った大仏に金メッキをするために水銀がどうしても必要で、したがってそのときの水銀は丹生からきたんですね。そこに曙立王を祭る式内社の佐那神社があるんですが、曙立王はホムツワケを出雲大社に連れて行って、啞の皇子がそこではじめてものを言う。しかも連れていった曙立王は伊勢の品遅部君、伊勢の佐那造の先祖だと。佐那は丹生なんですね。

そうするとすべて水銀に関係があるんじゃないか。曙立王が丹生に関係があり、ものを言わない皇子のホムツワケは品遅部という御名代の部民をもっている。そういうことを漠然と考えていたとき吉田東伍の『大日本地名辞書』の「水沢《すいさわ》」の項を偶然開いてみた。すると、「此村の西嶺字入道獄に黄玉石、煙水晶、電気石を産出する。又、字中谷に、花崗岩中より、黄鉄鉱と交り、辰砂現出す。土砂中に往々水銀の滴り居ることあり」と書いてある。これで私はまたおどろいたんです。ここにも水銀が出てきた。そうすると、この水沢は、もともと水銀の産地だから、水銀を精錬している労働者の集団が、古代に水銀中毒にかかったんじゃないかと思いまして、さっそく水沢に行ったわけです。そしたら事実、明治になるまでそこで水銀を採っていたと「水沢村史」に書いてあったんです。水銀山があって、水銀中毒で腎臓が冒されると足が腫れるし、また水銀の蒸気を吸い込みまして、声は出ない。そうすると日本武尊がある村に到着したとき、「吾が足は三重の勾《まがり》の如くして」と、どうにも歩けなくなったので三重の村という名がつけられたというのは、これは単に日本武尊という一人の英雄の最期を述べたんじゃなくて、そういう金属精錬労働者の集団の悲劇を説話としてずっと伝えてきたと私は思うんです。伝えたのは誰かというと、伊勢の佐那つまり丹生ですが、そこにいた品遅部です。その品遅部が水沢神社がある芦田首の芦田郷にも伝えたし、播磨にも伝えたし、あるいはまた出雲の仁多郡にも、品遅部がそこの郡司ですから、伝えたんじゃないかというのが私の考えです。

三重県の中心は安濃村だった……

金　話はちょっと変わるかもしれませんが、荒木田は安羅来じゃないかということと関連するんですけれども、三重県の県庁所在地は津市ですね。「伊勢は津でもつ、津は伊勢でもつ」と、小唄みたいなものがありますが、その津の地名経緯については、『津市史』に「津の地名起源、津とはいうまでもなく、船舶の集まりつく港という意味で、安濃地方の港であった所を『安濃津』といったのである」とある。

この安濃というのも、加耶諸国のなかの安羅を安耶・安那ともいったことからきているわけです。これはまた穴津でもあったそうで、それについては津阪東陽の『勢陽考古録』に、「備後の安那郡を穴とも書きけるを以て」うんぬんとあるその安那じゃないかということです。そういうことで、いまは津が中心となっていますけれども、古代の中心は近くの安濃村（現・津市安濃町）だったのではないかということで、そこを訪ねてみました。ちょうど村役場に、村教委教育長の浅井峯一さんがいまして、いろいろ話してもらいましたが、安濃村の人口はわずか八千足らずなんです。そんな小さい村にもかかわらず、古代遺跡の数は三百八十六カ所あるという。しかもその遺跡は大塚古墳群など、ほとんどが古墳なんです。そして、一九八六年三月二十九日の朝日新聞・三重版に「安濃町で縦穴系横口式石室発見／朝鮮半島の様式に似る／平田古墳群」とした記事が出ています。

「三重県埋蔵文化財調査報告」㈣の『三重県遺跡地図』などをみても、安濃村のそれは圧倒的で、たとえば、安濃村の隣は芸濃町（現・津市芸濃町）ですが、芸濃町は遺跡が十四カ所なんです。また、その隣の豊里村（現・津市内）は四十二カ所で、美里村（現・津市美里町）となると、それはわずか一カ所しかない。安濃村というのは、芸濃町などに比べると、小さな村であるにもかかわらず、いかに遺跡が多いかということなんですね。

その安濃村役場の近くに村主《すぐり》というところがあって、村主小学校もあるんですが、この村主というのは、高柳光寿・竹内理三氏編の『日本史辞典』でみると、「村主　古代の姓の一。語源は村落の長という意味の古代朝鮮語にあるという。多く、渡来人系の小豪族の称したものであったが、六八四（天武十三）八色の姓で制度上は廃止」とある。

それからまた面白いことに、『安濃郡史』「安濃村」の条をみると、大正から昭和にかけて何度か村長になっているのが、村主久太夫氏なんです。村主は、現在なお「村落の長」だったわけですね。

また伊勢には白山町（現・津市白山町）というのもあって、白山比咩《ひめ》神社などがある。いまではハクサン（白山）町、ハクサン（白山）比咩神社とよばれているけれども、これは加賀の白山に祀られた白山比咩神社を勧請《かんじょう》したもので、本来は金井典夫氏の「故郷の神山」にもそうあるように、新羅ということに通じるシラヤマヒメ（白山比咩）神社だったものです。

それからまた、白山町には、さきほどもちょっと話に出た金鶏伝説、つまり金の鶏が埋められているんじゃないかという古墳があります。いまはまわりを削り取られて住宅地のなかになりましたけれども、これはコメンド山古墳といって、そこに金鶏が埋められているというわけです。この金鶏伝説というのは、金氏がそれとなった新羅始祖の伝説に、始林という林のなかで鶏がしきりと鳴くので行ってみると、木の上に金色の櫃がかかっていて、なかからひとりの男児が出てきた。それが新羅金氏の始祖、金閼智《キムアルチ》となったという。新羅はそれ以後、そこの始林を鶏林とし、国号も鶏林と称して鶏を神聖視する。

そういうことから、日本各地の金鶏伝説もできたのではないかとぼくは思うんです。白城《しらぎ》神社のある越前・敦賀の白木浦などいまだに鶏も卵も食わないというのも、そういうことからきている。

こうみてくるときりがないので、もうはしょりますが、ともかく伊勢は新羅系遺跡の濃厚なところで、伊勢神宮もその新羅と密接な関係にあったことは確かです。たとえば、『日本古代氏族と王権の研究』の著者である前川明久氏の「伊勢神宮と新羅の祭祀制」をみますと、「神宮の称号の起源は新羅の神宮に由来している」として、こう書かれています。

「伊勢神祠に神宮の称号が付せられ、伊勢神宮として成立したのは六世紀後半、いいかえれば敏達朝か用明朝のはじめにかけてであろう」と。新羅では、首長の古墳を祀っていた始祖廟が「神宮《シングン》」となるのは、五世紀後半の四八七年です。そうして伊勢神宮は、そのような神宮となることによって、穀物のための信仰であった日神、太陽神の素朴なものから、のち意識的、政治的なものとなって皇祖神というようになった。

白山町家城《いえき》は伊福に通じる

谷川　いまの話を補足しますが、三重県一志郡白山町に家城《いえき》というところがあるんですが、これは伊福部がいたところです。白山町の家城を流れている雲出《くもず》川は、前は廬城《いおき》河と呼ばれていたんです。イオキというのは、伊福部の伊福と同じ、家城とか廬城も伊福と同じ意味の漢字を当てている。その家城の近くから銅鐸が出ている。白山町の川口というところですが、なぜ家城が伊福とおなじかということの裏づけになる話があります。これは敢国神社とつながってくると思うんですが、『日本書紀』の雄略天皇の条に、阿《あ》閉臣国見《へのおみくにみ》という人物が栲幡《たくはた》皇女と湯人《ゆゑ》の廬城《いほき》部連武彦《べむらじたけひこ》の間を中傷したわけです。廬城部連武彦が栲幡皇女を汚したと、流言をとばしたんです。そこで武彦のお父さんの枯莒喩《きこゆ》が、自分も罪に処せられるかもわからないということで、子供の武彦を廬城河に連れ出して、魚を獲る恰好をしながら殺してしまうわけです。それで天皇は、栲幡皇女に使いを出して、いったいどういうことなのかと問いただすと、私は伊福部連武彦と関係などまったくありませんというわけです。この栲幡皇女というのは伊勢の斎宮なんです。ですから祀ってあった神鏡を取り出しまして、五十鈴河のほとりへ行って、鏡を埋めて、首を吊って死んでしまった。皇女がいなくなったものですから、天皇が探しに行くと、川のほとりに、闇夜に虹のようなものがかかっているわけです。そこを掘ってみますと鏡が出てきて、そして皇女の屍がそこにあった。この廬城河という地名も伊福と関係がある。伊福は銅鐸の精錬に関係があると私は考えております。大日孁貴、天照大神は確かに赤留比売とつながりもあると思うんですが、しかし一方では、南方系の太陽神神話に含まれるという言い方もできる。鹿児島神宮、つまり大隅正八幡宮の縁起に次のような内容が記されています。震旦国の陳の大王の娘である大比留女《おおひるめ》が七歳で身ごもるんです。お父さんが、怪しんで問いただすと、朝の日光が胸を覆っている夢を見たら、自分は妊娠したということで、娘とその生んだ皇子を空船に乗せて海に流した。それが流れ着いたのが日本の大隅国の海岸であった。そして生んだ子供を八幡と呼んだということがあって、これはやはり天日槍の日光感精説話、日光に感じて子供を生むという感精説話と同類ですね。日光感精説話というのは、三品彰英氏の話によると、だいたいこれは南方系の伝説ということになります。それがたまたま新羅の天日槍の話にもなっているわけだが、新羅の国の話だからと言って、それは北方的説話ではない。これは南方に広く分布している説話なんです。それが新羅にも伝わった。

奄美でも、オモイマツガネという娘が、川のほとりで洗濯をしていると、太陽に感精して子を孕むという話があって、その子が奄美のユタの先祖になっている。対馬のいちばん南の豆酘《つつ》に照日之菜《さい》という娘があって、その娘は日輪の光に感じて子供を生んだという話がある。ここでも娘がいて、やはり日光に感精して子供を生む。

金さんが言われるように、太陽の神を司るシャーマンは太陽の妻として、太陽に感精する、太陽から胸を覆われたり、下腹部に手を入れられて感精するというのが、太陽の妻の特徴なんですね。だから天照大神は誰から生まれたかわからないんです。何にも書いていないんです。誰が生んだかわからないというのはやっぱり太陽の妻だからですね。

金　それはわかります。同時にまた、天照大神については、『明治天皇記』を書いた中島利一郎氏の『日本地名学研究』をみると、伊勢の鈴鹿山中に関町というのがあって、そこに瀬織津比咩《せおりつひめ》を祭る片山神社がある。祭神のその瀬織津比咩について、中島氏はこう書いています。「この瀬織津比咩ということは、新羅語からでも、今の朝鮮語からでも『都《ソウル》つ媛』『京《ソウル》つ媛』の義であって、日本語の『添《ソホリ》』も都の義で」うんぬんと。

瀬織津比咩を祭っている神社はほかにもありますが、シャーマンだった大日孁貴《おおひるめむち》の天照大神というのは、天日槍集団のシャーマンだった比売許曾《ひめこそ》神社祭神の赤留比売と似たもの、あるいは同じものではなかったかと言いましたが、本来はそういう祀るものが後には祀られるものとなった、ということでは、それはまったく同じですね。これなど、これからもよく考えてみるべきことではないかと思います。

第六章　播磨、近江

天日槍《あめのひぼこ》と豊国村、新羅訓《しらくに》村

草津市の安羅神社

金　天日槍・天日槍集団のことは、九州や大阪でかなり見たわけですけれども、九州のその集団は瀬戸内海からこちらへ東上して来るわけです。それで幡磨にも非常に色濃い伝承と遺跡があるんですね。天日槍が八千の軍隊を繰り出して、伊和大神と戦ったという八千軍《やちぐさ》古戦場というのがある。いまは八千種と書くんですが、もちろん、八千の軍隊とは伝説・伝承でしょうけれども、伊和大神は葦原志許《あしはらのしこ》乎命《をのみこと》ともいうんですが、それと土地を争ったというのが『播磨国風土記』に出ています。

『播磨国風土記』に出ている朝鮮関係の記事は十八か二十あったと思いますが、天日槍がよく出てくる。九州の豊前、豊後の国は以前、豊国だったわけで、平野邦雄さんの『大化前代社会組織の研究』にも書かれていますが、播磨の飾磨《しかま》郡だったかには豊国村や新羅訓《しらくに》村があって、これは秦氏族の居住地ですけれども、それが天日槍の伝承と重なり合っているんですね。平野さんによると、新羅系の秦氏は倭鍛冶《やまとかぬち》の担い手だったというんです。それに対して、百済系の漢氏《あや》は韓鍛冶《からかぬち》の担い手であったと。倭鍛冶のほうが早いというわけですね。

一方、播磨の美嚢《みなぎ》（美袋）郡（現・三木市内）、いまでもあそこに鉄製品で有名な三木市がありますが、そこに韓鍛冶首《からかぬちのおびと》広富というのがいて、そのへんを統轄していたわけです。そしてまた一方に豊国村があって、これは九州から移動して来たことがはっきりしているわけです。要するに、明治維新後に、富山県人が北海道へ行って富山村をつくったと同じようなもので、そこに豊国村があった。

こういうふうに、天日槍の伝承がずっと色濃く残っている。直木孝次郎さんは兵庫県の出身なんですね。そして兵庫県史を書いているのですが、その『兵庫県史』第一巻かで、天日槍の伝承をかなり詳しく調べておりまして、最後にまとめたのが、天日槍というのはひとりの人物の名ではないということです。これは鏡や剣をもって神を祀る習俗を持った朝鮮、とくに新羅からの渡来人の象徴みたいなものであるということが書かれている。しかも播磨だけじゃなくて、天日槍は但馬にも色濃いでしょう。播磨と同じ兵庫県の但馬には、むかしの官幣中社だった出石神社があって、これは「国土開発の祖神」として天日槍を祀っているんです。いまでも「国土開発の祖神」という大きな幟がたっています。

但馬には天日槍の系列の神社が三十いくつかあって、これは今井啓一さんが詳しく調べていますが、なかに気比というところがあって、気比神社というのもある。これも天日槍を祀るものだけれども、越前の敦賀にあって、北陸総鎮守といわれているむかしの官幣大社気比神宮の祭神が、伊奢《いさ》沙別命《さわけのみこと》となっている天日槍で、天日槍は一名、気比大神ともいうわけです。その気比神社が、但馬のそこにあり、また、越前の織田町《おた》に剣神社《つるぎ》というのがあって、これも気比大神を祀るという具合に、天日槍集団による気比神社は東北へもひろがって、山形県の庄内にまで至っている。

そしてまた面白いのは、これは一九八七年だったと思うんですが、丹後の、元伊勢ともいわれる籠神社《この》の鏡がマスコミに大きく取り上げられたことがあります。瀧川政次郎氏が団長になって調査したわけですけれども、この神社にあるのは息津鏡《おきつ》、辺津鏡《へつ》という伝世鏡で、宮司の海部氏《あまべ》は八十二代と言ったかな、その伝世鏡はいま国宝になっているものです。その鏡を「漢鏡」というわけですよ。つまり、中国の漢で作られたというんですね。

そして、そのことを報じた新聞記事にこんなことが書かれている。「調査団によると、古代の文献で息津鏡《おきつ》、辺津鏡についての記述が出てくるのは、奈良時代初期（七一三）に完成した『古事記』。応神天皇時代に渡来した新羅王子アメノヒボコ（天日槍・天日矛）が持ってきた『八種《やくさ》の宝物』の中に「奥津鏡《おくつ》」「辺津鏡《へつ》」というのが含まれている」（毎日新聞、一九八七・一一・一）と。

これにはいろいろな意味で、たいへん重要なことが含まれている。というのは、この神社のある一帯、いわゆる三丹地方の但馬、丹波、丹後は天日槍の伝承が非常に色濃いところなんです。九州篇で話したと思うんですが、北部九州の天日槍の子孫と称する伊覩県《いとのあがたぬし》主五十跡手《いとで》を瀧川政次郎氏は「伊都国王」（「比売許曾の神について」）としていますが、その伊都国王の墳墓といわれている三雲遺跡があって、この遺跡から五十七面のいわゆる前漢鏡が出ている。それを東京国立文化財研究所で成分分析したところ、これは朝鮮でつくられたもので、「三雲遺跡の前漢鏡／朝鮮半島製だった」と一九八五年七月十八日の西日本新聞に出ています。

するとこの鏡というのは天日槍集団がもたらしたもので、籠神社の鏡もそれではなかったかということになる。こうしてみると、『古事記』の記述もまんざらではないと思われますが、ついでにまたいうと、この鏡は直木さんのいっている鏡や剣、それで太陽神を祀ったものといえますね。

千種《ちぐさ》川と砂鉄、製鉄

谷川　お話のように、『播磨国風土記』に天日槍が出てくるんですが、天日槍と葦原志許乎命とが土地を争ったという御方《みかた》の里も粒丘《いいぼおか》も奪谷《うばいたに》も伊奈加川もすべて揖保《いぼ》川の流域にあるのです。ですから揖保川より西部の播磨の宍禾《しさわ》郡、讃容《さよ》郡などに天日槍の勢力は進出していたと考えられます。揖保川の西側にある千種《ちぐさ》川の上流の千種では、千種鋼と言いまして、砂鉄からとれるもっとも良質の鋼が作られたんです。昭憲皇太后の懐剣は、船に積んだ千種鋼がどこかの海底に沈んでいるのを引き上げて、それで一振りの刀を作って献上したという話があるんですけども、千種というのは、私も行ったことがあるんですけれども、踏鞴《たたら》の跡が残っている。その川一筋東側が天日槍と勢力争いをした伊和大神を祀る兵庫県一宮町（現・宍粟市一宮町）なんです。その一宮町の伊和神社の背後の山から銅鐸が出たんです。

古代は堅いものは全部イワなんですね。金属もイワと言ったんですね。伊和大神は金属の神と言えるんじゃないかと思う。

天日槍を奉戴する集団が西から来ると、土着の神がいて、それを防ぐというのは、資源争いと言いますかね、播磨には千種川、揖保川など何本かの川筋がありますが、その川筋の争奪戦になる。千種村は、『播磨国風土記』の宍禾《しさわ》郡の敷草の村の条に出てくるんです。敷草の村がいまの千種なんですね。「此の沢に菅生《すげお》ふ」「鉄《まがね》を生《いだ》す」となっているんです。種《くさ》は金属を表す言葉と思うのですが、「此の沢に菅生ふ」の菅《すげ》というのは、どうも製鉄と関係がある。群馬県の太田市菅の沢というところに製鉄の遺跡がありますし、長崎県の南高来郡有明町菅（現・島原市有明町）に鉄鉱遺跡が確認される。いちばん有名なのは、島根県飯石郡吉田村（現・雲南市吉田町）の菅谷《すがや》たたらです。菅田首《すがたのおびと》というのが天久斯《あめのくし》麻《ま》比《ひ》止《と》都命《つのかみ》の後裔となっているんですね。天目一箇神の子孫なんです。菅田のスガは、スカかもしれない。スカというのは、川や海の洲もスカです。たとえば、白須賀とか横須賀とか。飛鳥のスカもそうだという。川の砂に砂鉄があるものだから、砂が集まったところ、それと砂鉄と関係があるようにも思われます。

スカは天日槍に非常に関係がある言葉です。「垂仁紀」の三年の条を読みますと、「天日槍、但馬国の出嶋《いづし》の人太耳《ふとみみ》が女麻多《むすめまた》烏《を》を娶《めと》りて、但馬諸助《もろすく》を生む。諸助、但馬日《たじまひ》楢杵《ならき》を生む。日楢杵、清彦《きよひこ》（すかひこ、すがひこ）を生む。清彦、田道間守《たぢまもり》を生むといふ」とあります。ところがおなじ「垂仁紀」の八十八年の条にはどうなっているかというと、天日槍が「但馬に留りて、其の国の前津耳《まへつみみ》（一に云はく、前津見《まへつみ》といふ。一に云はく、太耳《ふとみみ》といふ）が女、麻《ま》拕能《たの》烏《を》を娶りて、但馬諸助を生む。是清彦が祖父なり」となっています。清彦はキヨヒコなんですが、スカヒコとも読めるんですね。

それから『古事記』はこうなっています。「応神記」によりますと、天之日矛は「多遅摩《たぢま》の俣尾《またお》の女、名は前津見《まへつみ》を娶して、生める子、多遅摩母呂須玖《たぢまもろすく》。此の子、多遅摩斐泥《ひね》。此の子、多遅摩比《ひ》那良岐《ならき》。此の子、多遅摩毛理《もり》。次に多遅摩比多訶《ひたか》。次に清日子」。これが清彦ですね。「此の清日子、当摩《たぎま》の咩斐《めひ》を娶して、生める子、酢《す》鹿《が》之《の》諸男《もろお》。次に妹菅竈《いもすがかま》上由良《ゆら》度美《どみ》。故、上《かみ》に云へる多遅摩比多訶、其の姪、由良度美を娶して、生める子、葛城《かづらき》の高額《たかぬか》比売命」云々とあって、スガの名前がここにひんぴんと出てくるんですね。どうもこれには訳があるに違いない。その訳は、おそらく砂鉄とか、そういうことと関係があるのではないだろうかと考えてみたわけです。

金　千種《ちぐさ》川のほとりには、砂鉄の遺跡があちこちにあるんですね。その赤穂郡も秦氏族の集住したところで、千種川を開発したのは秦為辰らだった。坂越《さこし》には秦河勝を祀る大避《おおさけ》神社があって、その前面の海には、禁足地となっている河勝の墓所という古墳の生島《いくしま》があります。

麻と鉄の関係

谷川　『古事記』の天岩戸の条で、「天安河《あめのやすのかは》の河上《かはかみ》の天《あめ》の堅石《かたしは》を取り、天の金山《かなやま》の鉄《まかね》を取りて、鍛人《かぬち》天津麻羅《あまつまら》を求《ま》ぎて、伊斯許理度売命《いしこりどめ》に科《おほ》せて鏡を作らしめ」とあります。『日本書紀』の綏靖天皇の条にも、「倭鍛冶《やまとのかぬち》天津真浦をして真麛《まかご》の鏃《やさき》を造らしめ」と、倭鍛冶天津真浦の名が出てきます。天津麻羅とか天津真浦という人物は物部氏の祖神のニギハヤヒが天磐船に乗っていたとき同乗した人々です。そこで倭鍛冶というのは物部の鍛冶といえる。これに対して天目一箇神を祖神とする忌部のほうは韓鍛冶《からかぬち》と思われる。倭鍛冶がはやく韓鍛冶がおそく定着したから、そのような区別があったと考えられます。双方とも朝鮮渡来であることは間違いありませんが。麻羅とか真浦というのは男根をあらわしています。坩堝のなかで金属が溶けるのを古代では人間の交合と同じと考えていたんです。

　この前、田原本町の鏡作神社へ行ったんですが、神社の奥さんから羊水を湯というと聞いたんです。川口など鋳物の町では、鉄が溶けて坩堝から流れてくるのを湯と、いまでも言うんですね。要するに金属の溶けて出たものが湯なんです。それを冷却して鋳物を作る。要するに、坩堝は子宮でそこから赤ん坊が出てくる。

金　溶鉱炉みたいなものだ。

谷川　そうです。女の子宮は溶鉱炉の原型ですね。鉄や銅を溶かしてできたのが湯なんですね。フイゴでタタラに風を送るんですが、送風管の上方のタタラの壁に穴が開いているわけです。鍛冶の棟梁のムラゲというのが、その穴からのぞいて十五分に一回ずつ火の具合を見るんです。それで炎があんまり明る過ぎると炭が多過ぎるんですね。炎の色が黒くなると、これは砂鉄が多過ぎる。火加減を見る、それをホド穴というんです。

金　女性のそれをホトといったんですね。

谷川　さきほど紹介したように『古事記』では天照大神が天岩戸に隠れたとき、天津麻羅をつれてき、また石凝姥《いしごりどめ》に鏡を作らせる、とある。

金　マラというのも気になるな（笑）。とすると、それはずいぶん古くからのことばですね。

谷川　石凝姥《いしごりどめ》の石は金属で、凝は木樵《きこり》のこりで、けずること。すなわち金属を精錬して鏡を作らせた。この石凝姥というのは女なんですが、天日槍の奥さんのような役だった。鍛冶屋の妻が、銅や鉄がよく精錬できるように坩堝のなかに爪や唾や、髪の毛を入れたりした、そういう役だったと思うんですが、そこで倭鍛冶の天津麻羅が出てくるんですね。

金　平野邦雄さんの書いているのでは、倭鍛冶は秦氏で韓鍛冶は漢氏《あやうじ》であるとしている。

谷川　『播磨国風土記』にもマラのつく人物が出てきます。「昔、但馬の国の人、伊頭志君麻良比《いづしのきみまらひ》、此の山に家居《いへゐ》しき。二人の女、夜、麻を打つに、即《やが》て麻を己が胸に置きて死せき。故、麻打山と号《なづ》く。今に、此の辺に居る者は、夜に至れば麻を打たず」という記事があるんですね。これは揖保郡の麻打山というんです。

伊頭志君麻良比がこの山にしばらく住んでいたが、そこの二人の女が、夜麻を打っているときに、麻を自分の胸に置いて死んでしまった。だから麻打山という。このあたりの者は夜になると麻を打たないという、気味の悪い話を伝えています。

私はこの麻について二つ考えられると思うんです。一つは、大麻。いまでも麻を刈り取っているうちにおかしな感覚になるというんですね。九州山脈の高千穂町では麻を刈るために、麻畑に入ると酩酊状態になるわけですね。それが度を過ぎて、麻を打っているうちに死んだということも考えられる。もう一つは、麻の「ア」は接頭語で、ソは鉄に関係があるんじゃないかと。但馬の出石の人の麻良比というのは製鉄に従事した鍛冶屋であったろうと推測するのです。

金　播磨には麻生山というのもあって、近くの、いまは姫路市四郷町明田となっているそこに新羅神社があります。あのへんは以前、新羅の新羅訓《しらくに》だったんですね。そこには見野古墳群や見野廃寺跡などもある。それから、これも新羅訓だった白国町には、白国神社というのがある。

そうそう、古墳といえば、四郷町の宮山古墳からは金製の垂飾付耳飾や、銀象嵌の環頭大刀などが出ていて、姫路市教委編の『宮山古墳第二次発掘調査概報』にそのことがこう書かれています。「垂飾付耳飾は、全国的にもその類例が少なく、その手法は彫金技術を駆使したもので、当時の日本にそのような技術が存在したとはまず考えられない。渡来朝鮮人の製作したものとも考えられるが、それよりも純粋に朝鮮製のものと考えたい」と。

つまり、宮山古墳は、「姫路平野の政治的集団の長の墓」（同『調査概報』）とあるが、そうだとすると、新羅訓＝白国はまさに日本列島内の新羅国にほかならなかったですね。

いま言われた大麻、麻のことですが、朝鮮では麻が生えてくると、その若芽を一つだけ摘んで食べさせる。子供の成長にいいということで、ぼくもおばあさんから故郷でそれを食べさせられたことがあります。しかし、一つ以上食べたらいけないと言われた。そういう記憶があります。

谷川　それは韓国で？

金　ええ。いま話を聞いて、それを思い出した。

谷川　やっぱり両方に取れるんですね。伊頭志君麻良比が出てくるもんだから、それとつなげると、どうも鉄のほうにいくのですが。

金さんの話で思い出したのは、日本でも子供に麻の葉の着物を着せるんですよ。麻はまっすぐに育つから、麻のごとく健やかに伸びよという意味なんです。むかし、臍の緒を縛ったのは麻糸なんです。沖縄の例ですが、子供がぐったりするでしょう。すると干からびた臍の緒を取っておいて煎じて飲ませたり、それから麻の紐を巻いて頭の上にのせると元気になる。だから麻には何か深い生命力があるんじゃないかな。

麻と鉄との関係に戻りますが、柳田さんは「一目小僧その他」のなかで、「近江の栗太郡笠縫村では、一村今以って麻を植えず、植えても生育せぬ。その仔細は大昔この地に二柱の神降臨ありし時、付近に麻があって神これを以って眼を傷つけたまふ」と麻の葉で目を傷つけ一眼を失したとあるんですが、この笠縫村の北に志那というところがあって、ここから銅鐸が出ている。また「鉄山必要記事」のなかには、金屋子神が麻苧の乱れに足を取られて死んだとある。

金　あれも確か、出雲の、鉄の神様である金屋子神も播磨から来たことになっていますね。

谷川　さきに述べた千種の岩鍋（現・岩野辺）から金屋子神が白い鷺になって、出雲国の比田の黒田というところの桂の木にとまるんです。金屋子神がそこで製鉄の方法を教えようとするとき、犬が吼えたので、乱れた麻に足を取られて、金屋子神はとうとう死んでしまう。そこにまた麻が出てくる。どうも鉄と麻は関係がある。

金 この前、朝鮮語の「ソ」が鉄だということを言いましたが、どうもこの「サシスセソ」の「サ」行というのはみんなくさいですね。つまり鉄に関係があるような気がする。

谷川 そうです。麻、葦、……

金 「ア」は接頭語で……

谷川 芦田首も、これはやっぱり鉄に関係ある。葦、麻というのは「ア」を取ればそうですね。もちろん「サ」というのには農業の神の意味もあるんですね、たとえば、早乙女とか、早苗とか、五月とか、これはみんな稲に関係がある。

『播磨国風土記』の宍禾郡の条に川音《かわと》の村が出てくるんですね。「天日槍命、此の村に宿りまして、勅《の》りたまひしく、『川の音、甚高し』とのりたまひき、故、川音の村といふ」

これは異国の旅人が寝ようとしたら川音が耳について寝られない、と旅の寂寥を思わせる文章ですね。

金 川音じゃないけれども、海のなかに泊まれというでしょう。そのとき海水を掻き分けて、そこに天日槍が泊まっていたと。それを見て、伊和大神は恐ろしくなっちゃって逃げるわけね。そして喧嘩になるわけ。『播磨国風土記』です。

伊和大神とのそれは、『風土記』(平凡社版)を翻訳した吉野裕氏によると、新しい製鉄技術と古い製鉄技術を持ったものとの争いだというんですね。伊和大神は古いほうのそれというわけです。

谷川　川筋の渓谷にある砂鉄の争奪と見ることもできる。

近江にひろがるアナという地名

谷川　つぎは近江の天日槍の足跡ですが、『日本書紀』の垂仁天皇三年の記事を読んでみますと、「天日槍、菟道河《うぢがは》より泝《さかのぼ》りて、北《きたのかた》　近江国の吾名邑《あなむら》に入りて暫く住《す》む。復更《また》近江より若狭国を経て、西《にしのかた》　但馬国に到りて則ち住処を定む。是を以て、近江国の鏡村の谷《はざま》の陶人《すゑびと》は、天日槍の従人《つかひびと》なり」。これはどこかと言いますと、滋賀県の蒲生郡の苗村《なむら》あたりらしい。

金　また天日槍ですが、そこに長寸《なむら》神社もある。

谷川　苗村に長寸神社がある。その苗村の西に鏡山があるんですね。その鏡村の谷《はざま》にある陶人《すえびと》、つまり陶器を作る連中は天日槍の従人であるとなってますね。

金　近江の草津市穴にも安羅神社があって、天日槍命を祭神としていると、掲示板にもはっきりと書いてある。

谷川　そうなんです。「天日槍命暫住之聖蹟」とあるでしょう。

金　鏡村の谷の陶人のことが出ましたが、竜王町のそこに天日槍が祭神の鏡神社がある。万葉学者の中西進さんによると、『万葉集』で有名な額田王《ぬかだのおおきみ》は、その鏡神社の社家の出だそうで、額田王も新羅系のそれじゃないかといっています。

　また、北陸に話が行くかもしれませんけれども、注目しなきゃならないのは阿那郷が根拠地だった息長《おきなが》氏。阿那郷の阿那というのは、古代南部朝鮮の加耶諸国のうちの一国だった安羅《あら》を安那《あな》ともいったことからきている。草津市の穴《あな》もそれで、そこに安羅神社があるわけですね。周辺にまた安羅神社が二社ありますが、その安羅神社では年に一回、天日槍祭をやっています。
息長氏というのは、その天日槍集団からの出で、この息長氏族は気比神宮のある敦賀を聖地とし、そこの気比神宮をかれらの守護神としていたそうです。そして息長氏族は、アナという地名と同じようにあちこちにひろがっている。

このアナというのは、近江の地名を見るうえで非常に重要なもので、少しずつ転訛しながら、あちこちに広がっている。たとえば、大津市坂本の穴太《あのう》、石工で有名な穴太衆の穴太もそれで、「白鳳時代の穴太廃寺／渡来人の氏寺だった」（一九八五年三月八日付読売新聞）といったそれもありますが、景行、成務、仲哀の三代のそれだったという、いまは神社になっている高穴穂宮の穴穂《あのう》もそうで、そういうこともあってか林屋辰三郎さんによると、日本最初の統一国家らしきものが形成されたのは近江だったとして、はじめにこう述べております。

「結局、アメノヒボコ（天日槍・天之日矛）の伝説は、弥生時代の日本に、大陸から最新の農業技術と優秀な金属器文明と、新しい呪具《じゆぐ》の信仰を伴って渡来してきた人たちがあったこと、その場合に、いわゆる日本海ルートを経て裏日本から畿内へというコースがかなり重要な舞台であったらしいことを示していると思います。

それから、大事なことは、アメノヒボコの系譜が、最後にオキナガタラシヒメ（息長帯比売）に至っているということですね。つまりこの伝承全体が、息長氏に結びつけられている点は、これからお話しする『近江王朝』と大いに関係してくるのです。……

息長氏はだいたい琵琶湖の東岸、和爾《わに》氏は琵琶湖の西岸に勢力を張っていた。私はこの二つの豪族は共に渡来人から出たものだと思います。おそらく弥生時代のある時期に、日本海ルートで裏日

長寸神社の楼門

長寸神社の碑

竜王町の鏡神社

本に上陸し、琵琶湖の両岸にそれぞれ展開した渡来人の集団でしょう」（「近江王朝」『日本史探訪』「別巻古代編」㈡）

林屋さんのこの「近江王朝」論はともかくとしても、ここは天智帝の近江王朝、大津京のあったところだった。しかしどういうわけか、この近江は畿内とはなっていない。

谷川　大和、山城、摂津、河内、和泉、これが畿内。

金　それがいわゆる五畿内ですが、だいたい、畿内というのは「王城の付近にある地」ということですね。すると、平安王朝の京都からすれば、近江はすぐそばなわけです。古代の文化財が多いことにしても、近江は奈良、京都についで第三位ぐらいじゃないですか。

たとえば、いま林屋さんの話に出た息長氏のそれをみても、もと阿那郷・阿那邑《むら》の息長村があった坂田郡近江町（現・米原市内）には、神功皇后の父という息長宿禰を祀る天津照神社というのがあります。その境内の天津照神社境内古墳からは、王者のしるしだったという冠帽が出ています。「息長は新羅語なるべし」（『坂田郡史』）というこの息長氏が王者のしるしだった冠帽を持っていたとはたいへんな豪族で、息長氏というのはいわゆる「皇統譜」のなかにもよく出てきますが、そこからはまたたくさんの枝族が分かれ出ている。

　湖西の高島郡高島町（現・高島市内）には新羅明神の白鬚神社がありますが、その近くに、「巨大な家形石棺と金銀の宝冠や耳飾、金装の大刀や馬具など」「それらの出土文物が示すところ、やはり朝鮮の文物であったことを明示している」（景山春樹『近江路』）鴨稲荷山古墳があって、これは息長氏族のひとつであった彦主人王《ひこうし》の墳墓といわれているものです。

谷川　継体天皇のお父さんですね。

金　そう。彦主人王というのは、近江にいるとき、北陸の三国近くの高向《たかむこ》から振媛《ふるひめ》を迎えて、そのあいだに生まれたのが男大迹《おおど》王、すなわち後の継体天皇です。このことについては岡田精司さんの「継体天皇の出自とその背景」にくわしいですが、要するに、それらがみな天日槍につながるんですね。

　しかも、それだけではない。三、四年前に出た石原進・丸山竜平氏の『古代近江の朝鮮』には巻末に、『続日本紀』『正倉院文書』など二十いくつかの文献によって調べた「古代近江・朝鮮関連人名一覧」というのがありますが、これによると近江の愛知《えち》郡に住んだ愛知秦氏だけでも三百二十三氏があげられ、ほかにまた穴太村主など数十氏があげられています。

　古代は大家族主義ですから、これらの人口だけでもたいへんなものですね。近江にはいま秦荘町（現・愛知郡愛荘町内）があって、そこに秦氏族の氏寺の一つだった金剛輪寺がありますが、近くには百済寺《ひやくさい》という寺院もいまなお健在です。

　こういうふうに、朝鮮からの古い渡来人が濃厚に展開していたところへさらに七世紀になって、『日本書紀』にもあるように、その渡来人がまたどっと加わるわけです。天智朝、大津京の頃のことで、このように、近江は王城の付近どころか、林屋さんのいう近江王朝はともかくとしても、天智の近江朝があったところにもかかわらず、それが畿内から外されているのには、何か曰くがあるんだろうと思うんです。

谷川　それは何ですか。

金　簡単に言うと、天日槍集団によるそれなどが濃厚なところへもってきて、さらにまた、七世紀に新たなそれがどっと加わったということがある。

谷川　だから外れた。

金　新たなそれがまた明白で、まだ朝鮮色が生ま生ましいということがあったからのような気がするんですがね。これはある種のひがみかな。

谷川　当時はそんなひがみというのはないよ。

金　ひがみはないとしても、ゆがみはあった。だいたい、「畿内」ということばができるのは京都、平安時代になってからですよね。

谷川　ですから、そのときは近江の力が弱まっていたんじゃないですか。

金　そうだったかもしれないが、平安時代は、稲作農耕をもたらしたとされる天日槍集団が渡来した弥生期からは千数百年がたち、古墳時代からも数百年がたっていて、このころはもう、日本に統一国家が完成していた。坂口安吾は、統一国家がつくられるためには、おれは高句麗だ新羅だ加耶だ百済だのといっていてはそれができない。だからみんなそういった出自を忘れて、すてなくてはならない。その結果平安朝になると、こんどはその背景を大唐、すなわち中国に求めるようになったと書いておりますが、これはぼくもそうだったと思う。

だから、平安時代にできた『新撰姓氏録』などをみても、その出自を中国へもって行っているものがたくさんいるし、さきにみた百済王氏というのはなくなるし、秦氏族から出たものも惟宗《これむね》氏になったりしている。

ところが、近江にいたもの、とくに百済・高句麗が滅びた七世紀後半に来たものたちはそういうふうに一筋ではなかった。この頃は朝鮮も統一国家成立期だったから、それなりの民族意識ができていたにちがいない。

百済が滅びてやって来たものだけでも、『日本書紀』天智条にみられるように、百済官等第一位の佐平《ジャペン》や、第二位の達率《ダルジョル》らが五十人以上あって、なかには沙宅紹明や鬼室集斯のような、近江朝の法官大輔や文部大臣といっていい学職頭、高級国防官僚になったものたちもいた。ばかりか、そのほかの者にしても、「四年の春」「百済の百姓《たみ》男女四百余人を近江国神崎郡に居《お》く」とか、「八年十二月」「男女七百余人を蒲生郡に居らしむ」などとあり、また、「百済の男女二千余人を東国に居らしむ」ともある。「二千余人を東国に居らしむ」といっても、全部そうではなかったはずで、この数だけでも相当たいへんなものです。いわば近江朝は亡命百済王朝のようなおもむきだったことがあった。そのために、近江は敬遠された。そうとでも考えないと、どうして王朝の近江が畿内から外されたか、わからなくなる。

谷川　けれども大津京というのはあんまり長くない。二代しかない。

金　二代と言っても、天智天皇というのは大きな存在でしょう。穴穂宮三代ということもあった。

谷川　それはそうなんですがね。しかし大津京をつくるのは反対が多かった。

金　新羅寄りだった天武かもしれませんが、桓武の母のほうはちがいますね。

天日槍の色濃い近江

谷川　例の高野新笠《にいがさ》というのは百済でしょう。

金　そうです。その桓武天皇については、ちょっとおどろいたことがあるんです。『続日本紀』天応元年の条をみると、こういうことが書かれている。桓武前代の光仁帝が亡くなったときのことで、「丁未、太上天皇（光仁）崩じ給う。春秋七十有三。天皇（桓武）哀号《あいごう》し、咽《のど》を摧《くだ》きて自ら止《とど》むこと能わず。百寮中外《ちゅうげ》、慟哭《どうこく》して日を累《かさ》ねたり」。

この「哀号」というのは、朝鮮人を形容するのによく使われていたものです。ところが、その哀号というのは、日本宮中での泣き方だった。いまでも朝鮮では父親が亡くなると、哀号ができるのは直系の息子たちだけです。ほかのものはできないんですよ。だれでも「アイゴー」「アイゴー」と声を上げて泣くことはできない。息子たちのそれは「哭を上げる」ともいうんですが、『続日本紀』のそこをみたとき、なるほど哀号というのは、とぼくは思ったものです。

谷川　偉い人しか哀号は使えない。

金　そう。しかし、いまでは女が泣く場合、「アイゴー」「アイゴー」というから、ふつう一般的なものと思われているけれども、本当はそういう厳しいものだったんですね。

谷川　先程述べた鏡山の付近に三上山というのがある。その中間にある小篠原から大量の銅鐸が出土しています。近江の三上山は近江富士と言われて、たいへん秀麗な山なんですが、その三上山を御神体山とする三上神社には、天津彦根命の御子の天之御影命が祀られている。これは天目一箇神の別名なんです。三上神社の祭神は、日本の鍛冶の祖神と称しているんですね。その天之御影命の娘が息長水依比売《おきながみずよりひめ》なんです。そのさらにまた子孫に、息長帯比売命があって、息長一族というのはもとをたどると天之御影命、つまり、鍛冶の関係とつながってくる。

金　天日槍とともに、鉄はずっとついて回るね。

谷川　息長の意味については、水依比売なんかの言葉と合わせて、水に潜ると息が長いという説もあるんです。またフイゴの息だという説もあるんですね。

金　水に潜るからというのは、ぼくはいただけない（笑）。

谷川　水依比売というのは、水占いをする巫女なんです。水に憑《よ》るという意です。息長水依比売は、鍛冶に関係がある一族の女で、水占いをやった人だと思うんです。

金　さっきもちょっとふれましたが、近江の『坂田郡史』を見ると、「息長は新羅語なるべし」というんですがね。しかしそれしか書いていないので、どういう意味かはわからない。

谷川　「応神記」を見ますと、「故、上に伝へる多遅摩比多訶《たぢまひたか》、其の姪、由良度美《ゆらどみ》を娶して、生める子、葛城《かづらき》の高額比売命《たかぬか》」。それに「此は息長帯比売命の御祖なり」と注記があります。ですから葛城の高額比売というのは、結局、天日槍とつながっていくことになります。またその葛城の高額比売は息長帯比売命の御祖なんですから、息長帯比売命というのは、実は天日槍の末裔であることが、「応神記」でたどれるんですね。

一方では、天之御影命でしょう。だから天之御影命は、天目一箇神の別名であると書いてありますが、これはどうも渡来人らしい。天目一箇神は、忌部氏の祖神ですから、鉄や銅の精錬に関係がある。天日槍からも、その子孫は息長帯比売、天之御影命からもその子孫は息長帯比売。息長帯比売というのは、そうすると両方からたどれるんですね。そうすると天之御影命と天日槍が上のほうでつながれば面白いわけです。つながる可能性が大いにあるということなんですね。

金　天日槍集団からは、実にいろいろなものが出ていますね。近江はその天日槍で全部覆い尽くされるという感じです。

谷川　その場合に、後になって、すべて天日槍にもっていった可能性もあるんですね、天日槍の話はずいぶんありますから。

近江国伊香《いか》郡中郷村鉛練比古《えれひこ》神社があり、天日槍を祀るとされています。天日槍が山を切り、余呉湖の水を排して、湖を四分の一にちぢめ、田畑を開拓したという伝承があります。開鑿するには鉄器が必要です。天日槍と金属器の関係はここでもたしかめられます。

金　余呉湖のほとりには新羅神社もあった。いまは「新羅神社跡」という石碑がたっているだけですが、あそこには例の羽衣伝説があって、その余呉湖の羽衣伝説というのも、やはり天日槍がもたらしたものだそうです。

第七章　大和、山城

飛鳥《あすか》は安宿《あすか》か

金　いまわれわれは桜井市大神《おおみわ》神社の横にある旅宿にいますが、今日は朝九時半に出発して、いま五時ですが、飛鳥一円をまわったわけです。広陵町の百済寺まで行って、最後は海柘榴《つば》市《いち》を見てまわった。まず飛鳥をいろいろ見て歩いたことについて感想を話すわけですが、これは『地名の古代史』ですから、まず最初に飛鳥《あすか》という地名です。これについては青山茂氏の『飛鳥』にこう書かれています。

「『飛鳥』（とぶとり）と書いて『あすか』と読む。なぜ、飛ぶ鳥が『あすか』なのであろうか。そして『あすか』というのは、いったいどういう意味を持っているのであろうか。

『あすか』の地名の起原については諸説ある。だが、次の説は、飛鳥の土地がらとともに、飛鳥時代の時代背景を踏まえて、まことに魅力のある説ではないだろうか。それは『あすか』は『安宿』からの転化という説である。

大陸からの帰化人たちは、波荒い玄界灘を乗り越えて北九州にたどり着き」、この北九州にたどり着きというのはいいですね。「さらに瀬戸内海の島々の間をぬって大阪湾へ。ここからまた舟で大和川をさかのぼるか、陸路大和路に入り、やっとたどり着いた安住の土地として、ここを『安宿』とよんだ。それは、あたかも季節の渡り鳥が、はるかな飛翔の末に、羽を休める安住の木立を見つけた気持ちであったにちがいない。

だから『あすか』という地名は、必然的に飛ぶ鳥を連想させたのだ。その連想がいつしか、飛ぶ鳥を『あすか』の枕詞とし、さらに『飛鳥』と書いただけで、『あすか』と読ませることになったのだ、というのである。その真偽は今後の学問的検討にゆずるとして、飛鳥の地に多くの帰化人が住みつき、この地を舞台にして、大陸からの新しい文化である仏教をめぐるさまざまな政治劇が演じられた土地がらと歴史を考えるとき、この説は強い説得力をもって迫る。飛鳥という土地は、そのような国際的な視野のもとでの歴史の舞台なのである」と。

広陵町の百済寺三重塔

「近つ飛鳥」「遠つ飛鳥」という言葉があって、数十年前までは、近つ飛鳥を大和の飛鳥だという考えだったけれども、今日では河内飛鳥が「近つ飛鳥」ということになっている。たとえば、葛城山から向こうにも飛鳥川があって、大和のこちらにも飛鳥川がある。向こうの飛鳥川に葛城山の木の葉が流れてくるという『万葉集』の歌がありますね。そういうこともあって、向こうの飛鳥こそが「近つ飛鳥」となった。

さらにまた大阪市立大の教授だった原田伴彦氏は、「近つ飛鳥」「遠つ飛鳥」とは、いったいどこから見ての「近つ」であり「遠つ」であるかということで、それは河内の古市から見ての「近つ」であり「遠つ」なんじゃないかといっている。

いまでは古市と書いてますけれども、もとはフル（都京）市じゃなかったかということでもあって、その意味ではなかなか面白い意見ではないかと思います。というのは、その古市には応神陵古墳などの古市古墳群があるばかりではなく、さいきん問題となっている大和・斑鳩《いかるが》の藤ノ木古墳から出たのと同じ百済からの金銅装冠や、金銅装沓《くつ》などの破片が出土した一須賀古墳群があり、百済混伎王が祭神の飛鳥戸《あすかべ》神社がある。

その飛鳥戸神社のある飛鳥はもと安宿《あすか》郡だったところです。そういうことから青山茂氏は、安宿＝飛鳥説をだしている。ついでに言いますと、安宿は朝鮮語ではアンスク（安宿）で、これがアスク、アスカとなる可能性は大いにある。

しかしまた一方、中島利一郎氏の『日本地名学研究』をみると、奈良の春日は朝鮮語カ・スカ、すなわち大きな村としていますが、それからすると、アスカのアは接頭語で、スカは村だったということにもなります。

アスカは地形からも説明できる

谷川　いまの説は一つの説だと思いますが、ほかの説もあるわけです。たとえば、門脇禎二さんの説では、飛鳥のスカというのは川の洲を言うと。アは接頭語だということで、スカとなると、横須賀とか白須賀とかほうぼうにあるんですが、そういうことで、飛鳥川の曲がったところに洲ができる。洲の片方は深くえぐられるから淵になるんですが、飛鳥川の淵瀬が定まらないというような歌がありますけれども、そういうことで氾濫も起こしやすいし、砂もたまるというところで、飛鳥という地名がついたんだという説がある。

いまの飛鳥村のあたり、飛鳥川のごく一部分が、かつての飛鳥であった。飛鳥川と言っても、大和川の上流のある部分の名ですから、その土地土地の名前が川につけられているわけで、川全体に一つの名前がつけられているということはあり得ないわけです。そういうわけで、甘橿丘の近くのごく一部分に洲があって、そこを飛鳥とよんだという説があるわけです。

池田末則という奈良の地名研究家の説によりますと、飛鳥の小字が奈良県下だけでも約十カ所ある。そこに何か共通した普遍的な地形なり、ものがないと、地名がつかないわけですから、そういう意味では、いまの安宿説、渡来人が安らかに宿ったところだという、それも一つの説としては認められるけれども、しかし、それは漢字に引きずられた解釈であって、地名につけられた漢字は当て字である場合が多いのです。そういうわけで、漢字で解釈するということが危険であるということは地名研究の第一課にあるわけです。金さんが披露された青山茂さんの説も、その危険をはらんでいることだけは間違いない。

私もアスカについては、これだとはっきりした自分の意見をもてないわけですが、アスカが奈良県に十カ所あるということであれば、それに共通する特色をいちおう考えておく必要があるだろう。池田末則さんの「日本地名伝承論」によりますと、奈良県にヤマトという地名の小字が約二十ある。それからナラという地名が七十ある。それらはいずれも同様の地形である。地形・地名から申しますと、たとえば奈良という地名は、均らすところということですから、その地形は傾斜地です。傾斜地を均らすと平坦地になるわけですが、均らす前の状態がナラなんですね。近鉄奈良駅のあたりはずっと傾斜地になっている。そういうわけで、ナラという地名も、渡来地名だと解釈できるけれども、しかし、約七十の地名が同じようにナラを称してるということの説明が、一方においてなされなきゃいけないということが言えるわけですね。ヤマトだってそうです。地形から、アスカもナラも、ヤマトの地名も考えることができる。

さらに天智天皇のときの水時計の遺跡、明日香村大字飛鳥小字水落《みずおち》という地名も、水時計がそこでつくられた地名だから、水落という地名がついたように、ややもすれば受けとりがちなんですけれども、しかし、そうじゃなくて、水落という地名が奈良県には三十例もあるわけなんですね。飛鳥村水落はその一つにすぎないわけです。

また明日香村大字阿部山小字上山《うえやま》の亀虎古墳ですが、実際あれはＮＨＫがファイバースコープで古墳の内部をのぞき見て、玄武が北の内壁に描かれてあったということがはじめてわかったわけで、最初から亀や虎が古墳内部に描かれているということが広く知られていたとは考えられない。南側の内壁には虎の絵はなかったわけでしょう。キトラ古墳は亀や虎などの神獣の壁画が出現することを祈念してつけた名前であるが、それには隣接した小字の北浦の地名をたくみに利用したのだと池田末則さんは言っている。キタウラ→キトウラ→キトラになったというのです。北浦の浦は入りこんだ谷をいうのです。北側の入りこんだ地形・地名というわけで、むしろ日当たりのいいところをいうのです。日浦というところもありますが、これも日当たりのよい所です。キトラという小字地名も県下に百十例あるということです。それが亀虎というもっともらしい字を当てられたのです。

檜隈は今来《いまき》の渡来人の中心地

檜隈の於美阿志神社

金　奈良ということについては、あとでまたふれることになると思いますが、いまは高市郡、昔流にいえば高市郡《たけちのこおり》の飛鳥について話しているわけで、この飛鳥では東漢《やまとのあや》氏族の氏寺・氏神だった檜隈寺跡・於美阿志《おみあし》神社に行きましたね。そこには奈良県教委が作った銅板があって、「百済から渡来した阿知使主《あちのおみ》一行が」うんぬんとありました。これは最近つけられるようになって、ぼくも喜んでいるんです。檜隈はその阿知使主に率いられて渡来した東漢《やまとのあや》氏族の中心根拠地だったところで、『続日本紀』七七二年の宝亀三年条に、その漢氏族から出た坂上田村麻呂の先代、坂上苅田麻呂が、高市郡における自分たちの権利のことで、当時は奈良の平城京にいた天皇に差し出した上表文が載っていてこうある。

「凡《およ》そ高市郡内は檜前忌寸《ひのくまのいみき》及び十七の県の人夫地に満ちて居す。他姓の者は十にして一、二なり」と。

その頃の坂上氏は檜前忌寸となっていたわけですが、さらにまた、その忌寸の「坂上系図」をみると、そこにはこうある。

「時に阿智王、奏して今来《いまき》郡を建つ。後に改めて高市郡と号す。しかるに人衆巨多にして居地隘狭なり。更に諸国に分置す。摂津、三河、近江、播磨、阿波等の漢人村主《あやひとのすぐり》これなり」

要するに、阿智王だった阿知使主、都加使主《つかのおみ》親子が百済から十七の県の人夫、つまり人民をひき連れて来て、まず、飛鳥の檜隈に住んだ。そしてかれらは今来郡を建てた。今来というのは今来た、後から来た、つまり新来の渡来人ということで、そのかれらが建てた今来郡は後に高市郡となった。高市郡の人口の八〜九割はかれら漢人族によって占められるようになり、それが増えて土地が狭くなったので、一部を諸国に分置した。摂津、三河、近江、播磨、阿波等の漢人村主がそれである、というわけです。

ぼくはその摂津や三河、阿波なども歩いてみましたが、なるほどそのとおりでした。ところで、かれらがそれとなった漢人《あやひと》ということですが、これをある学者たちは百済系としていますけれども、本当は百済・安耶系とみるべきもので、漢というのは加耶諸国のなかの安耶《あや》・安羅からきている。その安耶が漢《あや》という氏族名となったということについては、古くは鮎貝房之進氏、新しくは上田正昭さんもそう書いております。

すると、その漢人族の今来があるからには、古来《ふるき》がなくてはならないわけですね。つまり、上田さんなどがいう「古渡り」がなきゃだめで、その古渡りが『和名抄』に出ている波多郷だったとぼくは思うんです。飛鳥、明日香村の冬野という山中に上畑、下畑があって、そこに式内の波多神社があり、飛鳥川最上流の栢森《かやのもり》、加耶のモリ（頭）と読めなくもないそこに加夜奈留美命神社がある。

この波多とは秦のことで、かれら古来は、はじめは山中、あるいは川の最上流に住むという習性をもっていたらしいが、そこに波多神社や加夜奈留美命神社があるのをぼくに教えてくれたのは、飛鳥坐神社の宮司で、いまは亡くなりました飛鳥弘訓さんでした。飛鳥の地主神である飛鳥坐神社については、「出雲国造神賀詞」に出てきますが、そこに「加夜奈留美命を飛鳥の神奈備《かんなび》に坐《いま》さして」というくだりがあって、飛鳥坐神社の祭神はもと加夜奈留美命だったことがわかります。

こうしてみると、飛鳥には百済系の漢氏族ばかりでなく、新羅・加耶系の秦氏族もいたのです。

このことはいわゆる大化の改新にも大きな影を落としていると思うんです。いまはそれがテーマではないので簡単に言いますと、大化の改新で蘇我入鹿《そがのいるか》が殺されたときに古人大兄《ふるひとのおおえ》が、「韓人《からひと》、鞍作臣《くらつくりのおみ》（入鹿）を殺しつ。吾が心痛し」といったことが『日本書紀』にありますが、韓人とは加羅（加耶）人で、ぼくはその新羅・加耶系と百済系との抗争の反映が大化の改新だという論文を書いたことがあります（「『大化の改新』と朝鮮三国」、講談社学術文庫『日本古代史と朝鮮』に収録）。

高市郡の今来人と、それらが祀る今来神とはあちこちに動いている。吉野の大淀町にも甲神社《かぶと》というのがあって、そこは今木となっていますが、しかし、主流みたいなものは政権の移動と共に動いて、それが平城京へ遷るときは平城京の田村後宮に、それから今度は京都へ遷って、京都の平野神社に今来の神が祀られる。この平野神社には桓武天皇の母である高野新笠が祀られてますけれども、これは今来の和乙継《やまとのおとつぐ》――和一字でヤマトと読むということは、大和の大は美称だったということで――その和乙継の娘だったものです。このようにその今来の神が祀られて、政権は今度は京都から東京へ遷りますが、東京に今来神社が行っているのかどうかはわからないです。

アチという地名と金属精錬

谷川　関東にも今来神社があるんですよ。

金　どこにあるんですか。

谷川　その話をこれからしましょう。金さんがわりと早口にお話しになったんですが、それをもう少し『日本書紀』のことなど引用しながらお話ししますと、阿知使主は『日本書紀』によりますと、応神天皇の三十七年に、阿知使主を呉《くれ》に遣わして、縫工女《きぬぬひひめ》を求めさせたとある。阿知使主は兄媛《えひめ》、弟媛《おとひめ》、呉織《くれはとり》、穴織《あなはとり》らを連れて帰ったという。

やはり応神天皇の四十一年にも、阿知使主等は呉衣縫《くれのきぬぬひ》、蚊屋衣縫《かやのきぬぬひ》を連れて帰ったという記事がある。

雄略天皇の十四年になりますと、身狭村主青《むさのすぐりあを》を呉国に遣わして、漢織《あやはとり》、呉織《くれはとり》および衣縫《きぬぬひ》の兄媛《えひめ》、弟媛《おとひめ》を連れてきて、その呉人を檜隈野《ひのくまのの》に置いたという記事がありますが、要するに阿知使主の記事と身狭村主青の記事は非常に似てるわけです。

阿知使主と同じように、身狭村主青が女性の工人の漢織、呉織などを連れてきたという話ですが、高市郡に身狭《むさ》（牟狭）社というのがあるんです。『新撰姓氏録』によりますと、牟狭村主というのは、「呉孫権男高《こう》より出づ」とあります。いわゆる呉の孫権です。古代の朝鮮でも中国にあやかっていますから、そうした出自を名乗ることになるわけです。一方、阿知使主が連れてきた七つ姓の氏族のなかにも、やっぱり高姓があって、それが檜前村主の先祖であるとも述べられているわけです。非常に似てるわけですね。いずれも呉国からやって来たんじゃないかと私は思うわけです。身狭村主青も阿知使主もですね。

呉というのは中国の呉《ご》ではなくて、阿知使主が連れてきた工人に漢織とか穴織とか蚊屋衣縫などという名前がありますので、カヤとかアナということから言いますと、金さんの言われたように、加羅とか加耶を示すものだ。呉と言っても、実は加耶諸国からやって来た渡来人であるということがわかるわけです。

名前を今来郡から高市郡と変えたというが、壬申の乱のときに、高市郡の大領（そこの郡長みたいなものでしょう）の高市県主の許梅《こめ》が急にものが言えなくなり、三日のちに神がかって言った言葉は、自分は高市の社にいる事代主神である。また身狭社にいるところの生雷神であるから、早く神武天皇の陵に馬と兵器を奉れと託宣したという記事が「天武紀」にある。

明治につくられた大和国の地誌『大和志料』の身狭社の「旧記」のなかに、安康天皇の時代に、牟佐村主青がつくって、雷公を祭ったと記されているのが身狭社です。身狭村主青というのは、どうも鍛冶に関係があるんではないかと思うんですね。

身狭社は橿原市の見瀬にあるのです。そこは昔の軽部という氏族の故郷であって、そこから鉄の鉄滓が出て、農夫が耕すに非常に困ったという事実があります。軽部のカルという言葉は、朝鮮語の刃物を意味するんですね。雷神というのは鍛冶神なんです。鍛冶神を祭ってる身狭社の生雷神が高市県主の許梅に神がかって、武器を神武天皇の陵に奉れと託宣した。その身狭社を作ったのは身狭村主青という説がある。阿知使主と身狭村主青は、あるいは同一人物であったかもしれないと私は考えるわけです。

アチというのはアルチ（閼智）ということで、これは小児をあらわす朝鮮語ですから、べつにそれをある固有名詞と考えないでもいいですからね。檜前地方に落ち着いた阿智王の子孫、阿智という地名は阿知とか奄治とか恩智とか奄芸とか、いろんな地名で呼ばれてる。鏡作《かがみづくり》神社の所在地にも奄知《あむち》という地名があるわけでして、大和国十《と》市《いち》郡に奄知村があって、鏡作造《かがみつくりのみやつこ》の娘がそこにいたということが『日本霊異記』に書いてある。

そしてこの奄知村を本貫とする奄知造は天津日子根命の末裔と『古事記』には書いてある。それからまた『新撰姓氏録』には、額田《ぬかた》部湯《べのゆ》坐連《えのむらじ》と同祖と書いてある。天津日子根命の子供が天目一箇神なんです。そうすると、奄知にいた鏡作造というのは、鏡作神社の鏡を作っていたと考えられるわけです。また額田部湯坐連もやっぱり金属精錬と関係がある。
というわけで、だんだん金属精錬に話をもっていってるようなあんばいですが、奄知造はまた高市県主とも同族であるとされています。大和の高市郡には天目一箇神を先祖とする高市連の奄知造の祀る磐橋《いわはし》神社があって、これは日本の鍛冶の先祖と言われているんです。
高市連の許梅というのはたぶん女で、シャーマンですね。そこで身狭村主青のつくった身狭社の生雷神が許梅にかかったのです。そういうわけで、身狭村主青と奄知造の出自も共通している。奄知造の祭る磐橋神社は日本の鍛冶の祖とも言われているのですが、面白いのは、天から鞴《ふいご》が降ってきたという伝承が磐橋神社にあるんです。これは鍛冶屋の伝承なんですよ。そうしますと、阿知使主も身狭村主青も、あるいは高市連であったところの奄知造、これも鍛冶の祖先ですから、みんな鍛冶とか製鉄とつながっている。

金　それは面白い。

谷川　最初の話に戻りますが、武蔵国賀美郡の式内社に、今城《いまき》青八坂稲実神社、今木青八坂稲実荒御魂神社、八坂稲実池上神社の三社があります。吉田東伍によりますと、これは一神を三霊に分けたもので、青は地名、八坂は弥栄、稲実は稲の豊熟であるとするが、今木はおそらく大和の今来郡と関係があると私は思う。というのも武蔵国賀美郡にさかえた武蔵国造の一族のうち檜前舎人直《とねりのあたい》の勢力がもっとも抜きんでていた。それは大和国の檜前の廬入《いおいり》宮に仕えていた舎人の後ではないかと思われます。ということで武蔵国に今木青を冠する神社があることはこの大和国の高市郡にいた渡来人の青という人物と何か関係があると考えるのです。

鍛冶の神を祀る磐橋《いわはし》神社

金　檜隈寺の境内には、「宣化天皇檜隈廬入野《いおりぬの》宮趾」という石碑がたっていましたが、これも考えてみると面白いですね。『肥前国風土記』（逸文）には、確か宣化天皇のことを「檜隈天皇」といっている。そしてその檜隈には、大和朝廷時代の欽明天皇から文武天皇までの天皇陵古墳といわれるものが集中している。

これもまた青山茂氏が書いている『飛鳥』ですけども、「天武・持統陵が檜隈大内陵と名づけられているように、このあたり一帯を檜隈という。檜隈にはこの陵のほかに、欽明天皇檜隈坂合陵、文武天皇檜隈安古岡陵、吉備姫王檜隈墓などがあり、皇室とも深い関係の土地であったことを示している。……

檜隈の地は、帰化人の移住地として有名である。応神天皇二十年の秋九月に渡来した倭漢直《やまとのあやのあたい》の祖先にあたる阿知使主とその子の都加使主《つかのおみ》らの一行がこの地に定住したらしく、檜前《ひのくま》にある於美阿志神社は阿知使主を祭神とし、その名も阿知使主から転じたものであろう」とあるんです。

「檜隈の地は帰化人の移住地として有名である」その地に、どうして大和朝廷時代の天皇陵が集中しているのかということですが、これも考えてみれば面白い問題ですね。

谷川　磐橋神社の話なんですが、これは大和国高市郡の金橋村というところで、いまは橿原市今井町大字小綱《しょうこう》にあるんですね。その磐橋神社は、高市連奄知造の先祖の天目一箇神を祭るところから鍛冶の神というわけですね。磐橋神社の磐橋というのは、もとは金《かな》橋村と呼ばれていた場所が磐橋になったというんですね。金橋の名は、鍛冶のとき鉄をつかむもの、鉄鉗《かなはし》かもしれません。鞴《ふいご》が天から降ってきたという伝承がある神社ですから、鉄鉗（金橋）が磐橋になったと私は思うんですよ。奄美にも、鍛冶屋の道具の鞴が天から降ってきたという伝承があります。磐橋神社の伝承も、鍛冶屋の伝承であることを証明するものですね。

アムチというのはほうぼうにありまして、閼智《あるち》とか奄知《あむち》というのは、朝鮮語で小児を意味するらしい。

金　小児のことをアギと言うんですが、アルとは卵ということでもある。

谷川　アキの訛ったアチという地名は非常に多いんですね。阿知、奄治、恩智、奄芸《あんげ》などと表記されています。奄知にサンズイがくっついて淹知《かいち》と読ませる場合もある。そういうふうに転化しているんですね。天理市に海地《かいち》という地名がありますが、これはもともと奄地からきて、サンズイがついて海と間違えたんですね。河内にも有名な恩智神社がありまして、あそこから銅鐸が出ましたが、銅鐸と関係があるんですね。

私の説をここで少し紹介させていただけないでしょうか。阿知使主の話ですが、「地名辞書」をひきますと、吉備の邑久《おく》郡に服部《はとり》郷というのがあります。それから上道《かみつみち》郡に幡多郷があって、賀夜《かや》郡服部郷があって、品治《ほむじ》郡に服織郷がある。これは応神天皇の死んだあとに、阿知使主が連れてきた衣縫を吉備の蚊屋（賀陽）に置いたところから起こった名前と言われるというのが吉田東伍の説です。

『日本書紀』の応神天皇の条によりますと、応神天皇は吉備の葉田《はだ》の芦守宮に行幸した。そのときに吉備臣の祖の御友別の妹の兄媛《えひめ》に織部《はとりべ》を賜ったとあります。吉田東伍はこれらの記述からして、この織部の本拠は賀夜郡で、ほかの服部郷はそれから分かれたんじゃないかと考えているんです。

阿知使主の族等も、分かれた服部郷と一緒につながってうごいていったんじゃないかと思います。これはみんな渡来人であるわけですね。

金　そう、吉備も秦氏族や漢人の集住地でしたからね。

谷川　そうなんです。その窪屋郡と浅口郡の両郡にまたがって阿智郷というのがあって、阿知明神を祭っている。そこで不思議なことを私は気がついたんですよ。諸国の服部郷を見てまわっていたんです。そうすると賀夜郡の芦守宮のある足守、いまは岡山市ですが、そこから銅鐸が出てるんですね。それは応神天皇の芦守宮があったところです。その足守郷の隣に賀夜郡の服部郷がある。それから上道《かみつみち》、下道《しもつみち》の下道郡の呉妹《くれせ》郷というのがありまして、これは吉備真備の出身地の吉備郡真備町（現・倉敷市真備町）で、そこはやはり同じく呉人の工女を住まわせたというところですが、そこにまた服部郷がある。そしてその呉妹郷から銅鐸が出ている。

それから上道郡の幡多郷は、いまの岡山市の東に属する高屋、沢田あたりだとされている。ところが応神天皇の葉田の芦守宮というのは、一説によるとこの幡多郷であったといわれている。ところが、この幡多郷はのちに幡多村となって、その村のなかに兼基《かねとも》という地名を含んでいる。兼基から銅鐸が出ている。

それから邑久郡大宮村藤井、やっぱり現在の岡山市の阿仁神社の裏山から銅鐸が出ている。この大宮村に接して阿知村があった。その阿仁神社も阿知使主と渡来した工女の末の人たちが祭っただろうと「地名辞書」に書いてある。そこにも銅鐸が出ている。

それから大阪府の八尾市にある恩智神社ですが、垣内山と恩智郡塚山から恩智銅鐸が出ている。この恩智は奄知が訛ったものである。

それから伊勢の奄芸《あんげ》郡を奄治に由来するという説がありまして、そこの奄芸郡の奄芸郷、現在は鈴鹿市ですが、そこの栄村の磯山から銅鐸が出ている。

今度はまた『新撰姓氏録』に阿智王の後裔といわれてる芦屋漢人の本拠は摂津武庫郡芦屋郷、いまの芦屋市で、もとの精道村打出です。

金　あそこがまた濃いんだ。

谷川　ところが、そこの阿保親王の墓の濠から銅鐸が出た。阿保は青ですね。それは芦屋村主と関係があるかもしれません。芦屋村主は百済の意宝荷羅支王の後裔と『新撰姓氏録』に出てるんですね。

こういうふうに、どうも阿知使主がつれてきた工女を住まわせた服部郷から銅鐸が出ている。そこでひょっとしたらば、もともとは銅鐸なんかを作る工人がそこにいたのが、工女を連れてきたという説に、あとになって置き換えられたんじゃないかと思うんです。あまりにも服部郷から銅鐸が出ているもんですから。

金　ついでに言いますと、摂津の芦屋市に最近まで漢人《あやひと》浜というのがあったんです。浜はいまは埋めたてられてますけれども。

それからちょうど備前の倉敷の中心、それこそ臍のようなところですが、山がありまして、その山が阿知神社なんですよ。さっきの阿仁神社も近いところですが、そういう具合に、吉備も漢人が集中したところですが、その吉備というのはまた、賀陽《かや》郡などもあるように、加耶が強かったところです。

大和の国中《くんなか》の百済寺

金 話はちょっと戻りますが、さきにみた飛鳥坐神社のもと主祭神は加夜奈留美命だったと言いましたね。そういうふうに、飛鳥川最上流にあったそれが高地から平地へ降りてきたわけですが、それで考古学的にこういうことがあるんです。

これは一九八〇年一月十三日付け朝日新聞の切り抜きですが、これの見出しに「香久山に渡来人墳墓／日本に例ない土器多数発掘／朝鮮半島出土と同種」とあります。「日本に例ない土器」ではなく、ほかにもそれはたくさんありますが、飛鳥坐神社近くの天香久山というと、大和の象徴のようなものです。そこの古墳群から加耶製の陶質土器がたくさん出土したということなんです。つまり、加夜奈留美命を祀った新羅・加耶系の渡来人は非常に古かったということなんですが、それはおいて、飛鳥坐神社のすぐ前にあるのが、もとは蘇我氏族の氏寺だった飛鳥寺です。このあたりは真神原《まがみのはら》というんですが、ここはもと漢人の飛鳥衣縫造《きぬぬいのみやつこ》のいたところで、そこに蘇我氏が飛鳥寺を建立した。飛鳥寺はもと法興寺、元興寺ともいったものですが、この飛鳥寺のことについては、和歌森太郎・山本藤枝氏の『日本の歴史』にこう書かれています。

「法興寺の造営にいたっては、それにしたがったのはすべて百済の工人でした。その寺地の真神原は、帰化人東漢《やまとのあや》氏の支配地で、百済系の帰化人飛鳥衣縫造の住んでいたところでした。推古元年（五九三）この寺の塔の心柱をたてるときには、馬子（蘇我馬子）ら百余人、みな百済服を着て参列し、心礎のなかには百済王の献じた仏舎利をおさめました。法興寺をつくりおわったのは、推古四年（五九六）と『日本書紀』にはありますが、その後、推古十七年（六〇九）には、この寺に百済僧十一人をすまわせて、内面的にも寺を完成しました。

こう見てくると、法興寺はまったくオール百済の観があることがわかります。蘇我氏は百済派の棟梁だったのです」

しかし、これには高句麗系のそれも加わっていて、最初の住職は百済の恵聡と、それから高句麗の恵慈の二人でした。高句麗がこの飛鳥寺を建てるとき金三百両を贈ってきたと『日本書紀』に出ています。高句麗といえば、さっきみた檜隈の近くに栗原というところがありますが、ここに呉原神社や呉原廃寺などがあって、もとは呉原だったんです。『日本書紀』雄略十四年の条に、「呉人を檜隈野におらしむ。因りて呉原と名づく」というのがありますが、この場合のクレとは……

谷川　それは雄略天皇の条に、呉人を檜隈野に置いたという檜隈野ですね。

金　そう、その呉人の呉とは何かというと、これは高句麗のことで、高句麗を朝鮮語で「コクレ」というんですが、「高」の「コ」は美称なんです。「呉人」とはその「クレ人」ということなんですね。それを中国の呉越同舟の呉国の呉に間違えられたりするが、呉《ご》は確か二世紀の頃でしょう。

先程われわれは百済寺に行ったわけですが、広陵町百済というところで、そこに百済川が流れていました。このへんは大和の国中《くんなか》というところで東大寺の大仏を造った国中公麻呂という百済系のそれもここにいたのだったかしれませんが、そこに「百済野の萩の古枝に春待つと居りし鶯鳴きにけむかも」という『万葉集』で有名な山部赤人の歌の石碑がありましたね。

百済寺というのは、もとは百済大寺といった巨大なもので、これは舒明天皇と皇極天皇の百済大宮だったものでもあったわけです。『日本書紀』舒明十一年に「百済川の側《ほとり》に九重塔を建つ」とあるそれで、門脇禎二氏の『飛鳥』にその百済寺のことがこう書かれている。

「事業はなかなか大規模なもので、西国の民は百済大宮の造営に、東国の民は百済大寺の造営に動員がかけられたという。

寺には、当時の人びとの耳目を驚かせた石鴟尾《いしび》をのせた金堂・九重塔が建ったという（舒明紀一一年一二月是月条。大安寺伽藍縁起並流記資材帳）。飛鳥寺の塔は何重であったか、分らない。しかし、飛鳥寺の伽藍配置がそれにもとづいた可能性のある高句麗清岩里廃寺は六角九重塔であったというが、『日本書紀』には飛鳥寺の塔のことは記さない。それゆえ紀にも百済大寺九重塔を特記する記事が真を伝えるとすれば、わが国ではおそらく最初の九重塔であったかもしれない」

これが後に天武の時代、壬申の乱以後になると、藤原京に、今日はあそこを通ったとき石碑がたっていましたが、そこへ大官大寺となって移され、こんどはその都が奈良の平城京へ移ると、そこへ移されていまの大安寺になってるわけです。

百済寺というのは、そういうことで、なかなか重要な意味を持っている。先程、飛鳥の今来の神社が政権と共に移ると言いましたが、同じようにこの寺も移されて、大官大寺になり、大安寺になるということですね。

いまの百済寺の三重塔は鎌倉時代のものですけれども、その境内には「百済七村」とした献灯などもあるんです。百済なんとかといった七つの村があったわけですね。

山部赤人にうたわれた百済野というと、摂津国百済郡の百済野もそうだけれども、これはかなり広い範囲で、あそこの百済川はいまは曾我川ともなっていますが、曾我川は蘇我氏の発祥の地だという説もある。それはともかく、蘇我氏というのは、飛鳥の漢人族の上に立って、「政治の実権はいうまでもなく蘇我馬子の掌中にあった。この頃の天皇家とは蘇我氏のことである」（亀井勝一郎

『飛鳥路』）といわれるほど権勢を振るったものであった。

この蘇我氏は百済木満致《もくまんち》、百済八大姓の一つであった木氏の出であるとしたのは門脇禎二さんですね。以来、蘇我氏も百済系の渡来人であるということになりましたが、それで、蘇我氏が百済系という漢人族の上にいて、実権を振るっていたということもわかるようになりました。

大神《おおみわ》神社に伝わる三輪伝説

金　われわれはいま大神《おおみわ》神社の近くに来てるわけですが、すごく大きな鳥居がたっていましたね。ぼくが三輪明神ともいう大神神社をはじめて訪ねたのは十数年前の早朝でしたが、ちょうど神職たちの朝の行事がはじまっていて、みると、空色のハカマをつけたみなさんのお辞儀の仕方が、朝鮮式の平伏なのでおどろきました。ご承知のように、大神神社は本殿がなく、背後の三輪山が神体となっていますが、神職たちは、拝殿でその三輪山に向かって平伏をくり返していました。

この大神神社というのは、和泉の陶邑《すえむら》から大田田根子《おおたたねこ》というのが連れてこられて、大国主命の別名大物主神を祀ったもの、ということなんですけれども、それについては神話学者である松前健氏の「渡来氏族としての大神氏とその伝承」にこうあります。

「大和の国の神大物主神を奉じ、その神裔《しんえい》を称し、その司祭家であった豪族大神氏《おおみわ》（三輪君）が、もとは渡来人系の豪族であった、などというと、何を世迷い事を言うかと昔なら怒られそうであるが、実はよく調べてみると、そう思われる節節《ふしぶし》が数多くあるのである」

長くなるので、『古事記』や『日本書紀』にも出ている「そう思われる節節」は省きますが、それからまた、この大神神社ということでは、有名な「三輪伝説」というのがありますね。これも簡単に言うと、若い女のもとへ夜になると通ってくる名も告げない青年の服に、針のついたおだまきの糸をつけてついて行くと、その青年は三輪山に住む蛇神、蛇だったというものです。

これと似た伝説は朝鮮にもあって、ぼくも子供のころ祖母からよく聞かされたものですが、朝鮮のこれは鳥居龍蔵氏の『有史以前の日本』にも紹介されています。鳥居氏は、そこでこう述べています。

「この伝説は日本民族が此の地に移住せぬ以前より既に有ったもののように思う。何となれば、我が国にこういう伝説のあったのは、『記』『紀』でも最も古い時代に於て、すでに大三輪の伝説として伝えられているのである。又朝鮮にても、極めて遠い長白山脈、豆満江辺の様な開けない処に行われているのである。又彼の扶余族の伝説も多少これと関係を有するものらしい。して見れば日鮮に於ける此の如き伝説は最も古い時代より行われて居ったものと言ってよろしい。若しも日鮮民族が同じ種族として置かるるとせば、此の伝説は二者が共にXの土地に居った時から有った伝説であろう。これが各々移住した結果として、此の伝説がその人間に伴って分布したものであろう」と。

谷川　「三国遺事」にはやっぱりあとをつけて行くという話が出てくるのですが、これは蛇ではなくて、大ミミズなんです。三輪式伝説は沖縄の宮古島にもあるんです。それはまったく同じです。私はそれが必ずしも朝鮮系だけにつなげて考えられるかどうか、まだ疑問に思うんですね。

それからまた大田田根子については、私も鍛冶の種族だという気はするので、それは松前さんの説に賛成なんだが、ただ大田田根子はそのまま大神氏の先祖になったかというと、これはまた、かなり複雑じゃないかと思うんですね。確かに大田田根子は陶村にいて、陶器や鍛冶製品をつくったとか、それから大田田根子の分流が、多田銅山のある摂津の川西町にも移っているんですが、そこはやはり銅山のあるところなんですね。

海石榴《つば》市《いち》は市《いち》がたち、歌垣が行なわれたところ

谷川　昨日金さんと啼沢《なきさわ》女神を祭ってる畝尾《うねお》都多《つた》本《もと》神社、それから海石榴《つば》市《いち》に行きましたね。海石榴市というのは金屋の北のほうにある集落で、これは古代に市がたった所なので、海石榴市という名前をつけたんですが、ツバキイチがツバイチになったんです。ある本には、椿になぞらえて椿市と言ったというんですが、折口信夫はこれを山茶花だと言ってる。昨日見ましたのも山茶花でしたね。街道筋の交差点に当たるようなところで、俗にこれは海石榴《つば》市谷《いちたに》と言われているわけですね。海石榴市のほかに、古代では阿斗《あと》の桑市とか餌香《えか》市、阿斗の桑市ははっきりしないんですけれども、餌香市というのは藤井寺のほうですが、要するに桑市とか海石榴市という名前をつけたのは、どうもそこの市に木を植えたらしいんです。椿の木を植えたからツバキ市、桑の木を植えたら阿斗の桑市という。アトというのは阿刀氏のアトで、大和川の安堵町とか、アト氏に縁のあるところには違いないんですけれども、河内のほうか大和のほうかまだはっきりしないようですが、いずれにしても植樹をする、木を植えることをやったようなんです。

　海石榴市は歌垣の場所であったんですね。いろんな人が集まって、そこで歌垣を行なう。それから遊女も出没するというところであったようでして、海柘榴《つば》市《いち》の歌垣で有名なのは、物部の麤鹿火《あらかび》の娘影媛《かげひめ》と平群《へぐり》の志毘臣《しびのおみ》と仲がよくなったが、それを仁賢天皇が邪魔をして、そこで歌垣を両方でやって、歌で戦うわけですね。そういうことが『日本書紀』『古事記』に出ている。

『古事記』では清寧天皇の話と言っています。清寧天皇というのは袁祁《をけ》命のことですが、袁祁命が

結婚しようとした女性を、平群臣《へぐりのおみ》の祖、志毘臣《しびのおみ》が歌垣に立って、美人の手を取ったというんですね。そこでまた袁祁命も歌垣に立って、美人をなかにして、お互いにやり合うわけです。志毘臣が歌うのに、

大宮の　彼《をと》つ端手《はたで》　隅傾けり

というわけですね。これはどういうことかと言いますと、袁祁命が住んでいる宮殿の脇のほうは隅が傾いてしまったんだと。つまり相手を愚弄してるわけですね。ところが、今度は袁祁命がさらに、それは大工が下手くそだったから隅が傾いたんだというわけで、志毘臣にあてつけるわけですね。すると、また志毘臣がやり返して、あなたの心がたるんでいるので、厳重にめぐらせた私の柴垣のなかには入ることはできないじゃないかというのです。そういうやりとりをしたあとで志毘臣を殺してしまうわけですが、そういう事件が海石榴市の衢《ちまた》で起こったと『古事記』に出ております。

これが『日本書紀』では武烈天皇が皇太子のとき、物部麁鹿火《あらかび》大連の娘の影媛を鮪《しび》と争ったということになっています。

影媛の影というのは、霊魂で、影媛は霊魂を扱う人だという説があるんですが、鮪が武烈帝に殺されたので、非常に嘆き悲しむわけです。

石《いそ》の上《かみ》　布留《ふる》を過ぎて　薦枕《こもまくら》　高橋過ぎ　物多《ものさは》に　大宅《おほやけ》過ぎ　春日《はるひ》　春日《かすが》を過ぎ　妻ごもる　小《を》
佐保《さほ》を過ぎ　玉笥《たまけ》には　飯《いひ》さへ盛り　玉盌《まもひ》に　水さへ盛り　泣き沾《そぼ》ち行くも　影媛あはれ

という有名な歌が出てくるわけですが、どうもこれは葬送の歌なんですね。石の上というのが出

てきますし、それから高橋、大宅、春日、小佐保と地名がずっと出てきて、地名をたどって行くと、どうもそこに玉盌には水を盛り、玉笥《たまけ》には飯を盛りとありますから、葬式のとき、死者にささげる水や食物をかかげながら泣いて行く姿をあらわしているというわけですね。海石榴市をはじめとして、歌垣が行なわれているんですね。

これは平安時代の話ですが、京都では虹が立つと、その虹の立ったところに市が開かれた。長元三年（一〇三〇）、十一世紀のはじめですが、関白と東宮大夫の家に虹がかかった。そこで売買のことが行なわれたとか、寛治三年（一〇八九）に六条中院の前の池に虹が立った。そういうことで、市をたてるかどうか相談したとか、そういうことが記録にあります。

河内の古市に市がたったんですね。あのすぐそばが藤井寺でしょう。そこに餌香《えか》の市という市がたったということで、顕宗天皇の即位前紀に「旨酒《うまざけ》、餌香の市」と、あります。旨酒というのが餌香の市の前に枕詞のようにつくわけですね。餌香は吉香《えが》の意を含めています。よい香りがするという意味です。うまざけ三輪も三輪に旨酒という枕詞がつくんですね。三輪の大神が美酒を作ったからというのですが、大神《おおみわ》神社は金屋の近くですからね、やはり市がたっていたから旨酒三輪とついたんじゃないかと思うんですが、「旨酒餌香の市」は、藤井寺なんですね。そこでお酒などを飲ませたりしていたから旨酒餌香というような、枕詞がついたんじゃないかと思うわけです。

天理市布留《ふる》の遺跡と須恵器

金　いま言われた海石榴《つば》市《いち》からいわゆる「山の辺の道」がはじまって、大神神社、これまた天日槍の大兵主神社などを経て布留の石上神宮へいたっているわけですが、途中に天理市がある。有名な天理教の本部はその天理市の三島町にあって、この三島というのは、『伊予国風土記』（逸文）に出ている摂津の高槻市三島鴨神社の三島（御島）、さらにいうならば伊豆・三島大社の三島とも同じで、どちらも伊予大三島のそれと同じ「百済国から渡っておいでになった」大山祇（積）神を信奉する氏人の移動したところですが、それはおいて、天理というところは非常に注目すべき古墳の多いところです。

たとえば、二十年ほど前に書かれた斎藤忠さんの「わが国における帰化人文化の痕跡」――斎藤さんはいまでは渡来人ということばを使っていますが、二十年前なので「帰化人」となっている――には全国のそれがあげられていますが、大和におけるそれとしては垂飾付耳飾・帯金具などが出土した橿原市の新沢千塚一二六号墳ほか十三ほどがあげられていて、そのなかに天理市上之庄の星塚古墳というのがある。この星塚古墳群はいまなお発掘がつづいていて、一九八七年七月八日の朝日新聞にこういう記事が出ています。

須恵器

「大量の朝鮮製土器／食糧たっぷり携えて／準備周到だった渡来人／天理市の星塚古墳」とした見出しのもので、そのイントロ部だけ紹介するとこうなっています。

「大陸渡来の最古の木製横笛が出土、話題を集めた奈良県天理市、星塚古墳から、五世紀後半から六世紀中ごろの朝鮮半島製、陶質土器が百二十三点見つかった、と九日、天理市教委と三辻利一・奈良教育大教授（分析化学）が明らかにした。陶質土器のこれまでの出土例は、一カ所からせいぜい十数点。予想を超す大量出土に、考古学関係者は『土器だけを取り寄せたとは考えられない。大量に食糧や田モミ類を土器に入れて、移住してきたのだろう』と、渡来人の冒険心に隠れた慎重さを読み取っている」

古代朝鮮から直行でもたらされた陶質土器であったわけですが、これが陶質土器とよばれるようになったのは近年のことです。それまでは朝鮮式土器または古墳土器、祝部土器などとよばれて、それが須恵器となったのは戦後のことですね。

そしてその須恵器のふるさとということでは、「原産地は新羅と推定している。同質の土器が新羅の古墳からたくさん出土するので、新羅焼ともいわれる。須恵器の原流を新羅に求めることは、ほぼ間違いないことだと学界では認めている」（末永雅雄『古墳』）となっていますが、しかし、最近ではさらに研究が精緻になって、それの原産地は新羅というより、のちその新羅に吸収された加耶ということになっている。そのことを証しだてるものがまた、天理市の古墳から出土しています。

天理市布留《ふる》、布留御魂社の石上神宮があるその布留遺跡から出土した火炎形すかしの須恵器がそれで、この布留という地名からして古代朝鮮語のフル（集落または都邑）からきたものですが、そこから出土した火炎形すかしの須恵器のふるさとは、さきほどからしばしば出た古代南部朝鮮の、加耶諸国のうちの一国だった安羅であることが明らかとなっています。

そういうこととも合わせて、北九州市立博物館で「須恵器のなりたち展」を開いたことのある福岡大学の小田富士雄さんは、「須恵器の源流は加耶」というサブタイトルをもった「九州型古墳文化の形成」でそのことをこう書いています。

「洛東江流域に連合国家の加耶があった。加耶は金海を中心とした金官加耶と高霊を中心とした大加耶の二つに分けられる。

この金官加耶で一世紀から二世紀にかけて硬質の土器が出現し、後の須恵器の源流となる」と。

そこでさらにまたついでに言いますが、だいたい、日本全国を歩いてみてわかったことのひとつは、いたるところ高句麗、百済、新羅がまんべんなくはいって来ていますが、その基層には加耶があるということです。いま言った須恵器ばかりでなく、たとえば十年ほど前、橿原考古学研究所では大和にある四世紀から五世紀にかけての古墳から出土した剣や矢じり、馬具などの鉄製品百六点を日立金属安来工場の冶金研究所に依頼して、その成分を調べてもらったところ、これがまたみな加耶の砂鉄からできたものであることがわかった。これは考えてみれば、いろいろな意味でたいへん重要なことで、当時、一九八一年四月十日の朝日新聞・奈良県版には大きくトップで報じられたものですが、どういうわけか、その後はだんまりとなったきりです。

哭沢《なきさわ》の神社《もり》、泣女、遊部

谷川　これは『万葉集』の巻十二の歌ですが、

海石榴市《つばいち》の八十《やそ》の衢《ちまた》に立ち平《なら》し結びし紐を解かまくも惜しも

「八十の衢」というから、たくさんの道が交差している海石榴市で、「立ち平し」というのは、中国から入ってきた踏歌なんですが、日本の歌垣と融合して、歌垣風の踏歌になるんですけれども、足を踏みならすことです。そのときに男女が紐を結んだわけですね。そして男が女の下紐を結んでやった。男がせっかく結んでくれた紐をとくのは惜しいことであるという歌なんですね。海石榴市は、そういう歌垣が行なわれた場所だということがわかるわけです。

市というのは十二支の名をとって、酉の市とか、辰の市とかあって、奈良市には辰市という地名がいまも残っています。東の市と西の市と二つに分ける。西の市のほうは右京で、東の市は左京というふうに分けまして、交互に市をたてていくということが行なわれていたらしいんですね。辰の市は左京のほうです。

海石榴市というのは、後ろの三輪山の東が鬪鶏《つげ》国で、そこから山人が下りて来まして、薪木とか茸だとか山の産物をもってきて里の産物と交換するということも行なわれていたんだと思うんですね。

それからまた金屋という名前は、あの付近に鋳物が行なわれていて、長いあいだあそこは鋳物の中心になります。ですから金屋とか海石榴市という地名が、いまも当時の様子を再現するときの手がかりになっていたということが言えるんじゃないかと思うんでね。

昨日まいりました雷《いかずち》山と甘橿《あまかし》丘ですね。『万葉集』巻三の

大君は神にし座《ま》せば天雲《あまくも》の雷の上に廬《いほり》せるかも

という人麻呂の歌の雷山というのは、いまの甘橿丘と言われています。甘橿丘のほうは、「遊ぶの岡」であるとされています。「遊ぶ」は歌舞をもって死者の魂しずめをしたところから命名された地名とされています。そのそばに哭沢《なきさわ》の神社《もり》がありまして、哭沢《なきさわ》の神社女命《もりのめのみこと》をお祀りしてあるんですが、『万葉集』巻二にこういう歌があります。

哭沢《なきさわ》の神社《もり》に神酒《みわ》すえ禱祈《いの》れどもわが王《おおきみ》は高日知らしぬ

哭沢の神社に神酒をすえてというのは、土器のなかにお酒を入れて祈ったんだけど、その甲斐も

なくて大君は天に昇ってしまわれたという歌で、これは檜隈女王が哭沢の女神社を怨みに思う歌であると『万葉集』に注釈があります。

どうして怨みに思ったかというと、哭沢の神社に祈願すると生き返るという信仰があったんですね。いっぺん死んだ人も生き返るとか、あるいは気息奄々としている人も生気を取り戻すという信仰があって祈った。ところが、その甲斐がなかったということなんですね。このわが王《おおきみ》というのは天皇じゃなくて、壬申の乱で活躍した高市皇子ではないか、そして檜隈女王というのは、高市皇子の娘じゃないかという説もあるんですね。

いずれにしても、哭沢の神社に祀った哭沢女というのは泣女なんですね。これは『古事記』のなかに、伊邪那岐命が伊邪那美命の死んだあとを追いかけて黄泉の国に行きます。そうすると見るかげもない状態で、自分の愛する妻がいるわけです。そこで残念だということで、伊邪那岐命が涙を流す。その涙が哭沢女神になったというんですね。

伊邪那美命が火の神を生んだために産道が焼けて死ぬんですが、そのときに夫の伊邪那岐命が言うには、私の愛する妻を子供の一人に代えてしまったんだとなげくのです。

「『愛《うつく》しき我《あ》が那《な》邇《に》妹命《ものみこと》を、子《こ》の、一《ひと》つ木《け》に易《か》へつるかも』と謂《の》りたまひて、乃《すなは》ち御枕方《みまくらへ》に匍匐《はらば》ひ、御足方《みあとへ》に匍匐《はらば》ひて哭《な》きし時、御涙《みなみだ》に成《な》れる神《かみ》は、香山《かぐやま》の畝尾《うねを》の木《こ》の本《もと》に坐《ま》して、泣沢女《なきさはめ》神《の》と名づく」となっております。それが『万葉集』巻二の「哭沢の神社に神酒すえ禱祈けれども……」というのと照応しているわけですね。だから八世紀頃にはそういう伝承があったに違いない。

この歌は檜隈女王がつくったともなっていますが、柿本人麻呂の代作じゃないかとも言われているんですね。人麻呂は遊部《あそびべ》と言って、死者の霊魂を慰める職能集団なんですね。人が死ぬと、七日七夜遊んだというのが「魏志倭人伝」にありますが、遊ぶというのは、死者の霊魂を慰めるとか、あるいは復活のセレモニー、儀礼をするとか、死者に関連する行為が、遊ぶという言葉のそもそものはじまりだと思います。それが制度化し、遊部という職業ができて凶礼を司ることになります。これは「令集解」に出てくるんですけれども、天皇が亡くなりますと、殯宮に刀を背負って、詰める役が遊部なんですね。しかし、それだけではなくて、遊部というのは、シノビゴトと言いますか、歌のようなものを口にして、死者を追慕するとか、死者に呼びかけて、死者の魂をこっちに引き戻すとかという、いろんな儀礼をやったんじゃないか。

　人麻呂の歌に人の死を悼む歌が多いということから、人麻呂は遊部の出身じゃないかと思われるんです。そうであれば、遊部の出身である人麻呂が、いまの歌を代作したというのは合点がいくわけですね。遊ぶの岡に火葬の跡が発見されているので、あの付近で火葬したんじゃないかと考えられる。すると火葬した場所は、また遊部がいた場所でもあるし、しかも遊部が哭沢の神社で神に祈って、死者を復活する儀礼を行なったところじゃないかということが推測されるわけですね。

　もうひとつ申し上げておきますのは、万葉時代の歌のなかに泊瀬《はつせ》というのがよく出てくるんですね。いまの長谷寺、あれは泊瀬なんですね。もともと泊瀬の寺だったのが長谷寺となった。ずっと長い谷が続きますでしょう。長谷《ながたに》の泊瀬《はつせ》という、長谷が枕詞だったのが長谷と書いて「はせ」と読むようになった。長谷寺へ行く道はほんとに細い道ですよ。峡谷を通っていくわけです。

　ハツセというのはどこからきた言葉かと言いますと、「果てる」というのは人が亡くなることなんですね。その場所がハツセなんですね。ハツセに葬るわけです。信州の棄老伝説、もハツセが姥捨になっています。人をそこに捨てるわけだから合うわけですが、姥を捨てるというのは、あとでつけた名前で、小《お》泊瀬《はつせ》山《やま》が姥捨になったのですね。泊瀬の付近は万葉時代に死者を葬る場所だったのです。

ナラという地名の由来

金　奈良については、まず、中島利一郎氏の『日本地名学研究』の「奈良」「春日」をみることにしますが、そこにこう書かれています。

「松岡静雄氏は『日本古語大辞典』に、ナラ（那良・那羅・奈良）大和の地名、旧都として有名である。崇神紀に軍兵屯聚《とんじゆう》して、草木を踏みならした山を、那良山と号《なづ》けたとあるのは信じるに足りぬ。ナラは韓語ナラで、国家という意であるから、上古此地《このち》を占拠したものが負わせた名であろう』と述べ、奈良、朝鮮語説を提供したのであった。私自身としても、夙《つと》にこの説を採っていたのである。

朝鮮語Ｎａｒａ、国、平野、宮殿、王の四義を有するもの。今日では『国』及び『野』の義だけで、『宮殿』『王』の義は、全く朝鮮人からも忘れられている。わが奈良に、皇都を始めて設けられたのは、元明天皇の和銅年間であるが、それ以前、平城の地には朝鮮（渡来）人部落があったものの如く、現に奈良市内に、東大寺の地主神ということで、韓国《からくに》神社というのが存している位である。従って奈良という地名は、最初から朝鮮（渡来）人によって名づけられたものであると思われる」

谷川　『日本書紀』の崇神帝十年の条に、和珥臣《わにのおみ》の遠祖彦国葺《ひこくにぶく》を遣わして埴安彦《はにやすひこ》を討たせたという話が出てくるのですが、「忌瓮《いはひべ》を以て、和珥の武鐰《たけすき》の坂の上に鎮坐《す》う。則ち精兵を率《ゐ》て、進みて那《な》羅《ら》山《やま》に登りて軍す。時に官軍屯《い》聚《は》みて、草木を蹢跙《ふみならす》因りて其の山を号《なづ》けて、那羅山と曰ふ」とあります。踏みならしたから那羅山と名づけたということですが、これは地名説話として、あとでつけたわけですけれども、草木を踏みならすということで、平面化することですね。平面化することをならすという。緩やかな傾斜地を「ナラ」というのは柳田国男も「ナル」とか「ナラス」といって、山中の小さい平地、あるいは緩やかな傾斜地を指すと「地名の研究」で述べているわけですね。

茨木市の東奈良というところから銅鐸が出たんですが、これもナラと称している。それから昨日見に行きました石舞台古墳は、ナルミという傾斜地にあるというんですね。奈良平城の地は奈良坂から佐紀付近の丘陵を指摘した地域の名前であろうと。これは池田末則さんの説です。

奈良の場合は、平らかに続く丘陵、平山《ならやま》を形容したんじゃないか。平城宮の北方の、歌姫越えが古代の平坂《なら》と池田さんは言うんです。

千葉の習志野なんかも、デコボコの土地をならした地域だろうというわけです。そういう地形から考えると、全国的にナラという地名がつけられているということなので、私も断定はできませんけども、地形・地名というのは、人間の毎日の生活のなかでいちばん使ってますからね。だからいちばん日常的な命名を考えるべきだろうと思うわけです。

金　それは中島利一郎氏も書いてます。ナラは国、平野、宮殿、王の四つの義を有するものだといってる。

谷川　平野じゃないんです。緩やかな傾斜地ですね。なぜ私は断定したくないかというと、そういうものが非常に一般的な地名であるんだけれども、そこに帝都ができたということになれば、また帝都は特別の命名があり得ると思うんです。ですから私は金さんの説も否定できないわけです。もともと緩やかな傾斜地であったところに帝都ができたので、それで朝鮮の帝都の意味のナラをつけたとも考えられるわけで、それがいちばん私は妥協的だと思うんですね。地形がもともとナラだったと。しかし傾斜地の意味のところに朝鮮で帝都だという意味の地名をつけることがある。『日本書紀』なんか絶えずそういうことをやってますよ。うまくつなげてるんです。

金　朝鮮の帝都からという、それはそうだと思いますが、ナラという朝鮮語にはもっと一般的な意味があって、羅・耶・那とは同義語で国土ということなんです。それで国ということにもなったもので、その場合、「那」「奈」だけではすわりがわるいから、二つ重ねて「那羅」「奈良」としたのではないかと思います。

春日をカスガと読むわけは？

金　今度は春日ですが、中島利一郎氏はつづけてこう書いています。

「奈良の地名として、最も有名なのは春日である。学生諸君は直《ただち》に遣唐使安倍朝臣仲麻呂の歌として、

天の原ふりさけみれば春日なる三笠の山にいでし月かも

を想い出すであろう。……

私はこの『かすが』を『大部落』の意に解せんとするものである。『か』は大の義で、ウラル・アルタイ語族では、『大』を可《か》といった。成吉思汗は大帝の意である。日本語『か弱し』『か黒し』の接頭語『か』も大の義と考えていい。『かすが』の『か』もそれと見ていい。『すが』は古朝鮮語『村主《スグリ》』『村主《スクニリム》』の『村《スグ》』で村、即ち部落のことである。故に私はこの『かすが』を大部落、即ち大村、大邑の義と考えたいのである。勿論、私は春日山下に夙《つと》に朝鮮（渡来）人部落の存したこと

を想定するのである」

中島氏のこれに韓国神社というのが出てきましたが、いま東大寺へ行きますと、二月堂、三月堂があり、左手に大きな鐘楼があって、そこからは急な下り坂になっている。その坂を大仏殿の屋根を見下ろしながら下りて行くと、左側は売店になっていますが、その右側を見ると小高い丘があって、そこに辛国《からくに》神社というのがあるんです。いつからか、いまは辛国神社となっていますが、中島利一郎氏はそれをはっきり、韓国神社といっているわけです。

そこでぼくが思うんですが、東大寺の地主神としてのこの神社は、「上古此の地を占拠した」（松岡静雄『日本古語大辞典』）朝鮮からの渡来人が祀ったものだったようです。若草山の山頂に鶯塚という前期の大きな古墳がありますが、この神社は最初、その古墳の拝所としてできたものではないかとぼくは思うんです。

拝所として建ったその韓国神社は、祠《ほこら》のようなものとなっているいまでも東大寺の地主神といわれるくらいだから、かなり大きなものではなかったかと思うんですが、そこへ仏教が入ってきて、東大寺という大伽藍が建立されることになって、韓国神社はだんだんと、いまのようなものになった。

その辛国神社のある東大寺からずっと下って、近鉄奈良駅からちょっと進んで、ＪＲ奈良駅のほうに向かう道を右へ入ったところに漢国《かんご》神社というのがある。そのへんは地名も漢国町となっていたんですが、この漢国なんかも同じように、もとは韓国だったとぼくは思うんです。漢国《かんご》とはずいぶん中途半端な、おかしな読みですが、『万葉集』でも「漢」をカラ（韓）と読ませている例がありますね。

谷川　春日の場合は、ハルノヒの春日という、ハルノヒが枕詞なんですね。その春日をカスガと読ませたのが、もともとカスガは春日、借香、滓鹿など、いろいろな当て字があるわけです。私もよくわからないんですけれども、やっぱりカは場所でしょうね。スカというのはアスカのスカ、そういうような意味があったんじゃないかと思う。

金　中島氏は、スカはムラであるとしていますが、ぼくもそうだと思います。それが飛鳥のスカともなる。

谷川　いや、村じゃなくて砂浜ね。砂が集まるところがスカ。須賀川なんかも東北にありますし、あるいは横須賀とか、白須賀とか、そういうところがスカだと思うわけです。

金　漢国神社の場合は、『延喜式』にある宮内省坐神、宮中に祀られている曾富利《そふり》神、すなわち新羅系の園神と百済系の韓神が祭神となっていることからも、韓国神社だったに違いない。

東大寺境内の辛国神社

谷川　漢国神社については、祭神は園《その》神（大物主命）と韓神《からがみ》（大己貴命・少彦名命）で韓国から渡来した神ではないのです。はじめは率川坂岡神社と称していたのが、いつの頃からか韓園《からその》社となりそれが漢国《かんご》神社となったのです。いまは韓国からきた神だということを言ってるけれども、最初はそうじゃないということは祭神からでも明らかです。

金　では、どこからきたものだったか、ということになりますが、是澤恭三氏の「韓神について」にもあるように、宮中の神楽も「三島木綿《ゆう》肩にとりかけ　われ韓招《からお》ぎせむや　韓招ぎせむや」という韓神を招く神事となっていますが、それはそれとして新井白石が『東雅』でいってるように、「上古、神といいしは人なり」で、要するに人を神として祀ったということで、弥生時代までの縄文人にそういう風習はなかったものでしょう。

斑鳩《いかるが》、王寺と藤ノ木古墳

金　大和の地名でもうひとつ面白いのは、法隆寺のある斑鳩や、その隣となっている王寺です。

松本清張さんの「大和の祖先」をみると、「記紀によると孝元天皇は『軽《かる》の境原宮』にいたという」として、その「軽」のこととともに、斑鳩のことについてこう書いています。「軽の地は高市郡で、いまは橿原市に入っている。この地名から軽皇子《かるのみこ》や軽太子《かるのたいし》、軽大郎皇女《かるおおいらつめ》（この兄弟は近親相姦で罰せられた）の名がある。『軽』は『韓《カラ》』である。この近くの弥生遺跡で有名な『唐古《からこ》』も唐《とう》ではなく、韓からきていると思う。

法隆寺のあたりを斑鳩《イカルガ》の地という。名義不詳となっているが、これも『軽』から出ているとみてよい。カルにイの接頭語がついたのであろうか」

高市郡の「軽」は、『大和名所図会』に「かろしまの明《あかり》の宮」と「かろ」になっているので、以前はカラ（韓）だったかもしれないが、そのことと関係があるかないか、斑鳩町は国宝ずくめの法隆寺がそこにあるばかりでなく、最近では藤ノ木古墳が橿原考古学研究所によって発掘され、豪華な金銅の王冠や沓《くつ》、馬具などが出土したことで、マスコミをにぎわした。この古墳の出土品や被葬者のことはまだ人々の話題となっていると思うが、これについては谷川さんとの対談（一九八八年十月刊『東アジアの古代文化』第五七号「藤ノ木古墳と渡来人」）でも話しているので簡単にしますが、出土品は馬具などにしても、橿古研技師の千賀久氏の「馬具」に、「斑鳩町藤ノ木古墳出土」「高度な製法技術を駆使したこの馬具は、明らかに飾り馬用として朝鮮半島で製作されたものがもたらされているのである」とあるように、これについてはほぼ、考古学者のあいだでは意見が一致しているのではないかと思います。

だが、問題は被葬者で、それがどんな人物であったかについては、まだよくわからぬままとなっている。もっとも、それがわかるということはたいへんなことで、そのためにいろいろな仮説が出ているわけです。

そこでぼくとして、問題となるのは、斑鳩町の隣となっている王寺町という地名ではないかと思うんです。この「王寺」というのは、もと王寺町のそこにあった片岡王寺からきたものですが、ぼくは奈良の学園大和町に住む松村正樹さんがおくってくれた肥後和男氏の「久度神社祭神考」によって知ったんですけれども、王寺町のそこには、のち、大原氏となった「百済王」を称したものがいて、これが仇道《クド》・久台《クテ》とも書かれた百済第六代の仇首王を久度《くど》神社に祀ってそれを氏神とし、一方、片岡王寺を氏寺としていた。

この「百済王」のことは法隆寺蔵の観音像銅牌銘に出ていて、それの一面に「族大原博士百済在王此土王姓」と、つまり、大原氏は百済に在るときは王で、この地ではその王が姓となった、ということだろうと思うんですが、銅牌のもう一面には、「甲午年三月十八日　鵤《いかるが》大寺徳聡法師片岡王寺令弁法師飛鳥寺弁聡法師三僧所生母報恩」うんぬんとあります。肥後氏によれば、「甲午年とは持統五年」の六九一年ですから、百済王はこのころはもう大原氏になっていたのですね。

そういうことで、要するにぼくは、藤ノ木古墳の被葬者はこの王寺にいた百済王＝大原氏ではなかったかというわけです。

綴喜《つつき》は筒木＝筒城

金　奈良からすると、山城国《やましろ》だった京都へは、「崇神紀」には輪韓川とある木津川をわたって北上するわけですが、その途中に山城町があります。この相楽郡山城町（現・木津川市山城町）は一九五六年に上狛《こま》町、高麗《こま》村、棚倉村が合併したものでいまも上狛、下狛という地名がまだ残っていますが、ここに高麗寺跡があって、いまも発掘が続いている、古くからの大きな寺院です。

　ここは高句麗からの高麗氏族の根拠地で、かれらはそこから京都の東山山麓へと移るのですが、それはあとのことにして、山城町からもう少し進むと、こんどは木津川西岸の綴喜《つつき》郡田辺町（現・京田辺市内）となります。この田辺へ行ってみると、「日本最初の外国蚕飼育旧跡」とした石碑がたっていたり、また「筒《つつ》城宮址」としたそれもあります。

　いま言った綴喜郡の名がそこからきた筒木というのは『古事記』仁徳記に出ているものですが、それによると、仁徳帝は浮気をして、八田若郎女と懇ろになったので、それを妬んだ大后の石之日《いわのひ》売《め》は家出をしてしまう。倉野憲司訳の『古事記』にそのことがこうある。

「つぎねふや　山代河を　宮上り　我が上れば　あをによし　奈良を過ぎ　小楯《をだて》　倭《やまと》を過ぎ　我が
見が欲《ほ》し国は　葛城高宮《かつらぎたかみや》　吾家《わぎへ》のあたり
　とうたひたまひき。かく歌いて還りたまひて、暫《しま》し筒木の韓人《からひと》、名は奴理能美《ぬりのみ》の家に入りましき」

「筒木の韓人」の筒木のツツ（筒）は朝鮮語の岳、木は城つまり筒城《つつき》で、古代朝鮮式山城のひとつだったものです。あとは省きますが、そこにいた百済系の奴理能美は蚕を飼って、相当な豪族になっていたのですね。

山城町から京都の東山に移った高麗氏のことは、林屋辰三郎さんの『京都』（岩波新書）にくわしいので、それを引かせてもらうことにします。こう書かれています。

「洛西の広隆寺と並ぶものに東山の法観寺がある。町とともに生きるとでもいいたいこんにちの寺のたたずまいも、二つの寺はよく似ている。この寺も崇峻天皇二年（五八九）聖徳太子の発願とつたえられるが、この寺地の八坂郷の地を占拠していた高麗の調使意利佐《いりさ》の後裔の創建するところである。高麗の帰化氏族は相楽郡の上狛・下狛の地を根拠として高麗寺を創建し、氏族の拠点としていたが、八坂造《やさかのみやつこ》の名でよばれたこの地の氏族は、ここの祇園社（八坂神社）の前身ともなるべき神社をまつり、この八坂寺を建てた」

山城町の高麗寺跡

つまり、八坂神社は日本三大祭の一つである祇園祭で有名ですけれども、それの前身は高麗氏の氏神だったものであり、八坂寺は氏寺だったというわけです。

西の広隆寺ですけれども、これはもういうまでもなく秦氏の氏寺として有名で、そこにある国宝第一号の弥勒菩薩半跏思惟像は、『日本書紀』にも出ているように、新羅からおくられたものだと田村圓澄さんも書いています。それはどちらにせよ、この秦氏族については、〈九州篇〉でだいぶやりましたが、ぼくは九州のその秦氏は原・秦氏で、こちら京都のほうはかりに中央秦氏ということにしています。京都の中央秦氏はここに至って、養蚕その他でもってたいへんな財力を築いたようで、その財力によって、奈良にあった都をこちら京都に移したというのが、普通の案内書などにも出ている説明です。しかしかれらは財力だけじゃなくて、同時に政治力も非常なものがあったということです。なにしろ、都を自由に遷させたわけですから。

この秦氏が行なったこととしては、桂川の上流に大堰をつくって保津川の急流を堰きとめ、下流の桂川沿岸を肥沃な田野にしたことなど、これも林屋さんの『京都』にくわしいですが、それはそれとして、ぼくなど驚きだったのは、日本で神社といえば「八幡さん」「お稲荷さん」といわれるそれを祀ったのが、秦氏族だったということです。

全国に分社が四万以上ある八幡さんの総本宮である宇佐八幡宮のことは〈九州篇〉で話したとおりですが、高柳光寿・竹内理三編の『日本史辞典』に「七一一（和銅四）秦中家忌寸《はたのなかつえのいみき》の祖が祭りはじめたと伝える。代々秦氏が神官として奉祀」とあるように、これも分社が四万以上あるお稲荷さんの総本宮である、京都伏見の稲荷大社も秦氏が祀ったものなんですね。

谷川　仁徳天皇のお后の磐姫の歌を紹介されたんですが、仁徳天皇が八田若郎女とたわむれたものですから、それを怒って、磐姫は宮中に入らず木津川を遡ったと書いてあり、そのなかに、「山代より廻《めぐ》りて、那良の山口に到り坐して」という言葉が出てまいりますけれども、これはナラ山なんですね。

つぎねふや　山代河を　宮上り　我が上れば　あをによし　奈良を過ぎ　小楯《をだて》　倭《やまと》を過ぎ　我が

見が欲《ほ》し国は　葛城高宮《かづらぎたかみや》　吾家《わぎへ》のあたり

と、歌ったとある。磐姫の生まれ故郷の葛城にあった高宮は、いま高宮廃寺と呼ばれています。御所市にある金剛山の中腹、杉の植林の間五五〇メートルの高所に礎石群が残っているんです。

金　東漢《やまとのあや》氏の出である高宮氏族の氏寺だった葛城の高宮廃寺は行基菩薩が修行し、授戒したところで、ぼくもずいぶん探しました。

谷川　金堂跡には苔むした二十数個の礎石が残存し、奈良時代の古い瓦が散乱している。このあたりは「葛城高宮　吾家のあたり」と歌に歌われたように、磐姫の産土《うぶすな》地というか、本拠なんですね。

補足・あとがき

本書は谷川健一氏との対談『地名の古代史』第一巻「九州篇」につづく第二巻「近畿篇」であるが、印刷となった校正刷を読んでみると、まだたくさんのことに触れずに、あるいは触れられないできたことがわかった。なかでも紀伊（和歌山県）はいろいろな点で、ひじょうに重要なところだったにもかかわらず、わずかに日前《ひのくま》・国懸《くにかかす》神宮にちょっと触れただけとなっている。そうだったので、ここでその紀伊を少し補足することにしたい。

いろいろな点で、といったのは、いわゆる大和王権との関係からみても、という意味であるが、紀伊は九州から瀬戸内海をへて近畿にはいる文化の渡来口でもあった。そのことは古墳や遺跡などからの出土遺物をみても明らかで、たとえば、その山麓が「紀伊風土記の丘」となっていて、紀氏族の墳墓の地といわれる有名な岩橋千塚《いわせせんづか》古墳群からのそれをみてもよくわかるが、また、紀ノ川北岸の大谷《おおたに》古墳からは、耳飾や直刀などとともに、日本でただひとつの馬冑《ばちゅう》が出土している。

その馬冑については、「五世紀終わりごろ」のものという同古墳を発掘した考古学者が、「和歌山にいたのは紀氏で、大和朝廷の時代に朝鮮へ出兵した有力な氏族のひとつです。だから朝鮮で馬冑を手に入れるチャンスがあった。馬冑が一つしかない、しかも高句麗と接触している紀氏の墓から

大谷古墳出土の馬冑

釜山・福泉洞古墳出土の馬冑

みつかった、とすれば騎馬民族がきたとしないで、戦利品というか、記念品として持ち帰ったと考えられます」（一九七二年四月二十五日付けから五回つづいた朝日新聞・和歌山版の「対談・大谷古墳のナゾ」）と語っていたのを、私は一九七三年刊の『日本の中の朝鮮文化』⑷「紀伊」で批判したことがある。

つまり、紀氏の「出兵」ということがあったとすれば、それはまったく逆のほうからのことだったはずで、「戦利品というか、記念品として持ち帰ったとは、子どもだましのようなはなしである」と私は書いたものであった。それからちょうど十年がたった一九八二年三月二十一日付け朝日新聞には、「騎馬民族説に有力な証拠？／韓国で馬のかぶとが出土」とした見出しの、次のような記事が出た。ちょっと長いけれども、大事なことなのでそれをここに引いておくことにする。

古代の騎馬戦用の馬のかぶと「馬冑（ばちゅう）」が、韓国の「釜山福泉洞古墳群」から初めて出土したことが、最近日本に紹介された発掘調査の概要レポートで明らかになった。同遺跡からは、大量の馬具や首長（王）級のシンボルだった宝冠なども見つかっており、大騎馬軍の存在がうかがえる。わが国では、和歌山県・大谷古墳（五世紀後半）から酷似した馬冑が出ているが、日本や朝鮮半島では他に発見例がなかったため、伝来ルートはなぞとされていた。今回の発見でそのルートが解明される公算も強まった。

今回の出土について、「騎馬民族征服王朝説」で知られる江上波夫・東大名誉教授は、「騎馬民族が、中国東北部から朝鮮半島、そして日本へとやってきたことを裏付ける極めて重要な発見。日本の古代史研究に大きな影響を与えるだろう」と話している。

福泉洞古墳群が見つかったのは、日本と関係が深かった朝鮮半島南部の古代国家「加耶（かや）」系の一国、金官加耶があったところ。遺跡は、釜山市東萊（とうらい）区にあり、五十五年秋から発掘調査が続けられている。

馬冑は、鉄製で長さ五十一センチ、幅二十四センチ。目の部分に穴を開け、顔全体を覆う形になっている。五世紀初めと見られる古墳から、鞍（くら）やよろいなどと一緒に出土、金銅製の宝冠や、人間用の完全な短甲（たんこう）、かぶとなども見つかった。……

このほか、計二十六基の古墳が確認され、四世紀末から五世紀初めにかけての、より古い古墳からも多くの馬具類が出た。鉄片を革ひもでとじ合わせて馬のよろいとした馬冑も多数見つかった。

また、宝冠や馬冑が発見された古墳と同時期とみられる別の古墳から、韓国で初めての青銅製環形七頭鈴も出た。これらの遺物は、被装者の地位の高さ、騎馬軍の存在を物語っている。

これで、大谷古墳出土の馬冑がどこから、どういうふうにして来たものだったか、だいたい明らかになったことと思うが、紀伊に渡来したものはそれだけではなかった。一九七二年十二月二十日付け読売新聞には、「古代朝鮮の土器三千点を発掘／和歌山の楠見遺跡／『朝鮮出兵の基地』裏づけ」とした見出しの記事が出ている。

またも、「朝鮮出兵の基地」うんぬんであるが、いわゆる皇国史観の本源である『日本書紀』の記述をそのままウ呑みにしている者から出た文言で、では、そんな「基地」だったとしたら、どうして和歌山のその遺跡に「古代朝鮮の土器が三千点」も埋まっていたのであろうか。これらの土器も古代南部朝鮮の加耶だった大邱の若木遺跡から出土したものと同じ、五世紀の陶質土器だった。

それからまた、一九八二年には和歌山市の鳴滝遺跡が発掘調査され、ここからは古代の倉庫だったとみられる巨大な建物群跡が発見された。建物群は五世紀前半のもので、東西八・七メートル、南北六・七メートルの建物五棟が一列にならび、その五棟目の横には東西一〇メートル、南北八・五メートルのもの二棟がならんでL字形をなしていた。

この建物跡は、直径四〇メートルの棟持ち柱六本を含む二十八本の柱を立てていて、建物の総面積は四五六・四五平方メートルにまでおよんでいた。そしてこの建物の柱穴跡からも、古代朝鮮の陶質土器が大量に出土している。

そのことから、紀伊の支配豪族であった紀氏とはどういう者だったか、ということがようやく新たな論議をよびおこすことになった。一九八二年九月二十二日付け朝日新聞夕刊の文化欄に同紙編集委員の溝上瑛氏による「古代豪族・紀氏と朝鮮／鳴滝遺跡の大倉庫群が提起する問題／強大だった？　地方政権／大和朝廷支配説に疑問」というのがそれであるが、それはおいて、さらにまた一九八三年三月二十四日付け朝日新聞には、「かまどの〝元祖〟発掘／五世紀前半の住居から／技術

／朝鮮から直接上陸？／和歌山の田屋遺跡」という見出しの記事が出ているので、ここではそのほうをみることにしたい。

和歌山市教委は二十三日まで和歌山市田屋の田屋遺跡で、五世紀半ば（古墳時代中期）の竪穴住居群から作り付けのかまどを発掘した。この時代の発掘例は極めて少ない。

田屋遺跡は和歌山県内で最大級の住居遺跡で、今回見つかったのは五棟。いずれも一辺四―五メートルの四角形をしており、うち四棟でかまどが一基ずつ確認された。かまどの大きさは間口五十センチ、奥行き六十センチ程度。「八」の字形に約二十センチ土を盛り上げて、中央には器の底を支える石や土の支脚が置かれていた。……

発掘現場は紀ノ川北岸で、現在の川岸から三百メートル。昨年、古墳時代中期の巨大建物群跡の発掘として全国から注目された鳴滝遺跡から約四キロ。住居跡からは朝鮮から伝わった最古形式の須恵器（すえき）も一緒に出土しており、かまどを作った技術は炉から進化したのではなく、朝鮮から持ち込まれたのが確実になった、という。須恵器は鳴滝遺跡から出たものと同種。

森浩一・同志社大教授（考古学）は「紀ノ川下流域が古墳時代に極めて重要な政治的地位を占めていたことが動かせなくなった。鳴滝の建物群や須恵器、かまどなど新しいものが近畿に来るのはまず和歌山からであり、大和中心の従来の考え方を改める必要がありそう」と話している。

石野博信・奈良県立橿原考古学研究所研究部長の話　作り付けかまどのある住居跡としては福岡県浮羽郡吉井町、塚堂遺跡と並んで古い。発掘結果から考えて、かまどは朝鮮半島から瀬戸内海を通って直接、和歌山へ上陸、近畿へ広がったようだ。

要するに、さきにみた「古代朝鮮の土器三千点」といい、いまみた「かまど」にしろ、それ自体が朝鮮から歩いたり、船に乗ったりしてくるわけはないので、それは当然、人間集団の渡来によってもたらされたものだったはずである。そしてその集団の中心となっていた者が、紀氏であったと私は思う。

だいたい、吉田東伍氏の『大日本地名辞書』にも「紀伊は木国《きのくに》の義なり」とあるように、紀伊(伊は「好字二字にせよ」ということでつけ加えられたもの)は紀氏、すなわち木氏の国ということだったのである。京都大教授だった岸俊男氏の「紀氏に関する一試考」は、「紀氏が大和朝廷の朝鮮経略に参加していたことは」などと、これもあいもかわらぬ『日本書紀』史観に立ったものであるが、そこにもこういうくだりがある。

紀氏は古事記ではもっぱら木臣・木角宿禰と表記され、〈日本〉書紀では一般に「紀」の用字に統一されているが、孝徳紀大化五年三月庚午条には木臣麻呂とみえる。「紀」氏の用字は国名としての「紀伊」が「木」に代わって用いられてから、「木」→「紀伊」→「紀」と変化したのでなかろうか。なお百済に「木」なる姓があり……。

百済に「木」なる姓があり、どころではない。木というのは、百済八大姓のひとつとして著名なもので、大和王権で権勢を振るった蘇我氏族も百済のその木氏から出た者だった(門脇禎二「蘇我氏の出自について」)が、私はこの蘇我氏も、紀伊に渡来した木(紀)氏族集団から出たものではなかったかと思っている。

以上、古墳・遺跡などの出土品から、紀氏とはどこから来た者であったかをみたが、紀伊はほかにまた、朝鮮語ムレと同系語であるムロ（鏡味完二『日本の地名』）が東牟婁《むろ》郡、西牟婁郡などとなっていまなお生きているばかりではない。神社にしても、韓国伊太氏《からくにいたて》神である五十《い》猛《たけ》命（宮地直一・佐伯有義監修『神道大辞典』）を祭神とする伊達《いたて》神社や伊田祁曾《いたきそ》神社などがあり、と、こうみてくるときりがないのでもうやめるが、おわりにひとつだけ、新しいニュースがあったので、それを追加しておくことにしたい。

これは本書のはじめのほうでみた河内（大阪府）のことで、私が本書の校正刷をみていた一九九一年四月四日付け読売新聞（大阪）の一面に、「最古の畿内型横穴石室／〝百済直輸入〟／輝く葬送文化／大阪・高井田山古墳で出土／『アイロン』や純金耳飾」とした、カラー写真二枚入りの大見出しの記事が出た。

長い記事なので一面はじめのイントロ部と、白石太一郎氏の「話」だけみておくことにするが、それはこうなっている。

六世紀以降の天皇陵をはじめ、全国の首長墓にまで普及した諸王の墓室である「畿内型横穴石室」の最古例が、大阪府柏原市高井田の円墳（五世紀末）で発掘されたことを、調査に当たっている同市教委が三日、明らかにした。同石室の祖型は「朝鮮半島で生まれた後、九州北部に渡り、そこで発展したものが畿内に伝えられた」とされてきた。しかし、高井田山古墳の石室には九州北部の特徴が一切認められず、副葬品に百済製によく似た青銅製火熨斗（ひのし＝当時のアイロン）や、わが国にはほとんど例のない純金製耳飾（直径一センチ）三個などが含まれており、百済などからもたらされた〝葬送文化〟が直接、大和王権などに受け入れられたことが確実になった。

白石太一郎・国立歴史民俗博物館教授（考古学）の話　高井田山と百済前期の石室が共通する事実は、畿内型の祖型となる高井田山の被葬者が、当時の日本の中枢部と強いつながりを持ち、文化的インパクトを与えていたことを裏付けている。五世紀後半の日本における朝鮮文化の見直しも迫られる。

さきの〈九州篇〉と同様、ただ、あちこちと歩きまわって話しっぱなしの対談を、本書のようにまとめてくれたのは、河出書房新社編集部の福島紀幸氏の努力によるものである。ここにしるして、感謝の意を表したい。

一九九一年四月

金　達　寿

あとがき

「地名の古代史」は九州篇につづいて、二冊目であり、今回は近畿地方をとりあげた。日本の古代王朝の中心であった地方には、古代史にゆかりのある地名が集約的に存在している。近畿地方の地名の一つ一つが古代史を物語るといってても過言ではない。したがって金達寿さんとの対談も前回にまして密度の濃いものになった。とくに近畿地方は大陸との関係が深く、朝鮮半島からの渡来人も最も多く居住していた地域である。渡来の波は幾十回となく繰り返されたであろう。渡来人に関連のある地名も重層しているのである。このような地名の宝庫ともいうべき地方にわけ入る方法として、前回とおなじく天日槍の伝説を一本の綱とし、それをたぐりながら、私たちは対談を試みた。もとよりそれは一本の綱でしかなく、それ以外の多くのことを話し合った。渡来人の足跡のおびただしいことから、それをめぐって対談することが中心となったのは当然のなりゆきであった。

金達寿さんは日本の中の朝鮮文化を長年にわたって精力的に追求しつづけており、その蓄積には脱帽することがしばしばであった。私が訪れた土地には金さんも訪れており、そのことのなつかしさが対談の呼吸をあわせるのに役立った。しかしその土地の名についての解釈はお互いに食いちがうこともあった。私はこの十数年地名研究にたずさわっており、一つの地名を取り上げるにもさまざまな光源から照明を与えねばならないことは、いささか心得ている。地名は切子硝子のように、多くの切断面をもっており、一つの光源からだけ照明をあてることはつつしまなければならない、というのが私の地名研究の信条である。私は金さんの日本の中の朝鮮文化の研究には深い敬意を表し、金さんの在日朝鮮人の立場からの発言には理解を示しつつも、同調できないことも起った。それはお互いにやむを得ないことであった。両者の間の意見の違いは、地名がそれだけふくざつな存在であることを、はしなくも物語っているのである。私はかつて次のように記したことがある。「地名は大地の表面に描かれたあぶり出しの暗号である。とおい時代の有機物の化石のように、太古の時間の意識の結晶である。地名を掘り出すことで、人は失われた過去にさかのぼる。そしてそこで自分の関心に応じて、地名から興味のある事項を引き出すことができる。地名は大地に刻まれた人間の過去の索引である」金さんも私も近畿地方の地名から、自分の関心に応じて、興味のある事項を引き出した。私たちは知的情熱にかけては相手に負けないという自負を抱いている。しかし『播磨国風土記』に見られる伊和《いわ》の大神と天日槍の土地争いのようなものを、地名をめぐって行なうのは大人気のない行為であることも知っているのである。

平成三年五月八日

谷川健一

復刊にあたって

金達寿さんと初めて出会ったのは、一九七〇年代の半ば頃、ある対談の席上であるが、見るからに赫ら顔の大男であった。聞くところでは、私より二歳上の大正八年（一九一九）生まれで、韓国の慶尚南道の馬山市の出身であり、一〇歳のとき、日本に渡り、在日朝鮮人の苦しい道を歩んだという。しかし金さんは私と同世代として、日本で戦前、戦中の日々を送ったことから、私には戦中派どうしの親しさが感じられた。その物腰はやさしく、大らかで、陽気であった。

金さんは早くから小説家として一家をなしていたが、私と出会った頃は、もっぱら日本の中に残存する古代の朝鮮文化――それは主として神社や古墳、遺跡や遺物であったが――の発掘調査に精力を傾け、日本各地をめぐっていた。

一方、私も民俗学の立場から古代に興味を抱き、神社や地名への関心を深めていた。更に一九八一年には、日本地名研究所を設立し、地名改悪を防止する運動を進めていた。こうして金さんも私も、日本古代に由来をもつ神社や地名の解明に執念を燃やすという情熱を共有していたのである。

それがたまたま河出書房新社の編集者福島紀幸氏の目にとまり、同氏のはからいで、『地名の古代史』をテーマとする金さんと私の対談が実現することになった。その対談は断続的に行なわれ、

「九州篇」は一九八八年に、「近畿篇」は一九九一年に刊行された。

それから二十年を経て、同社の西口徹氏をわずらわして、このたび復刊されることになったので、あらためて読み返してみて、対談の内容が今なお、生き生きと新鮮さを保っていることに安堵した。当時は金達寿さんも私も、神社や地名を通じて日本古代の実相に迫ろうとする意気込みに燃え、それが対談のはしばしに並々ならぬ情熱として溢れていたのであろう。とはいえ、金さんは古代日本が朝鮮文化の影響を絶大に蒙っていることをあくまで強調し、それに対して、私は日本固有の文化もあることを主張し、両者が譲らなかった箇所もある。

金さんは一九九七年に七八歳で世を去った。本書は金さんを偲ぶまたとない記念碑で、対談の合間、金さんと九州の唐津や大和の明日香を旅行したことを回顧してなつかしく思うのである。

二〇一一年一一月一七日

谷川健一

＊本書は、『地名の古代史　九州篇』（河出書房新社、一九八八年八月刊）と『地名の古代史　近畿篇』（同社、一九九一年六月刊）の二冊を併せて一冊とした『地名の古代史』（同社、二〇一二年一月刊）に、副題を付した新装版です。

谷川健一（たにがわけんいち）
一九二一年、熊本県生まれ。東大文学部卒。平凡社の雑誌「太陽」初代編集長を経て執筆活動に入る。『青銅の神の足跡』『白鳥伝説』（集英社）、『四天王寺の鷹』『賤民の異神と芸能』（河出書房新社）、『谷川健一全集』全二十巻予定（冨山房インターナショナル）など著書多数。ほかに『日本庶民生活史料集成』全三十巻（三一書房）を企画編集。日本地名研究所所長。文化功労者。二〇一三年没。

金達寿（キムダルス）
一九一九年、朝鮮・慶尚南道生まれ。十歳のとき来日。日大芸術科卒。一九四七年、長編小説『後裔の街』を刊行、以後作家生活に入る。一九九七年没。『玄海灘』『太白山脈』などを収める『金達寿小説全集』全七巻（筑摩書房）、『わがアリランの歌』（中公新書）、『朝鮮』（岩波新書）、『日本の中の朝鮮文化』全十二巻（講談社）、『渡来人と渡来文化』（河出書房新社）など著書多数。

地名の古代史〈新装版〉

九州・近畿に両民族の痕跡を追う

二〇一二年一月三〇日　初版発行
二〇二四年一〇月二〇日　新装版初版印刷
二〇二四年一〇月三〇日　新装版初版発行

著　者――谷川健一
　　　　　金　達　寿
発行者――小野寺優
発行所――株式会社河出書房新社
〒一六二―八五四四
東京都新宿区東五軒町二―一三
電　話　〇三―三四〇四―一二〇一〔営業〕
　　　　〇三―三四〇四―八六一一〔編集〕
https://www.kawade.co.jp/

印　刷――株式会社亨有堂印刷所
製　本――小泉製本株式会社

落丁本・乱丁本はお取り替えいたします。
本書のコピー、スキャン、デジタル化等の無断複製は著作権法上での例外を除き禁じられています。本書を代行業者等の第三者に依頼してスキャンやデジタル化することは、いかなる場合も著作権法違反となります。

ISBN978-4-309-22942-3
Printed in Japan